大道合行　众智烁金

招金 TOPS 创新实践助力企业腾飞

主　编　翁占斌

副主编　路东尚　李秀臣　董　鑫　姜建军

北　京

冶 金 工 业 出 版 社

2018

内容提要

本书结合招金矿业股份有限公司（以下简称“招金矿业”）实践创新驱动发展战略，阐述构建和实施“全优生产保障体系”（Total Optimizational Production-Supporting System，简称 TOPS）的理念、实践和效果。本书分为 4 篇，共 14 章，介绍招金矿业建立 TOPS 体系，创新、提升、发展的历程。体系导入篇包括简述、策划与组织、TOPS 之“现场四要素”管理、TOPS 之自主维护、TOPS 之“有氧活动”等内容；实践创新篇包括实践创新驱动、TOPS 实践百花齐放等内容；硕果收获篇包括成果展示等内容；未来发展篇包括发展提升等内容。

本书旨在为国内大中型企业创新发展提供成功案例，为越来越多的国内企业“强身健体”、“强筋健骨”、走出国门、走向世界提供借鉴。

图书在版编目(CIP)数据

大道合行　众智烁金：招金 TOPS 创新实践助力企业腾飞/翁占斌主编．—北京：冶金工业出版社，2018. 1

ISBN 978-7-5024-7724-0

Ⅰ.①大…　Ⅱ.①翁…　Ⅲ.①金矿床—矿山企业—工业企业管理—招远　Ⅳ.①F426. 1

中国版本图书馆 CIP 数据核字(2018)第 011323 号

出 版 人　谭学余
地　　址　北京市东城区嵩祝院北巷 39 号　邮编　100009　电话　(010)64027926
网　　址　www. cnmip. com. cn　电子信箱　yjcbs@ cnmip. com. cn
责任编辑　杜婷婷　美术编辑　杨　帆　版式设计　孙跃红
责任校对　卿文春　责任印制　牛晓波

ISBN 978-7-5024-7724-0
冶金工业出版社出版发行；各地新华书店经销；三河市双峰印刷装订有限公司印刷
2018 年 1 月第 1 版，2018 年 1 月第 1 次印刷
169mm×239mm；20. 75 印张；312 千字；314 页
95. 00 元

冶金工业出版社　投稿电话　(010)64027932　投稿信箱　tougao@cnmip. com. cn
冶金工业出版社营销中心　电话　(010)64044283　传真　(010)64027893
冶金书店　地址　北京市东四西大街 46 号(100010)　电话　(010)65289081(兼传真)
冶金工业出版社天猫旗舰店　yjgycbs. tmall. com

编委会

主　　编　翁占斌

副主编　路东尚　李秀臣　董　鑫　姜建军

编写人员　唐占信　王春光　孙　杰　杨锡祥
杨悦增　王永成　姜桂鹏　钱　虎
刘连国　刘利波　于晓刚　姚树建
温　鲁　罗春泽　隋艳欣　贾伯山
东忠谦　姜金刚

本书凝聚着招金人的心血和汗水，更聚集着招金人的集体智慧。本书绝不简单是对 TOPS 体系的实践与实验，也是了不起的创新。管理体系的落地生根，并产生效益和价值都是一种创新行为。因此，本书还诠释了招金人的创新精神和技巧，值得不少企业学习借鉴。

TnPM 创始人、国际知名设备管理专家、广州大学教授　李葆文

本书作者不但对 TOPS 体系做了理论阐述，还在企业下属 20 余家单位实实在在践行了这一套管理体系，取得不菲成就。这无论对于设备管理工作者还是相关行业、企业都具有很好的参考借鉴作用。

著名润滑专家　王大中

本书所提出的 TOPS 体系，理论十分切合企业实际，具有很强的可应用性和可推广性。企业下属 20 余家单位的实践也证明了这一点。这对相关行业和管理界都是很好的参考。本书来自企业，但不失高度，的确是一本值得阅读的好书。

上海交通大学中国质量发展研究院副院长、教授　潘尔顺

本书以企业大量生动的实践充分证明 TOPS 体系的可行性和先进性。这一管理体系有效地引导企业资产管理水平的全面提升和可持续的进步。企业的提炼总结，让这一体系具有很强的可推广性。

新加坡南洋理工大学教授　王郸维

序　言

中国从制造大国向制造强国迈进，不但需要各个方面的技术创新，还需要各类企业的管理创新。招金矿业的管理实践创新为行业树立了很好的榜样。本书凝聚了招金矿业管理团队的知识和智慧，也融会了招金矿业下属20多家企业、近万人“知行合一”的辛勤耕耘。

从本书的书名就可以看出作者的诚恳和执着，这是大国工匠应有的素质，也只有这种诚恳和执着，才能众智炼金，让招金矿业从一个地方采矿冶炼公司走向全国，主营业务遍及新疆、甘肃、内蒙古、山西、辽宁，拥有生产矿山和探矿企业30余家，黄金采选矿规模达到21400吨/日，年产黄金36吨、白银35吨、铜1.3万吨，冶炼加工成品金16吨，保有黄金资源量1235余吨。按照长远规划，公司还将在“一带一路”建设中走向世界，冲击更加宏伟的目标，这就更加离不开管理的实践创新。

TOPS体系是聚焦人机系统管理的庞大体系，涉及设备全寿命周期的管理，也涉及从现场到设备本体，再到部件、零件的空间范畴，还涉及管理功能的PDCA，均离不开人、机、料、法、信、环这些资源要素。能够让这样一个体系落地生根，给企业创造实实在在的价值，是需要十分优秀的管理内功和扎扎实实的执行力的。

本书不仅仅是理论体系的阐述，还是深入实践的硕果，也是对中国设备管理协会制定颁布的《设备管理体系　要求》团体标准的初步尝试。本书一定会对相关行业和企业以及企业管理工作者起到借鉴和促进作用。

希望这种有血有肉的管理创新实践不断涌现。中国不但要做制造强国，还要成为管理创新的强国！

王金祥
中国设备管理协会会长
2017年10月20日于北京

前　　言

之所以用“大道合行　众智炼金”来作为本书的书名是有深刻寓意的。当社会经历了震荡和浮躁之后，留下最大的真空是诚挚、踏实和坚忍，是新时代的工匠精神。本书的“大道”，是经营自身事业之道，是壮大企业经济实力之道，更是振兴中国黄金产业之道。30余年来，我们在这条大道上不断开拓、“合”行向前。我们因整合黄金矿山资源而诞生，凭融合广大员工心智而发展，也必将靠集合各产业优势而卓越。

本书的“合”，是指合规、合智、合心、合力。合规，要求规范务实，把大家的行为统一起来，步调一致不断开拓；合智，要求学习创新，把大家的智慧聚合起来，以强大的创造力立足于世；合心，要求人本诚信，把大家的心灵凝聚起来，向着共同的理想前进；合力，要求沟通协作，把大家的力量团结起来，发挥集团的规模优势携手共进。

“众智炼金”与招金的业务密切相关，招金是以金矿、铜矿开采和冶炼为主营业务，“众智炼金”寓意着经过齐心协力、千锤百炼，将矿石打造成闪闪发光的黄金。“大道合行 众智炼金”

是逻辑因果，是自然天成。

在推进TOPS体系的3年里，招金人的确没少吃苦、受累、流汗，也遇到过挫折和灰心，但仍然执着地坚持着，这种坚持终于让大家看到了曙光，从而更加坚定推进的信心。这进一步证明“人可以改变环境，环境又可以改变人”。正是这种执着坚持，带来了现场面貌、设备状态、人的行为和各项指标的巨大变化，这正是“大道合行　众智炼金”。

对比不同行业、不同企业，以高标准要求，招金的TOPS才仅仅是个开始。对照中国《设备管理体系　要求》，招金的差距仍有不小，未来的道路仍然曲折和遥远，招金人没理由骄傲和自满。

对于招金而言，这的确不是终点，而是起点。按照公司的发展规划，已经完成了“省内一半、省外一半”的发展目标。未来的目标是“国内一半、国际一半”。招金要为国家的“一带一路”倡议做贡献，要走向全球。招金人任重而道远。

无论如何走，还是那句话：“大道合行　众智炼金”。

作　者

2017年11月

目　录

体系导入篇

实践创新篇

硕果收获篇

未来发展篇

体系导入篇

第一章　简　　述

第一节　招金矿业股份有限公司简介

招金矿业股份有限公司（股份代号：HK1818）是经山东省人民政府批准，由山东招金集团有限公司、上海复星产业投资有限公司、上海豫园旅游商城股份有限公司、深圳市广信投资有限公司及上海老庙黄金有限公司共同以发起方式设立，于2004年4月16日在中华人民共和国注册成立的一家股份有限公司，已成功于2006年12月8日在香港联合交易所有限公司主板上市。

本公司是一家集勘探、开采、选矿及冶炼营运于一体，专注于开发黄金产业的综合性大型企业，是中国领先的黄金生产商和中国最大的黄金冶炼企业之一。主要产品为“9999金”及“9995金”标准金锭；主要生产工艺技术及设备达到国内领先及国际先进水平。

本公司位于中国山东省胶东半岛的招远市。这里资源丰富，地理位置得天独厚，黄金开采历史悠久，根据中国黄金协会提供的数据，其于招远市黄金资源约占中国总剩余黄金资源的1/10，是国内最大的黄金生产基地及中国产金第一市，被中国黄金协会命名为“中国金都”。

近年来，本公司坚持以黄金矿业开发为主导，坚持科技领先和管理创新，不断增强本公司在黄金生产领域的技术优势、成本优势，使黄金储量、黄金产量、企业效益年年攀升。本公司在全国范围内拥有多家分子公司及参股企业，业务遍及全国主要产金区域。于 2016 年 12 月 31 日，依据澳大利亚勘查结果、矿产资源/储量规范（JORC 准则）载列之标准，本公司共拥有约为 3972.29 万盎司（1162.69 立方米）黄金矿产资源量和约 1764.50 万盎司（516.47 立方米）可采黄金储量。

多年来，公司一直“把矿山当生态景区来建设，将企业当星级宾馆来管理”，形成了“先要绿水青山，再要金山银山”的环保理念，将公司建设成为“生态环保型、高效发展型、安全健康型、四方（员工、股东、政府、社会）满意型”的“四型”企业。

面向未来，本公司将继续秉承“金脉承千年，仁义结天下”的发展理念，凭借着优越的地理位置、丰富的矿产资源、领先的工艺技术和创新的管理模式，坚持纯黄金生产地位，不断增加黄金储量，提升黄金产量，同时积极参与国内外黄金资源的整合与开发，努力实现盈利的持续增长，加速跻身中国顶尖、世界领先的黄金生产企业行列，以优异的业绩回报本公司股东及回报社会。

第二节 全优生产保障体系——TOPS

TOPS，其英文全称为“Total Optimized Productive Supporting”，简称为“全优生产保障”体系，是招金矿业股份有限公司联合山东省设备管理协会和广州学府设备管理工程顾问有限公司等国内权威专业机构共同打造的管理模式、管理品牌的简称，其核心是以 TnPM 及精益生产为管理基础，以现代经济学和价值流管理为技术手段，结合企业组织进化论和博弈论的实战应用，不仅为现代企业建立了完整的生产保障运营模式，更重要的是形成了从现状到目标的实现途径，有效促进了管理模式的落地。

一、TnPM 及精益生产

TnPM 即全面规范化生产维护，以全员参与为基础，以检维修系统解决方案为核心，以规范化为过程来引导组织进步，以设备全效率提升为目标的运行维护体系；TOPS 在融合 TnPM 管理体系精髓的同时，还吸收了精益生产的手段、工具，通过价值流分析和过程优化，通过标准化、精细化、规范化，持续改善、不断提升企业管理效率，让企业生产运行状态有序、过程可控、平稳流畅、目标可达。

二、现代经济学及价值流管理

以经济学视角看企业管理系统工程，将企业设备、设施、物料等当作资本的特定属性载体，将企业运行过程当作价值流增值过程，而将企业利润当作价值增值的最终结果，这也是 TOPS 体系的经济学基础，其作用是研究企业价值增值过程，优化每一个生产作业行为并形成标准、规范，充分体现生产全寿命周期价值管理和价值创造。

三、企业组织进化及博弈论

各企业组织的主要目标虽然可能基本一致，而企业构成要素（人、财、物、经济及自然环境）却各不相同，需要为不同企业通过实证方法进行“诊弊、定位、立标”，再以规范博弈论（机制设计理论）来规划、设计“企业进化”的技术路线，并确立阶段目标和节点任务清单，促进企业“可控、有序”地向目标方向发展，最终成就卓越企业管理模式。通过科学分析员工行为模式订立科学的企业绩效管理模式，让全体员工自发、主动地为实现组织目标而努力。

招金矿业的实践表明，一个好的体系，不仅需要卓越的顶层设计，还要有有效的运行模式和务实的推进路线。以上理论基础，则使 TOPS 体系在这三个方面紧密结合，构成适应而广阔的企业管理运行基本模式。

第三节　企业导入 TOPS 体系背景

自 2014 年习近平总书记首次提出“新常态”，为中国经济未来的发展指明了方向。在新常态中，从生产要素相对优势看，经济增长将更多依靠人力资本质量和技术进步，必须让创新成为驱动发展新引擎。同时，新修订的《安全生产法》和《环境保护法》正式实施，国家监督、保护、改善环境及防治污染的力度将会更大，这对矿业行业的影响尤为明显。为应对经济新常态，打造绿色生态矿业，转变企业运营方式势在必行。

2015年是招金矿业由传统采矿公司向现代矿业公司战略转型的基础年，也是公司发展史上非同寻常的一年，随着世界各大经济体增长日趋分化，美国经济持续复苏、美元走强和加息预期等因素的影响，黄金矿业市场的寒冬仍在延续。公司面对黄金及大宗商品持续低迷的寒冬形势，在寒冬中苦练内功，加强管理创新，在全国黄金矿山企业首家引进了TOPS体系。TOPS体系以TnPM为基本框架，以全面提升设备的综合效率及员工精神面貌为根本，以“整洁、有序、高效、安全”为目标，以进一步提高企业管理水平，优化内部生产组织结构。推广TOPS是企业苦练内功，以应对世界经济形势变化、黄金矿业市场持续低迷的需要。

第四节 TnPM的基本概念和整体框架简介

一、TnPM的基本概念

TnPM的概念和理论体系也是一个不断发展完善的过程。在通过多年来对50多家企业的调研和指导TPM的实践后，1998年以李葆文教授为首的广州大学团队在《中国设备管理》第4期上正式发表了题为《TnPM——全员规范化生产维护》的文章，第一次明确提出了更适合中国这样发展中国家企业特点的“全面规范化生产维护”管理模式。

全面规范化生产维护（Total Normalized Productive Maintenance，简称TnPM）是以设备综合效率和完全有效生产率为目标，以全系统的预防维修系统为载体，以员工的行为规范为过程，全体人员参与为基础的生产和设备维护、保养和维修体制。

TnPM 是设备人机系统精细化管理体系的总称，是全员参与的、步步深入的，通过制定规范、执行规范、评估效果、不断改善来提升设备综合效率的设备管理体系。

TnPM 是在日本 TPM 的基础上发展起来的适合中国企业实际的设备管理体系，也是代表目前设备管理最高水平的综合性设备管理模式，其核心是打造三闭环的维保体系，图 1-1 展示了相对于 TPM 来说，TnPM 的改进之处。

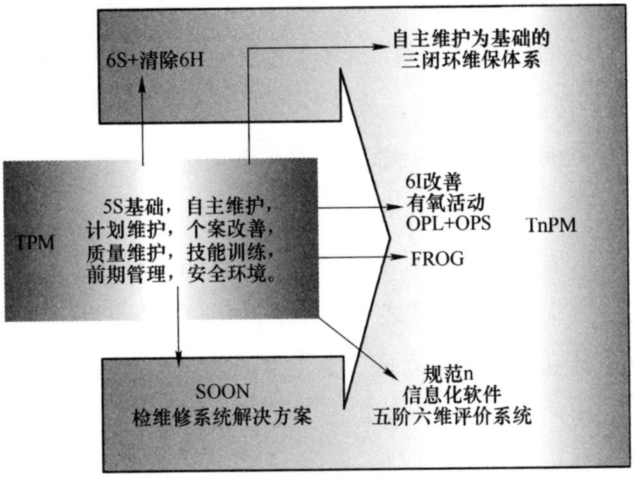

图 1-1　TnPM 的改进之处

TnPM 相对于日本的 TPM，不是简单的模仿和照搬，而是结合中国企业特点不断优化和创新。现场四要素、发现和清除六源活动、有氧活动、以自主维护为基础的三闭环维保机制、SOON 检维修体系、六力钻石班组、FROG 体系、五阶六维评价标准等，都是 TnPM 团队拥有独立知识产权的管理工具和管理模式。

二、TnPM 推进阶段和里程碑

从大的结构上，TnPM 的推进可以划分为三个阶段：

（1）第一阶段。建立组织，培训人才，确定目标，制订计划。

这相当于一个产品的设计阶段。在这个阶段，首先要建立公司的 TnPM 组织机构，尤其是 TnPM 的专职推进机构。其次，分不同层次展开 TnPM 的培训。

公司要利用各种宣传媒体来宣传 TnPM，广泛造势，形成全公司 TnPM 的氛围。TnPM 的组织者要深入全公司各个部门，深入到生产现场进行调查研究，了解现状，掌握资料，确定推进的基准和起点。然后再订立各个阶段的推进目标。有了目标，要制订推进的框架计划和实施计划时间表，落实责任到个人。

（2）第二阶段。6S 切入，以清除六源活动为突破口，夯实现场四要素管理基础；难题攻关，样板规范，全面推广，合理提案，现场改善，营造积极的有氧活动氛围；通过以自主维护为基础的三闭环维保管理机制，建立检维修体系（SOON）；通过打造六力钻石班组，优化员工技能提升和成长方案设计（FROG）。

这相当于产品的生产制造阶段。TnPM 应由简到难，从改变员工传统习惯开始，一般以 6S 活动为切入点，从设备和现场的清扫开始。在清扫的过程中，员工会发现大量的问题，如污染源、故障源以及难以清扫的部位（清除六源活动）。在技术骨干的指导下，员工开始着手解决工作中的这些问题，借助可视化、定置化工具，夯实现场四要素管理基础。然后制订适合设备现状的设备操作、清扫、点检、保养和润滑规范，使之文件化和可操作化，甚至可以用视板、图解方式加以宣传和提示，培养员工自主维护技能和自主管理意识，打造三闭环维保体系。在生产现场树立典型样板，现身说法地向整个部门及全系统推广。当规范已被大多数生产现场所接受、执行之后，就开始了单点课、合理化建议和现场改善相结合的活动（有氧活动）。TnPM 鼓励员工活跃地提出问题和解决问题，不断地改善生产现场，规范也随着现场的进步而不断改进和提高，将 TnPM 推进与基层班组活动相结合，打造六力钻石班组。

设备管理与维修部门开始进行 SOON 体系的总体设计，包括维修模式的选择、资源配置比例的确定、流程组合维修模式设计以及相关管理流程策划。同时，通过员工能力分析、成长约束分析、积极思维的引导、自我成长计划、思维培训计划以及单点课程体系的建立，让员工与企业一同成长（FROG）。

（3）第三阶段。考核量化，指针评价，员工激励，循环前进。

这相当于产品的品质检验阶段。为了使员工的热情持久，使规范成为习惯，使现场状况不断改善，建立起一个可以量化的考核评价体系是十分必要的（TnPM 五阶六维评价标准）。这个评价体系可以评价班组乃至机台的进步状况和 TnPM 的表现、现场的 6S 状况、规范化作业状况以及合理建议状况。同时将这些评价结果加以综合，得到一个综合评估指标。然后和员工的奖酬、激励与晋升结合起来，对那些有突出贡献的员工给以特殊的奖励。所有这些激励均应该做到制度化、透明化、公平化。长周期的评估，如半年、一年还应该对单位的经济指针，如 OEE、TEEP、能源消耗、备件消耗、事故率、废品率、维修费用加以评价，对团队的总体成就给以奖励，促进团队协作风气的形成。以一年、两年、三年为周期，不断制订新的发展目标，周而复始的螺旋上升推进。

以上是 TnPM 开展的三个阶段。每个公司在具体实施 TnPM 时，可以将以上三个阶段再细化，展开为若干步骤，这些步骤如何设置，应视公司的具体情况、员工的素质、原有的管理基础而定。无论步骤有多少，也无论如何划分，上述三个基本阶段是不可少的。

从实施效果看，TnPM 实施涵盖五个阶段性目标，也就是五个里程碑：

（1）6S 和 6H 活动的深入开展和持续（现场四要素）。

（2）建立设备管理和维护的规范化体系（以自主维护为基础的三闭环维保机制）。

（3）通过 OPL 和 OPS 活动（有氧活动）引导下的员工能力的不断提升（FROG）。

（4）涵盖全部设备的检维修模式设计（SOON）。

（5）建立全系统的五阶六维评价与激励机制和体系。

TnPM 的五个里程碑如图 1-2 所示。

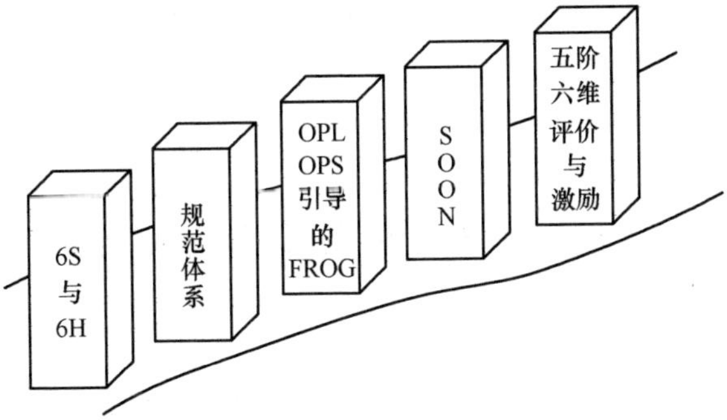

图 1-2　TnPM 的里程碑

TnPM 的整体框架如图 1-3 所示。

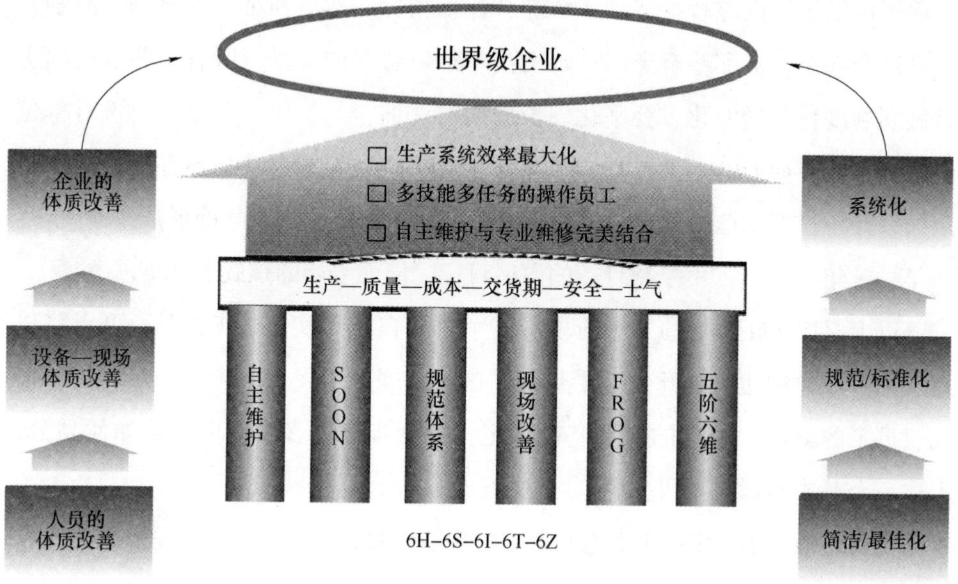

图 1-3　TnPM 的整体框架

三、TnPM 在中国的推广情况

我国企业自 1998 年开始在原有 TPM 的基础上大力推行 TnPM 管理体系，现在已有上千家各行业龙头企业实施了 TnPM。在 TnPM 设备管理体系基础上，形成了五阶六维评价体系，即“全面规范化生产维护体系—要求”，完全依照 ISO9001 系列条款章节编排，就设备人机系统全寿命周期规范管理提出了具体而有效的要求，是世界维修论坛和国际维修联合会共同推荐的设备管理与维修管理标准。

第五节　TOPS 体系与 TnPM

TnPM 管理体系创立于 1998 年，经历将近 30 年的探索和实践，已经长大成人，而且内容越来越丰满，被越来越多的企业所接受和认同。南到南海海上钻井平台，北到大庆，东到舟山群岛，西到青藏铁路和塔克拉玛干大沙漠；无论是钢铁、石化、轻工、电子、食品、家电、有色、汽车、机械、码头、机场、交通、供水、卷烟，到处都有 TnPM 推进的足迹。

TnPM 被这么多企业所认同，就在于其理论体系的完备性和良好的实践性，它是典型的中国式管理。中国已经从落后的农业国家成长为一个当之无愧的制造业大国，正朝着制造业强国方向迈进，将几千年中华文明融入企业管理体系之中，是水到渠成的时候了。随着国家“一带一路”的号召，不少企业已经远航出海，走向全球，让“中国制造”变得越来越响亮。我们不必妄自菲薄，也有信心用中国人自己的管理体系把中国自己的企业管好！

TnPM 也逐渐走向世界，早年曾经引起大学、研究机构和企业界的关注，李葆文教授先后应邀在比利时的布鲁塞尔、意大利的维罗纳、塞尔维亚的贝尔格莱德三次世界维修大会报告，被很多欧洲企业及领域专家所认同，五次应邀在黎巴嫩的贝鲁特和沙特的吉达召开的海湾“运行与维护国际会议”上介绍这一体系，体系被海湾地区国家所认同。TnPM 的英文专著已经在美国学术出版社出版，传播到全世界。相关的咨询活动已经延伸到伊朗、伊拉克、哈萨克斯坦和印度尼西亚等国。

TOPS 体系是由招金矿业股份有限公司、山东省设备管理协会和广州学府设备管理工程顾问有限公司共同提出的，充分吸收和融合了 TnPM 管理体系精髓，称为“全优生产保障体系”。TnPM 的不少创新内容融入 TOPS 体系之中；未来，TOPS 体系的实践创新内容也会融入到 TnPM 管理体系。

希望 TOPS 体系和 TnPM 管理体系可以互相促进，相辅相成。目的只有一个，就是带动企业的可持续进步。

在阅读本书时，一些读者会读到与 TnPM 管理体系相同的术语，通过本节的内容可以了解 TOPS 与 TnPM 之间的内在联系。

招金矿业是山东省、也是全国第一家导入 TOPS 体系的企业，目标就是打造全国黄金及冶炼行业的标杆。

第二章 策划与组织

第一节 体系策划

一、TOPS 体系的提出

TOPS 体系是由招金矿业股份有限公司、山东省设备管理协会和广州学府设备管理工程顾问有限公司共同提出的，充分吸收和融合了 TnPM 管理体系精髓，并从理论上跨越设备管理范畴，作为整个企业管理的基石和总抓手，故称为“全优生产保障体系”。

在体系开发、推进和完善过程中，广州学府设备管理工程顾问有限公司将 TnPM 的全部内容融入 TOPS 体系之中，形成 TOPS 体系的精髓和基础（故此，读者会读到与 TnPM 管理体系相同的术语）；山东省设备管理协会（以下简称山东设协）为 TOPS 体系在招金矿业的实施设计了宏观管控体系；招金矿业 20 余个分子公司从领导层到全体员工全面系统践行，推动了整个 TOPS 体系的落地，开创了这一体系在跨地域、跨文化、跨行业、跨专业的集团化企业组织全面成功推进的先河，并进一步融合促进招金“三个体系”认证的务实推进，让整个 TOPS 体系成为“有血、有肉、有灵魂”的最具生命力的综合管理体系。

二、TOPS 体系的基本架构

TOPS 体系具备完整的从理念层、管理层到专业层、基础层的体系层次，并通过信息工程组作为媒介环来保障理念的贯彻、管理行为的有效、专业管理的高效和基础管理的可靠。其中：

（1）理念层。理念层是TOPS体系的理念和文化，相当于体系的“宪法”或“总纲”，规定了体系最根本的精神、目标、宗旨、方针等，指导整个体系正确的方向。

（2）管理层。为管理层提供了体系推进和运行的控制组件，确保体系在不同层次、不同水平和体系不同推进阶段均能实现资源的优化配置和管理指标的可控。

（3）专业层。专业层是TOPS的主体工程组，是TOPS专业技术管理中心，其核心是以设备管理为主题的“人机系统”精细化管理工程。

（4）基础层。基础层是TOPS体系的基石，一方面吸收了传统管理的“三基”建设精髓，另一方面结合TnPM等管理体系的工具方法，形成了完整的TOPS体系基础工程组。

（5）媒介环。以信息化、可视化为载体，集中体现TOPS体系的管理目标、指标和导向意图和控制环节，让管理变得简单、直观、透明并能更及时地掌握动态。媒介环不仅限于现代信息化管理软件，事实上管理看板、可视化标准手册、微信和钉钉等交流平台均可以成为媒介环的一部分，成为TOPS体系高效沟通、有效管控的重要组成部分。

三、TOPS体系的适用性和开放性

TOPS体系是一个开放的自我完善的管理体系，招金矿业的实践表明，TOPS体系适用于招金矿业总部及各分子公司。

（1）不止是从现场管理上简单覆盖，而是对各专业管理提出了明确的要求，要求各专业都应有明确、科学的管理指标。

（2）要能够对自我工作的成就进行指标化、数据化的评估，并尽可能及时、动态地展现出来。

（3）无论优秀者还是落后者，都不应成为原地踏步者，都要用指标说明自身在持续改善，不断提升。

随着体系推进的不断深化，各专业机构和优秀企业的先进技术和管理经验都将不断地融合进入TOPS体系，TOPS体系永远在路上，成为一个具有开放的追求的软科学领域，也欢迎各专业机构和优秀企业共同参与到建设更强大的TOPS大厦的队伍中来。

第二节 方针、目标与愿景

TOPS体系具备完整的理念体系，作为指引体系实施的总纲领。

一、基本理念体系

TOPS方针：持续优化，深耕细作，覆盖全面，提升穿透。

TOPS目标：从企业全员、全方位、全过程对生产提供“科学规范、优质高效”的可靠保障，以帮助企业打造一流的精益管理模式，使企业软实力得到进一步提升，最终实现企业全要素生产率和竞争力的不断提升为终极目标。

TOPS精神：匠心承享，精益竞创。

TOPS宗旨：为员工创造“安全健康、整洁有序、文明高效”的工作环境和文化氛围；为企业培养“素质过硬、充满活力、勇于创新”的优秀员工和管理团队。

TOPS重心：以班组管理为重心、以“自我完善、自主管理”为核心，全员参与的多级闭环精益改善管理机制。

TOPS中心：建立以“战略导向、指标优化、角色分解、执行分级、考评一体”为核心的绩效管理体系。

二、TOPS指标体系要求

对于每一个岗位、每一个部门、每一项工作，都要尽可能地设置合理的指标，在推进TOPS的过程中，所有的阶段成果都应以指标表达。

三、TOPS 准则

TOPS 所提供的标准是工作的底限；

TOPS 要求小事做起，切忌贪大求全；

TOPS 要求精益求精，切忌简单粗放；

TOPS 要求不断积累，凡事形成成果；

TOPS 要求不断优化，持续改进提升；

TOPS 要求发现问题，积累经验办法；

TOPS 要求勤于动脑，发挥聪明才智；

TOPS 要求走上讲台，分享知识经验。

第三节　组织架构设计

TOPS 推进组织包括招金矿业总部机关推进领导机构和各单位推进机构，基本结构如图 2-1 所示。

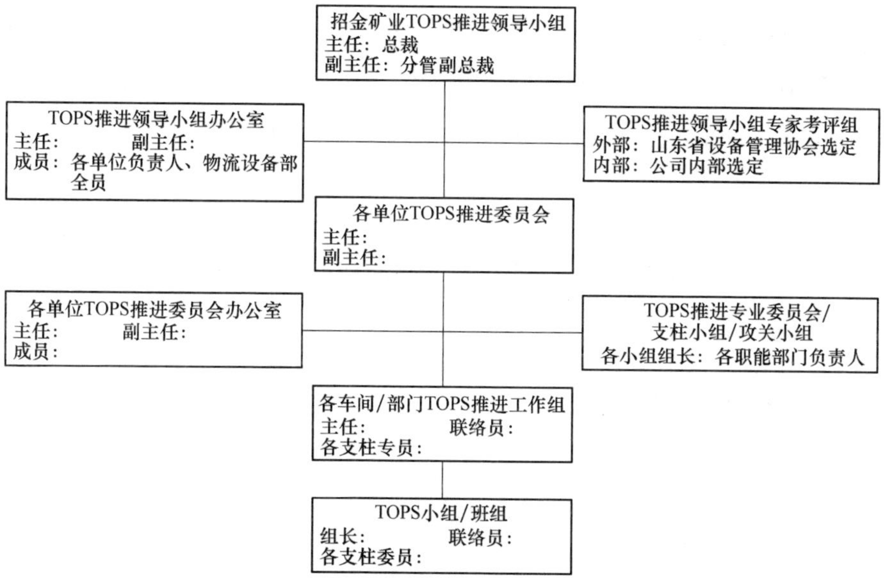

图 2-1　TOPS 推进组织基本结构

一、总部领导机构

(1) 招金矿业 TOPS 推进领导小组。

主任：总裁；副主任：分管副总裁。

(2) 招金矿业 TOPS 推进领导小组办公室。

设主任、副主任；成员：各单位负责人、物流设备部全员。

(3) 各单位推进委员会。

主任：各单位总经理（矿长）；副主任：各单位副总经理（副矿长）。

二、各下属单位推进机构

(1) 各分子公司（矿）的推进委员会应由总经理（矿长）担任。

(2) 各单位推进办根据各自部室分工安排，但推进办必须要有经专业培训的 TOPS 管理师或评价师任职。

(3) 各单位专业委员会下各支柱小组组长由各职能部门负责人担任，成员可以跨部门组建。

(4) TOPS 小组可以是班组，也可以是班组中的小组，也可以是多个班组的联合体，但人数应以 6~8 人为宜（每人给予不同角色，并且 TOPS 应能时常全员集中活动)，最多不超过 12 人，机关科室等人数可以少于 6 人。

(5) 各车间支柱专员可由 TOPS 小组优秀积极分子兼任。

第四节 TOPS 体系的理论支撑

一、TOPS 管理思想

TOPS 体系是以“标准—改善”互为支撑的企业管理运行体系，主要有以下基本的管理思想：

(1) 任务模块化精益管理思想。凡事均由一定的模块按结构结合而成，要系统彻底解决问题，就要做到“大项化小、小项细分、细节做精”，通过对任务责任的分解、确认建立模块化责任体系。

（2）层阶递进式精益推进思想。以“价值分层、执行进阶、模块递进”的原则形成“战略地图”有序滚动推进改善。

（3）双向契约式精益计划思想。凡计划均由模块化组合的同时，以上下级沟通后，双方确认可订立“契约”的形式完成。

（4）因果链强化精益标准思想。确立“过程标准—结果标准”之间的强因果关系，即按过程标准执行必然有符合结果标准的结果，看到不标准的结果，就必然得出没有按照过程标准执行的结论。

（5）双圈闭环精益标准改善思想。即形成“PDC-A-NDC”两个闭环互动的大闭环改善模式，可以称为“戴明环+”或“PDCA+”，是戴明环管理思想的进一步确切和完善，如图 2-2 所示。

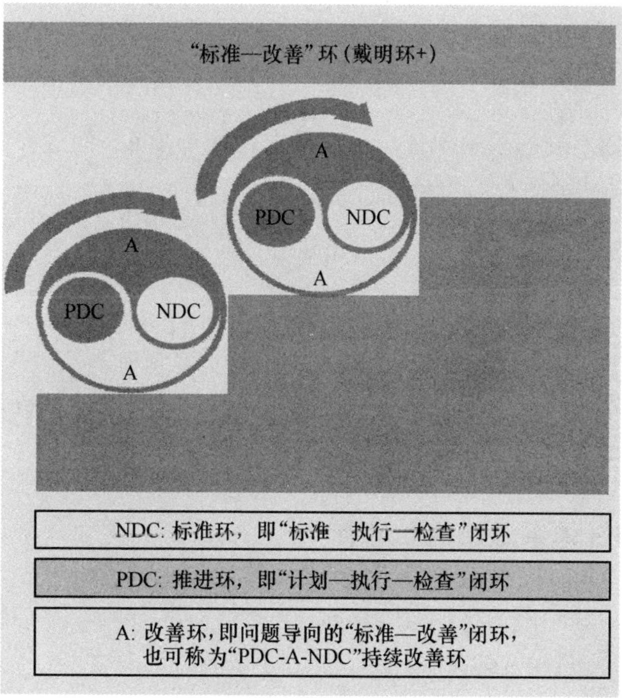

图 2-2 “标准—改善”环

面对黄金行业经营的困难时期，招金矿业总部领导对企业经营管理进行了深入思考，并指出“转型不一定要转行”。这正是基于 TOPS 体系的战略思考：从历史上来看，更多时候是只有“夕阳的企业”，很少出现“夕阳的行业”。转行不仅风险高，且并不能根本解决企业核心能力的问题；而管理转型才是企业变革中更为核心、更为持久的挑战。为此，招金矿业结合 TOPS 体系的推行情况，对未来体系的推行和下一步工作提出了“持续优化、深耕细作、覆盖全面、提升穿透”十六字要求：

(1) 持续优化。TOPS 推行是一个持续优化的过程，要不断改善，不能一蹴而就，TOPS 推行永远在路上。

(2) 深耕细作。要使 TOPS 体系深深植入企业，就必须越做越细，越做越深，要让 TOPS 真正成为招金精益管理的品牌和旗帜。

(3) 覆盖全面。TOPS 体系是一种工具，更是一种文化，需要我们从上到下、从基层到高层的全员参与、全方位改善和全流程优化，通过推行 TOPS 养成良好作业行为和卓越管理文化。

(4) 提升穿透。不断提升管理水平、管理境界和员工素质，培养一支管理团队是企业长盛不衰的根本保证。这就要求在推行 TOPS 的过程中一要横向穿透，打破 TOPS 的部门界限，将其方法准则运用于各专业管理中；二是要纵向穿透，将 TOPS 体系向上与招金文化相整合，向下与员工行为习惯和作业标准相一致，形成“招金”独特的管理品牌。

TOPS 战略思考的十六字要求是在体系形成、推进过程中持续进行，是在企业管理变革的实践过程中不断总结、提炼和完善，并经理论解析与总结而形成的科学体系，是实证研究和理论规范相结合的产物。

二、TOPS 体系思想的立足点

任何学科、体系的构建，均应有自身独特的定位和立足点，TOPS 体系也不例外。综合来说，TOPS 体系思想的立足点主要有以下内容：

(1) TOPS 体系的价值定位。随着技术的进步和装备水平的提升，现代企业的生产经营，如果仅关注“供应（原料）—生产（工艺）—销售（产品）”，而忽略“人机协同保障”，在激烈的市场竞争中是很难取得根本优势的。正如现代战争要依赖整个体系的保障决胜，现代企业管理也需要完整的体系化保障，这就是 TOPS——全优生产保障体系的价值定位。

TOPS 体系为现代企业管理提出了第三个管理关键要素，即在“生产价值”“变现价值”的同时，要强调“保障价值”，保障整个企业价值产生和实现过程。可以说，TOPS 是一个全新的视角和学科，以“人—机”的协同为中心，以现场管理为基础，在理论上不与传统生产和营销管理相悖，在价值上与传统企业管理相合，为整个企业管理提供支撑。

（2）TOPS 体系的职能定位。TOPS 的专业基础是设备管理，这就意味着 TOPS 体系的主体内容将涉及设备设施管理部门的专业工作；TOPS 的体系来源是 TnPM，这就意味着 TOPS 体系要求全员参与，其体系的基本内容和工作要求会涉及各专业管理部门，是全员共同打造的体系、全员共同遵守的准则。

因此，TOPS 体系是事关企业全局的战略性管理工具，它可以升级企业的设备管理职能，为其他所有专业和职能管理提出升级要求、提供支撑保障，也不会替代各专业职能管理的发挥，相反会保障、促进和提升各专业职能管理的水平，与各专业职能管理共同为企业的价值创造和实现做出贡献。

伴随 TOPS 体系的成熟，在招金已经把 TOPS 推进作为公司管理转型升级的总抓手——至于如何抓落实，则由各分子公司各显神通，形成百花齐放的局面，在彼此竞赛、相互学习中共同成长。

第五节　TOPS 管控工程

TOPS 体系的管控过程主要由“阶段评价—确立组织—确立责任—确立计划—计划执行—过程考评”六个步骤环环相扣有机构成，其以管理标准的改善为起点，以更优的管理标准的形成为结果。

一、什么情况下需要阶段项评价

阶段项评价主要分为启动评价、周期评价、专项评价三种情况。

（1）启动评价。属于全面评价，按山东省设备管理协会相关评价标准执行，主要目的是确立推进前基本水平、状况，为确立全面推进目标和计划打基础。

（2）周期评价。全面评价和重点评价兼顾，是推进过程中的周期性阶段评价，最常见的是年度评价，主要目的是确认阶段水平和推进成果，查找推进过程中的问题并确立对策，指导完成下一周期的推进计划和目标。

（3）专项评价。属重点评价，针对某一专项问题的评价，多数情况是指推进过程中遇到瓶颈问题时，查找造成推进不力的关键因素并确立对策，指导改善推进方法、调整推进计划的过程。

二、TOPS 评价流程

无论是哪种阶段评价，均要通过“诊弊、溯源、立策”的方式形成新的推进指导思想并跟进落实。

（1）诊弊。诊断和查找问题。可借助“战略地图”进行问题诊断，如图2-3所示。按照战略地图，推进的优先顺序为从左到右依次改善到更高层级，而“分项 1. 3. 2”在前序优先模块还在“未受控”条件下已经做到标准可视化，显然是打破了推进步骤，往往会成为问题点。

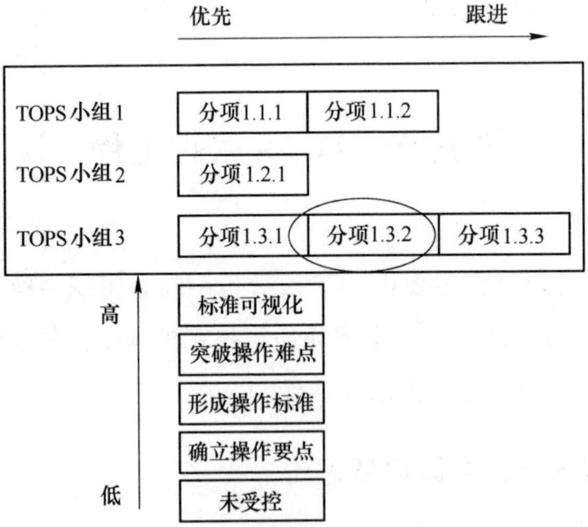

图 2-3　战略地图

（2）溯源。发现问题点后，应反查问题的源头，找到问题发生的根本原因，为确立解决对策奠定基础。一般要首先从管理架构、责任体系和计划水平几个方面进行溯源。

（3）立策。根据问题的根本原因，研究确立解决问题的对策，一般要首先考虑从组织微调、责任体系界定和计划调整等几个方面入手确立对策。

常见的问题可通过日常培训获得解决办法，对于较为复杂的问题需由经过专业训练的TOPS体系评价师和TOPS体系管理师进行系统的诊断来解决。

TOPS组织体系已经具备较成熟的框架，主要分为公司/矿推进委员会、公司/矿推进办、支柱小组/攻关小组、车间推进办及专业委员、TOPS推进小组/班组/支柱委员等。

（1）公司/矿推进委员会。推进委负责TOPS推进的总体把控及资源支持，需定期听取推进办及支柱小组的专题汇报，及时调度解决推进过程中的重大问题，做出相关重大决策。

要点：推进委主任是TOPS推进工作的第一责任人。

要求：一把手担当委员会主任，分管副总任副主任，其他班子成员任委员。

（2）公司/矿推进办。代表推进委进行推进工作的日常调度，协同各支柱小组及攻关小组确保每项推进工作的落实，督导各执行机构按推进计划有序推进。

要点：推进办是推进计划形成“PDC-A-NDC”闭环的第一责任人，本身与支柱小组同属推进委常设机构，但在推进委授权下推进办可代表推进委横向调度和督导其他机构履行职责。

要求：分管副总任主任、相关职能科室负责人任副主任，选定具备管理能力的骨干担当推进办联络员。

（3）公司/矿支柱小组、攻关小组。代表推进委履行某专业管理及评价职能，协同推进办完成本职TOPS专项工作的有效推进，督导各执行机构按推进计划有序推进本项工作。

要点：支柱小组、攻关小组应是专项或专业工具的权威机构，负责专项工作的研究、培训、督导、评价和总结分析等，巩固专项工作并促进其不断改善。

要求：支柱小组、攻关小组组长由与本项专业职能相关或相近的科室负责人担任，对本专项工作的整体上的实施和落实负直接责任。

（4）车间（矿区）、部室推进办。负责本机构职责范围内 TOPS 推进工作的开展，根据公司/矿推进计划具体策划本单位的推进计划并分解至基层 TOPS 小组/班组，领导各 TOPS 小组积极开展各项改善活动。

要点：车间（矿区）、部室推进办是最靠近一线的指挥机构，必须实时掌握下属 TOPS 小组的推进情况，对出现的情况有能力采取有效措施，并充分调动所有小组全面推行。

要求：组长为各单位主要负责人，车间（矿区）、部室设定一名专人担任联络员。对本 TOPS 单位计划落实负直接责任。

（5）TOPS 小组/班组。负责本职范围内的 TOPS 改善与推进的具体计划与实施。

要点：小组是 TOPS 推进的最小团队，TOPS 改善的具体执行者，更是企业全员创新、持续改善的发动机，要充分发挥每一位成员的潜力，从改善自身工作环境、提升每一位成员业务素质入手，打造具有强大战斗力的基层团队。

要求：每个 TOPS 小组理想人数为 6~8 人，最多不得超过 12 人，少于 6 人的小组如果承担工作量过大的可以进行联合、合并或由上级提供支援。

三、TOPS 责任分解

TOPS 责任分解的基本原则是：

（1）大项化小，小项细分，细节求精。把任务分解成可操作的小模块，数量上可以少，但质量标准上要求要高，要渗透到细节，把细节做精。

（2）不重不漏，源头向后，先小后大。一是任务分解中不得留下死角，但切忌混淆责任边界，形成推诿扯皮；二是分解任务时要重点找到问题的源头依次向后排出推进工作的优先序列；三是对于同质化的问题，不要一开始就全面解决，而是要先拿出其中一个典型性的小问题，在解决过程中总结经验后再全面解决同类的其他所有问题。

TOPS 推进计划主要涉及以下问题：

（1）计划前的问题。首先要回答下面几个问题：

问题1，该由谁制订计划？

问题2，该如何制订计划？

问题3，各级机构直至TOPS小组是否具备制订计划的能力？

问题4，如何确认计划的可行性？

问题5，如何考核各级机构的工作？

问题6，如何保证各级机构把主要精力放在完成计划而不是应对检查上？

（2）计划前的行动。“管理者也许会重视行动前的计划，却往往会忽略计划前的行动。”通过上述问题，很显然管理者首先要做的不是制订推进计划，而是确定该如何制订具备可行性的计划。那么，在做详细的推进实施计划前，要先做好以下几件事：

1）计划要点。推进办作为总体计划的制订者，首先应该有当期计划的主题和要点，一般以关键词或一句话描述的表现形式逐条列出，并且要排出优先顺序。

2）培训。推进办在督促各级机构在制定TOPS推进计划前，要围绕当期的主题和推进要点进行专门的分级培训，培训要分级针对性地精确展开，可以集中需要开展该专项工作的骨干和员工请专业讲师（自主推进时就是相应支柱小组和攻关小组骨干、组长等）进行专题讲授，确保以下各级机构具备承担相关任务的能力、技巧和行动基本步骤。

3）计划研讨。计划研讨就是针对车间及以下规模的组织机构的内部培训，目的是确认各级机构成员掌握了必备的知识和技能，并能结合自身任务和能力列出行动计划等。主要方式就是互动沟通和研讨，要结合自身责任、任务展开，特别是TOPS小组级别的研讨，可以直接以制订行动计划为目的展开。

4）订立契约。就是签订责任状。通过从上到下的培训，要形成从下到上的计划。同时，要重视计划，就一定要明确计划就是契约，一旦订立就必须遵守约定，无论任何理由和原因，一旦背约，就要负责任，就要被考核。

5）计划审批。经各级确认的计划各级联络员汇总后要报至推进办，推进办组织相关专业支柱小组负责相关计划的审批，支柱小组和推进办都要对计划备案。在审批计划时最关键的就是判断计划的可实施性和可测量性。

（3）TOPS 计划执行：

1）计划执行。各级机构严格按计划及标准执行，形成执行闭环，并及时按时间节点上报推进成果。

2）计划变更。由于不可抗力或其他充分理由不能执行原计划的，要提交计划变更申请，并且在问题出现或发现的第一时间提出，经各级机构同意，推进办批准方可变更。

（4）TOPS 过程考评。过程考评分为日常考评、周期考评和随机考评。

1）TOPS 日常考评。建立微信群。各 TOPS 小组按计划的时间节点及时将推进过程发到微信群中，各级联络员负责记录各 TOPS 小组，作为周期考评的资料支撑。

2）TOPS 周期考评。周期性考评根据计划执行的节点分为周考评和月考评、长周期考评等。

3）TOPS 随机考评。也叫随机巡查，是各级管理机构通过突然抽查等方式，考核计划执行的过程，注重过程的执行和计划本身是否具备强因果关系的实际验证。

4）考评办法。具体考评指标和奖罚各单位根据自身情况确定，但考评的重点要放在计划管理水平上，即动手之前要有计划，推进过程要严格按计划，执行结果要看有没有标准，进入常态后要考核标准的执行。

考评要点：根据“因果链强化精益标准”思想，标准执行的过程是过程标准和结果标准的相互验证过程，即对“按过程标准执行必然有符合结果标准的结果，看到不标准的结果，就必然得出没有按照过程标准执行的结论”的实践；因此，TOPS 考评的重点要放在对计划和标准的执行上，要注重执行过程要注重异常的记录。根据异常结果倒推执行过程的异常，检查中如发现结果异常，但留有过程异常记录，证明标准执行正常，这是体系的不足，不得进行处罚。处罚的重点是不良结果事先完全可以在过程中表现出来，而按照标准责任人应该发现、有能力发现却并没有按标准要求记录异常过程的情况。

（5）TOPS 管控之持续改善机制。TOPS 对标准的追求是：一切可以标准化的目标、过程和结果都要循序渐进地形成标准，追求所有的日常工作从通过“A”（改善）实现“PDC”（计划/执行/检查）向“NDC”（标准/执行/检查）的标准闭环转化，让标准成为日常工作的常态。

管理体系的建设，检查和考评必不可少。TOPS 体系的检查、考评是防止 TOPS 体系走样的重要措施，是保证 TOPS 体系高效运转的保证。

在 TOPS 体系运行中，为保持前期成果，体系组织结构责任分工为达成目标而建立了层级检查、确认制度。而该制度的建立在体系运转中对体系的改善也起到了潜移默化的推动作用。

在体系运转中，作为体系支撑基本单元的 TOPS 小组在日常活动中通过自检自查能够一定程度地发现体系现场元素出现的问题，从而在小组内部提出改善意愿或付诸行动。

为确保小组改善得以实施，随着体系层级检查、确认制度的展开，自主发现及解决问题的改善能力在不断放大。通过这种不断放大的问题发现及改善机制，使得问题暴露的可能性及问题的关注度大大增加，同时问题解决的能力范围也在不断放大，通过这种机构检查确认机制的实施，使得下一级单元对问题的发现及解决的积极性也得到提高，在通过现场的不断改善也使得小组的发现及现场的改善能力得到大幅提高。从而在 TOPS 的 PDCA 工作机制中形成一种良性机制，也就是形成持续改善的 PDCA 循环。

TOPS 体系追求“既要有高效运行的管理机制，还要有即时生效的改善机制”。

（1）TOPS 双圈闭环管理体系中的改善机制。持续改善是 TOPS 体系的灵魂，其核心是改变传统管理中对待“问题”的态度，以“问题管理”（异常管理）作为企业管理提升的“发动机”，以“好员工必须不断发现问题”为突破口，以及时准确地记录问题，并能主动探寻解决问题的方法为目标形成不断提升的管理上升通道。

（2）TOPS 体系管理的持续改善。TOPS 体系管理的持续改善可分为“争优工程”和“卓越工程”两大板块，如图 2-4 所示。“争优工程”即为争做优秀员工，以凡事都要做到最高标准为原则来完成每一项任务的精神进行标准化作业，又可细分为执行闭环、考核闭环和改善闭环三大作业循环，其重心仍是班组建设，“卓越工程”即追求升华，走向卓越之意，根据问题的价值分层可以分别以“6H”（六源管理）、“6I”（六项改善）和“专题攻关”三个级别的工具形成三大提升闭环，如图 2-5 所示。

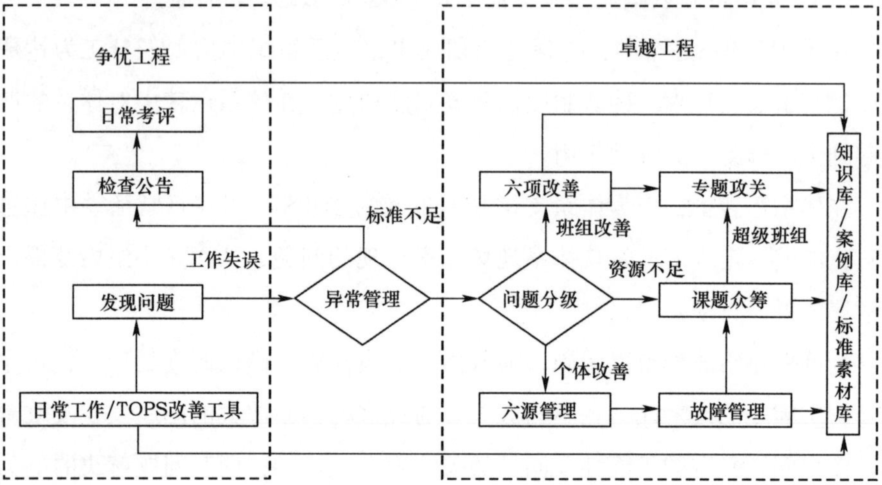

图 2-4 “争优工程”与“卓越工程”

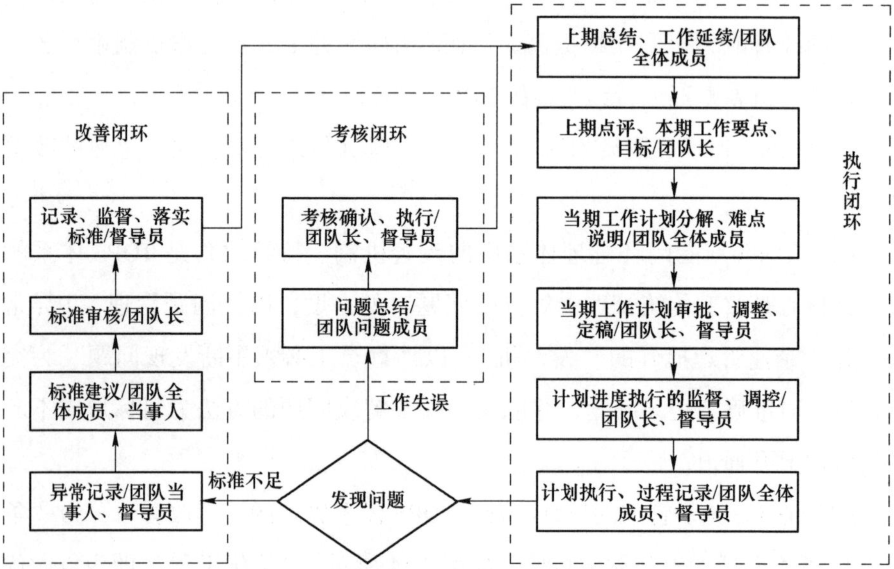

图 2-5 三大提升闭环

(3) TOPS 管控之绩效管理。如果把处罚机制当作高速公路上的护栏，而把激励机制当作高速公路上的路标，那么奖罚机制就可以轻易地转化为“绩效管理”模式了。很显然，人们都希望“护栏”能够挡住不守规矩的、保护守规矩的；而路标都能确切地告诉人们该向哪里走，就能让每一位员工都能够踏上“人才高速路”，充分发挥自己的潜能为企业整体绩效做出更大的贡献。

1）处罚。处罚是手段，纠偏是目的。

① TOPS 绩效管理中处罚着重考核处罚的纠偏功能和及时性，只有及时纠偏才能让更多的人不走偏。

② TOPS 体系中每一层级的检查都是一条纠偏的防线，共有五层防线来保证每一位员工不走偏。

③ 发现问题时，检查者首要的是确认下一级已经发现该问题并做了合理、合规的处置，也就是确认下一层防线还有效。如果下级防线失效，则直接及时处罚下一级防线负责人；如果下级防线有效发挥了作用则在本次检查中不再追加处罚。

2）奖励。TOPS 推进过程强调的是对员工的正激励，而激励一定是带有导向作用。

关于奖励方式，各单位可以根据自身实际采取各种合规的形式，但一定要研究员工的需求，以期达到更好的激励效果。

TOPS 体系的管控工程主要是规定了计划、执行、改善、标准和检查考核的过程，让管理者以创新的思维和标准化的手段完成其他工程模块，促进企业更好地发展。

第三章 TOPS之“现场四要素”管理

第一节 “现场四要素”管理内容

人们常说，企业竞争在市场，但竞争力在现场。不少企业对这一点似懂非懂。在中国，众多企业在致力于哑铃型结构的建设，哑铃的一个大头是市场和销售，另外一个大头是新产品的研发，中间细细的轴就是生产，似乎只要用这根细细的轴将哑铃的两端连接起来就够了。这充分反映了一个急功近利时代的特征或者哲学。当然，在这个科学飞速进步、经验不断贬值的速变的时代，企业应该不断将人类发明的成果应用到自己的产品之中，不断地为自己的客户创造价值；在竞争日益激烈的当今世界，产能过剩是十分普遍的现象，似乎各行各业的生存都遇到困难。企业在苦苦地寻找着自身生存的蓝海。然而，就是在茫茫的红海之中，仍然有不少生存下来的企业，他们熠熠生辉，活得很滋润。淘金人常说，闪光的不一定是金子，但是金子一定闪光。当人们走进企业现场，最能够感受企业管理水平的就是现场，这句话一点不假——现场就是企业管理的一面镜子。那么，现场管理到底涉及哪些内容呢？

人机系统现场管理的基础四要素。生产现场管理的内容十分丰富，包括设备布局、工艺流程安排、物流统筹、计划排产、成本控制、公用设施、安全设计等诸多方面。在人机系统里，最重要和最基础的是下面四个要素，即：

（1）6S活动。

（2）清除六源——6H活动。

（3）定置化管理。

（4）可视化管理。

6S和清除6H，加上可视化、定置化管理构成了生产现场管理的四要素。如上所述，企业的现场管理并不局限在这四个要素，现场管理有着丰富的内容，然而这四要素应该是其他现场管理要素的基础，是现场管理的起点，如图3-1所示。

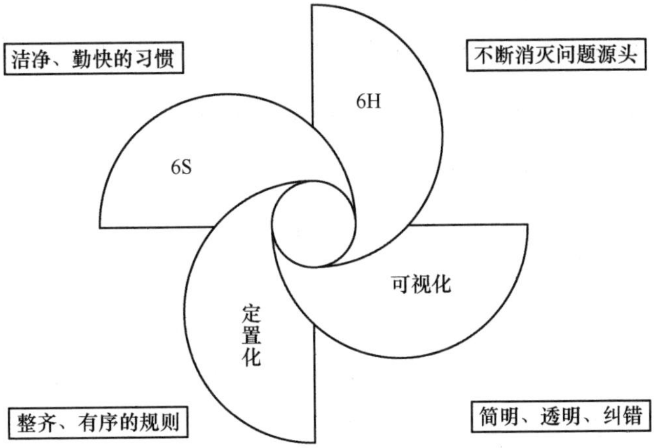

图3-1　生产现场管理的四要素

企业家都知道现场是什么，却很少有人知道什么是“现场力”。现场力不外乎两个层面的意思：一是将决定下来的事情一丝不苟地落实到生产现场，坚持不懈地做到位；二是现场员工的智慧不断被激发出来，创意和点子不断涌现。

第二节　6S管理与清除六源6H

一、6S管理

6S管理从3S发展而来，3S早在江户时代就在日本流行。后来日本人将整理、整顿、清扫逐渐发展成为5S，最早来源与日语发音的S音，留下其精髓，把中国现场“安全”这个相当薄弱的环节加上去，再换上大家熟悉的英文，赋予简洁的中文解释，就成了现在的6S。

整理（Structurise）——取舍分开，取留舍弃；

整顿（Systematise）——条理摆放，取用快捷；

清扫（Sanitize）——清扫垃圾，不留污物；

清洁（Standardise）——形成规则，保持成果；

安全（Safetise）——安全第一，预防为主；

素养（Self-discipline）——自主管理，养成习惯。

企业可以根据以上6S的基本精神，制订详细工作内容、开展方法、评价标准，坚持做下去。6S可以使生产现场面貌大大改观，焕然一新，让人鼓舞、振奋，甚至受到震撼。同时，它可以大大提升员工的工作效率，减少工作差错，一点一滴地减少质量损失，降低设备故障。6S也是改善精神面貌，引导员工养成良好工作习惯的过程。

不少企业对6S一直存在质疑，认为是劳民伤财，表面功夫，不值一做。我们认为6S就像文明人的洗脸刷牙一样，不必争论不休；6S就是文明生产的起点，就是文明企业的洗脸刷牙，只有做得好坏之分，没有做与不做之分。

企业开展6S管理常常陷入“一紧，二松，三垮台，四重来”这样的怪圈，不少企业6S活动搞到最后就仅剩下墙上的6S，现场和行动上了无踪影。为什么？很多企业一开始就把这项活动看得太简单了，缺乏程序化的管理。

6S的程序化管理细节如图3-2所示。

有些企业把6S当成一项运动来搞，想三个月或者半年攻下6S山头，这其实是难以做到的，6S是企业终生的修炼，是没有终点的长跑。6S真正能够在企业扎根的必由之路如图3-3所示。

企业6S活动失败的另外一个原因是缺乏“打持久战”的精神，他们以为6S可以一蹴而就，这可是大错特错了。6S的重要使命是改变员工的行为习惯，而行为习惯的改变要从观念和态度的转变开始，这其实是最艰难的。开展6S活动先从“形式化”做起，逐渐将形式转变为“行事化”，即靠制度、规范、标准来保证，要例行公事地去做；为了能够真正做好，企业还要不断地对这项工

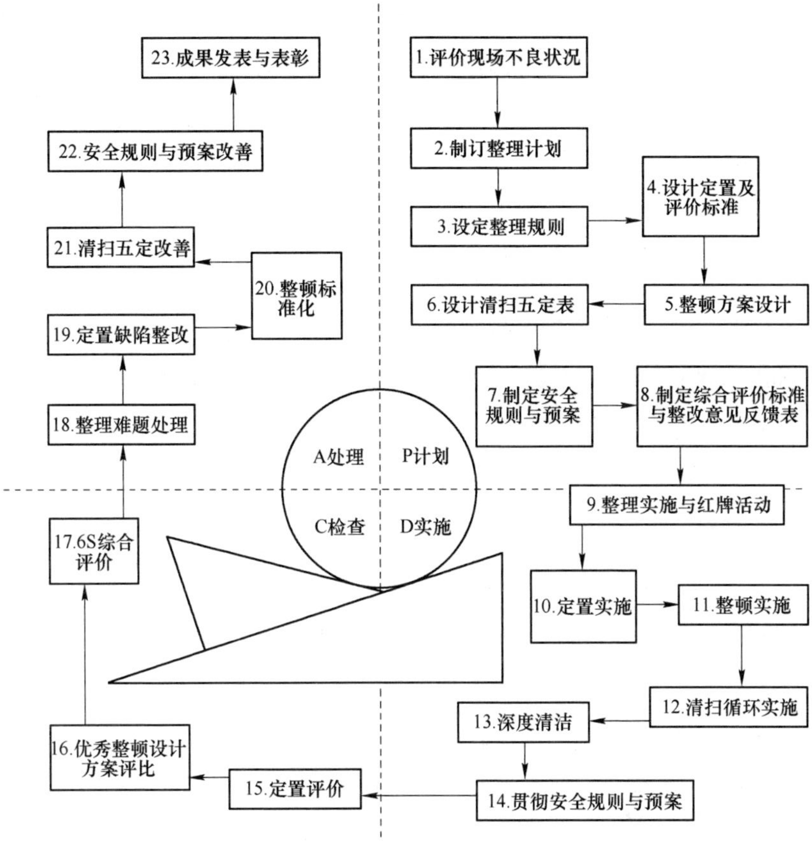

图 3-2　企业 6S 程序化工作流程

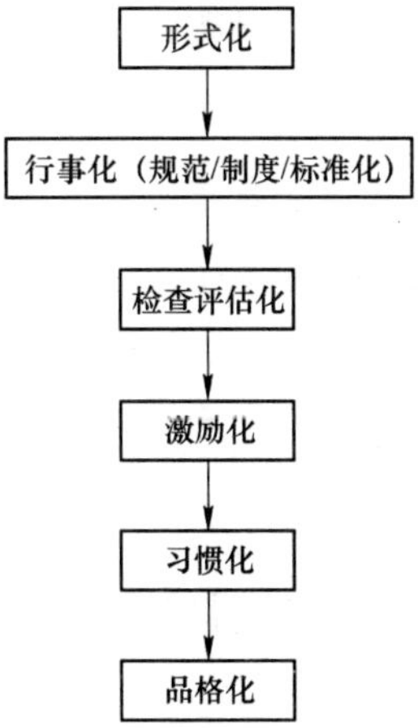

图 3-3　企业开展 6S 活动持久战的过程

作检查评价，称之为“检查评估化”；检查评价之后就要有所表示，也就是进行激励，称之为“激励化”；长时间的激励，员工才会逐渐养成习惯，称之为“习惯化”；一辈子的习惯就形成了个人的品格，也就铸就了企业的品格，称之为“品格化”。

二、清除六源——6H 活动

在 6S 活动中，员工将会发现一些问题的“源头”。企业应该主动引导员工去寻找和解决现场中的“六源”问题。这“六源”是污染源、清扫困难源、故障源、浪费源、缺陷源和危险源。

（1）污染源。即灰尘、油污、废料、加工材料屑的来源。更深层的污染源还包括有害气体、有毒液体、电磁辐射、光辐射以及噪声方面的污染。要鼓励员工去寻找、搜集这些污染源的信息。同时，激励员工自己动手，以合理化建议的形式对这些污染源进行治理。污染源的治理主要有两个方向，一是源头控制，二是防护。如机械加工车间每一台车床都加装了防护挡板，防止加工的铁屑、油污外溅，车间地面洁净、无油、无尘。

（2）清扫困难源。清扫困难源是指难以清扫的部位，包括：空间狭窄、没有人做清扫工作的空间，设备内部深层无法使用清扫工具；污染频繁，无法随时清扫；以及高空、高温、设备高速运转部分，操作工难以接近的区域等。解决清扫困难源也有两个方向：一是控制源头，使这些难以清扫的部位不被污染，如设备加装防护盖板等；二是设计开发专用的清扫工具，使难以清扫变成容易清扫，如使用长臂毛刷和特殊吸尘装置等。

（3）故障源。故障源是指造成故障的潜在因素。通过 PM 分析方法，逐步了解故障发生的规律和原因，然后采取措施加以避免。如因为润滑不良造成的故障，就应加强润滑频次、调整润滑油脂量，甚至加装自动加油装置来解决；如果因为温度高、散热差引起的故障，就应加装冷风机或冷却水来解决，如因为粉尘、铁屑污染引起的故障，就要通过防护、除尘方式来解决。

（4）浪费源。生产现场的浪费是多种多样的，第一类浪费是“开关”方面的浪费，如人走灯还亮，机器仍空转，气泵仍开动，冷气、热风、风扇仍开启等方面的能源浪费。这类的浪费要通过“开关”处的提示以及员工良好习惯的养成来解决。第二类是“漏”，包括漏水、漏油、漏电、漏汽和漏气以及油箱滴漏，这也是能源或材料的浪费。要采取各种技术手段去做好防漏、堵漏工作，如使用高品质的接头、阀门、密封圈和龙头，带压堵漏材料的应用等。第三类是材料的浪费，包括产品原料、加工用的辅助材料。一方面通过工艺和设计的改进来节省原材料；另一方面可以在废材料的回收、还原、再利用方面下功夫。第四类的浪费是无用劳动、无效工序、无效活动方面的浪费，如工序设计不合理、无用动作过多，甚至工序安排不平衡，中间停工待料时间过长；需要通过人机过程学、工业过程（IE）等方法来优化设计加以解决。无效活动包括无效的会议、无效的表格和报告等，渗透到工作的各个领域，时间浪费可节约的空间十分广阔；这就要通过会议管理、时间管理的方法来解决。

（5）缺陷源。6S 活动还可能发现产品缺陷源，即影响产品质量的生产或加工环节。ZD 和 QC 活动就是针对这些缺陷源的，解决缺陷要从源头做起，从设备、工装、夹具、模具以及工艺的改善做起，同时也要从员工的技术、工艺行为规范着手。

（6）危险源。危险源即潜在的事故发生源。企业存在大量的危险源，如人员触电、物品掉落砸伤、工件材料飞溅伤人、厂房起火、装置爆炸、毒气泄漏、员工掉落摔伤、炉火或者熔融液体外溢、飞溅烫伤、火焰或者紫外线灼伤、电磁辐射、核辐射伤害等不同种类的危险。美国的海因利奇工程师（Heinrich）曾经做过统计，330 件工业意外，300 件不会造成伤害，29 件会引起轻微伤害，仅有一件会造成严重伤害。按照海因利奇的安全法则，要想减少严重伤害事件，必须让那些轻微伤害和无伤害的意外事件同时减少。控制意外发生的隐患是问题的关键，而这一控制就是将所有的危险隐患消灭在萌芽状态。企业应该开展全员参与的警示报告体系，动员全体员工的智慧和注意力，随时发现危险隐患，随时加以克服。

在企业开展 6S 活动中，自然而然会引起员工对“六源”的关注，企业就顺水推舟，主动加强对寻找“六源”活动的引导，使之成为每个员工的潜在意识。寻找“六源”，要从清除员工脑子里的“麻痹源”开始。寻找“六源”、解决“六源”，与生产现场的持续改善和难题攻关及合理化建议活动融为一体，将成为现场改善和进步的强大推动力。

清除六源活动与企业的6S活动就像是孪生姐妹，共存共生。企业开展6S活动，必然遇到一些源头（6H）挡路，不去清除这6H，6S就无法进行；反过来，企业做好了清除6H，还要顺水推舟地来保持良好现场成果，让现场管理升华，6S自然应该成为这一提升的必然结果。

发现和清除6H活动，同样也要程序化、精细化管理。图3-4给出了清除6H的具体步骤和程序。

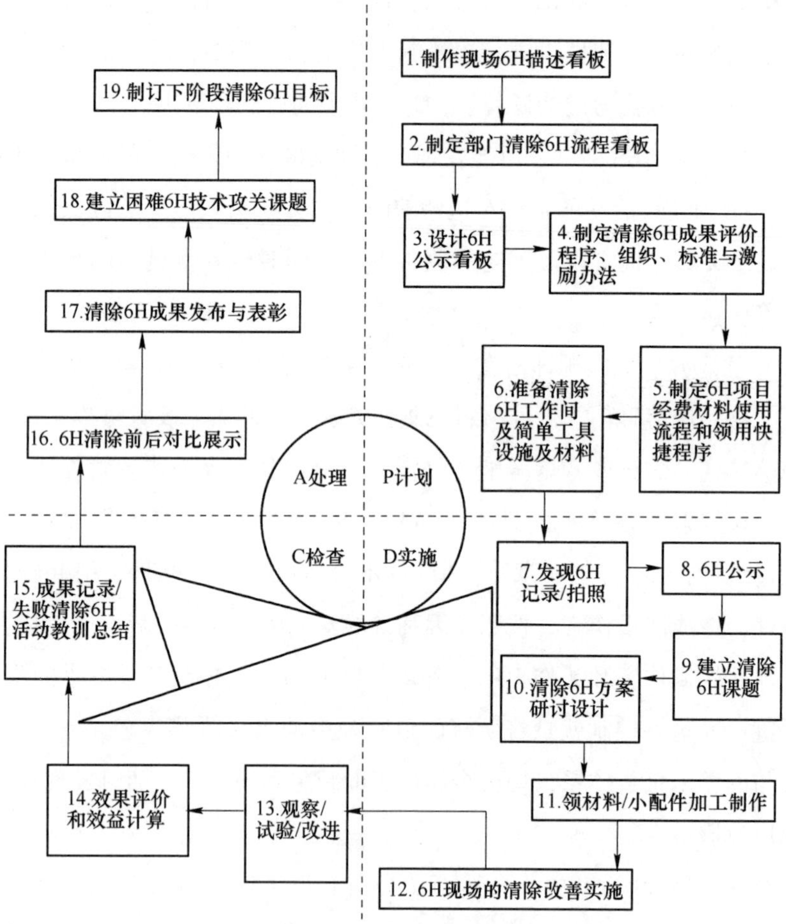

图3-4 企业清除6H的具体步骤和程序

第三节 可视化管理和定置管理

一、可视化管理

在生产或者办公现场，管理者和现场员工往往存在这样那样的视力疾病。

(1) 近视。只能看到鼻子下面，眼前的事物和问题，看不到长远和事物的本质问题。

(2) 远视。喜欢往远处看，但忽视眼前、脚下的事物，看不到细枝末节，对现场的问题视而不见。

(3) 弱视。对现场状况看不清楚，似乎看出问题，又不清楚到底是什么问题，一会儿认为是这个问题，一会儿又觉得像是那个问题。

企业的管理者需要陶冶自身企业员工的“可视力”。第一步是能视；第二步是透视；第三步是重视。

(1) 能视就是通过相应的手段让微小的问题放大，让隐含的问题暴露，让大家看到需要看到的东西。

(2) 透视就是对暴露出问题的本质、危害、原因进行正确的分析、判断，让大家看到本质，也看到发展趋势和前景。

(3) 重视就是要让大家付诸行动、发掘对策来解决这些问题。

除了发现问题、解决问题，可视化管理还具有将生产现状、企业经营、经验智慧、团队沟通、工作绩效、顾客反馈、外部信息可视化的功效。它可以起到全员参与管理、大家清楚现状、相互学习借鉴、自我评价反省、加深团队友谊、鼓舞企业士气等积极作用。

大家天天坐飞机，机场就是典型的运用可视化管理的场所。我们不用去问讯处，就知道何处接机，何处办理登机手续、何处是安检、何处是登机口，何处是餐饮，何处是厕所。如果所有的乘机者都到问讯处询问这个在哪里，那个在哪里，问讯处的小姐会忙死。也有一些企业管理者就是不喜欢将管理可视化，却不知道他们失去了60%以上传达信息的手段。

曾在一个很大的机场乘飞机，因为票的问题而很晚办完登机手续，引导的服务员小姐告诉我赶快下楼直走，我依照她的指导来到机场地面，一看既无飞机，也没有拉乘客的摆渡车。正在无所适从之时，又下来两个旅客，大家面面相觑，不知如何是好。这时机场保安队长开吉普车到来，严肃地拿我们的证件登记，把我们"押送"上楼。此时才又遇到引导我们下来的那位小姐，她莫名其妙地问我们为什么又回来了。我们讲述了过程，她说应该下到二楼往左直走50米下楼。二楼是到达厅，而且毫无指示，我们三个人竟然无人知道如何走。除了这位小姐的沟通缺陷之外，这时哪怕一块白纸黑字的牌子都是那么重要。所以有的企业把可视化管理幽默成为一目了然工程。

能够辅助企业进行可视化管理的工具很多，包括颜色、标签、标牌、实物、看板、图表、照片、电子媒体、灯号等。可视化管理工具如图 3-5 所示。

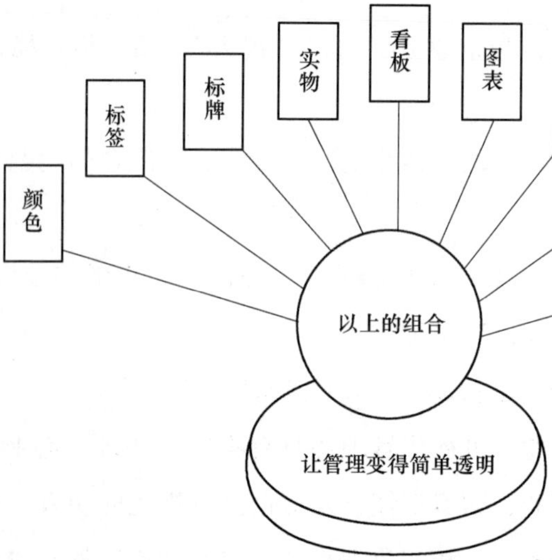

图 3-5　可视化管理工具

二、定置化管理

广义的定置化管理既包括空间的定置，又包括时间的定置。空间的定置要处理好人、物和场所之间的关系；而时间的定置则要处理人、事和时间的关系。

空间的定置化管理可以作为一个要素，即“整理、整顿、素养”的核心内容融入到企业6S活动中。因为定置管理本身内容比较丰富，涉及整个企业的“人—物—场所”三维空间位置关系的设计和优化，企业也可以将这项工作单独提取出来，进行更加细致的研究和实施。

在企业里，物品与使用者——人的位置关系一般处于三种状态：

（1）A状态。人与物有效结合，人可以直接、方便、快捷、有效地利用物。

（2）B状态。人与物不能有效结合，人不能马上、快捷、有效地利用物。

（3）C状态。人与物不需要结合，物品处于不利用、无利用状态。

定置化就是不断地清除C状态，改善B状态，保持A状态。

定置管理首先要对“人—物—场所”三维空间位置关系进行设计和优化，充分利用色彩、指示牌、电子屏幕和其他信息媒介将“该物在何处”“该处在哪里”“此处即该处”“此物即该物”“该物流向哪里”“该物有多少”“该物处于何种加工状态”“该物是否良好”“该物是否危险”以及区域的总体定置状态等信息明确表示出来，以方便寻找、识别，减少工作差错，提升工作效率。定置管理具有不少创造性的空间，如工具的行迹管理（影子图），管道流动介质的名称、源头、目的地、流向标识，办公文件夹的线条标识摆放以及各种层架、容器、托盘、挂架的设计等。图3-6给出了定置管理的主要流程。

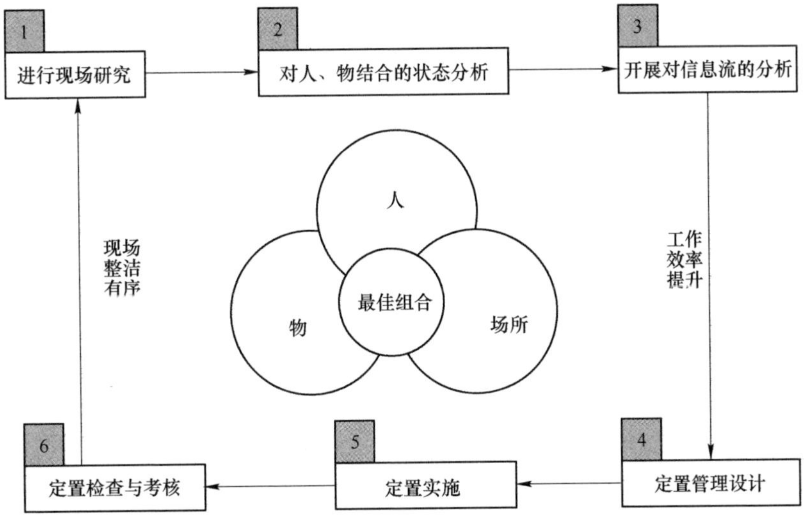

图3-6 空间定置管理的主要流程

时间的定置，就是将人的精神和精力状态，要处理的事情以及工作时间进行最佳的分配与结合，以达到最高的工作效率。用简单的话说，就是在最合适的时候做最应该做的事情。具体的时间定置包括以下内容：

（1）有固定周期的工作，按照工作周期安排。

（2）将每天的时间分成若干段，每段安排不同类型的工作，精力最充沛的时间段，做最重要的工作。

（3）将每段中间的缓冲期，做一些琐事、杂事，可以调节和休息。

（4）定期总结和反省自己的工作，对照检查自己的时间定置，调整制订计划。

第四章 TOPS之自主维护

第一节 自主维护管理内容

流行的AM（Autonomous Management，Autonomous Maintenance），具有两重含义，即自主管理和自主维护。

所谓自主管理，小到个体员工自觉、自律、主动、积极的现场改善和创造性工作，大到自然班组、工段、车间的自主团队活动和自我管理。自主维护是日常生产运行中员工对设备、工作设施的清扫、检查、保养乃至简单的维修活动。两个“自主”就是焕发员工的主人翁意识和团队合作精神，就是让员工充满自豪、激情地参与到工作改善之中，让他们不断从工作中寻找乐趣、兴趣，不断获得成就感和满足感。

孔夫子早在2000多年前的论语中就有这样的论述：“君子喻于义，小人喻于利。”意思是说：成就君子，就晓之以道义；造就小人，则以私利引导，小人也就只知道逐利。他还说：“道之以政，齐之以刑，民免无耻。道之以德，齐之以礼，有耻且格。”其意思是说：以政令来教导，以刑罚来管束，百姓会因求免于刑罚而服从，但不知羞耻；以德行来教化，以礼制来约束，百姓就会知道羞耻且走上正善之途。

大到社会，小到企业，微到班组和个人，能不能完全依赖“他律”来治理，是否需要下大功夫来营造一个“自主、自觉和自律”的社会环境和企业文化。只有“诚信”“负责”“自我规范”从每个机构、每个企业、每个班组、每个员工自身做起，才能让企业乃至整个社会更高效、有序，更安全、无忧，更健康、环保。

当人们关注动物群体智慧的状况，发现很多值得思考的现象：个体蚂蚁并不精明，而50万只蚂蚁的蚁群，通过个体互动传递信息，在无“主管”情况下运作良好有序；千百条鲱鱼群动作配合得天衣无缝，可以瞬间同时改变方向，而不会慌乱碰撞；千万只工蜂，由侦查蜂通过“投票”表决方式来确定新蜂巢的地点，一般不会出现重大失误；悠闲的鸽群受到惊扰会马上起飞避险，毫不惊慌失措或者四处乱撞；北美驯鹿在面对突发事件时会迅速有组织朝各自逃生方向奔跑，没有一只驯鹿会挡住同伴的逃生方向，也不会发生踩踏事故。这些动物依靠的是自发的群体智慧！

在非洲有一个靠吸食牲畜、动物血液为生的蝙蝠种群，更创造了一个利他主义的群体延续原则，就是每个吸食到新鲜血液的蝙蝠，有义务来反哺那些三天内没有得到食物、奄奄一息的同伴。他们就是靠着这种利他主义、自主、自觉和团队合作精神才能不断将自己的种群延续和发展。

在企业运行中，组织应该给基层员工以更多自主决定权，引导他们在实践中模拟和学习，适应生产情景的变化，自主形成行为规范；组织里更多地以少数服从多数原则来决定群体的行为方式，这个群体会变得越来越聪明；而且，只有每个个体成员都以负责任的态度行动并自己做决定的时候，群体才趋向于有智慧！

关于基层群体智慧的开发，丰田公司做出了最好的案例验证。丰田公司认为，全力激活员工的智慧和潜能是最有价值的一件事情。他们认为，除去生产损失之类的七大现场效率损失外，第八大浪费是不懂得运用工人的智慧，这是最大的浪费。2003年，公司的18万名员工，完成了237万件改善提案。成千上万名员工就像上了瘾一样痴迷于现场改善，这就是丰田成功的奥秘，也是其他企业难以复制的DNA！

谈到员工对设备的自主维护，也有很多不以为然的议论。不少人认为企业应该分工明确，操作员工只管操作就行，维修应该由专业维修人员来做。让一些文化程度和技术素质较低的员工来维护设备，常常会捅出更大的漏子，还不如不做。

在不少企业现场考察，发现这个“自主维护”做与不做，差异巨大。一个纺织公司印染车间的机修工曾发牢骚，车间的吊车控制盒一个月要修40多次，常常是因为操作员工将控制盒乱拉、乱放，或者不小心掉水里或者染缸里。因为这个工厂分工明确，操作员工是严格遵守“我操作，你维修”这个原则的。在一个有名的集装箱码头，铲车司机不时就用二档启动车辆，把变速箱打坏，因为他们对车辆的损坏不负责，有另外部门的专人负责修理，他们只管开车。

人类从来不会忽视对自己身体的“自主维护”，绝大多数人也不会把自己的健康押宝在医院里。如钟南山院士所说，自己是自己最好的医生。几乎每个人都会结合自己身体状况预备一些常用药，小病初起时就服药预防，感到有些不适就会休息、调整，这“自主维护”的工作量恐怕不会少于医院“维护”的工作量。有人会说，人可以“自主维护”，设备却不会。如果我们把范围扩大一些，将“设备”和设备周边的“人”划归一个系统，这个系统则会“自主维护”了。

“自主维护”不在于能够做多少，而在于是否有这样的意识。企业开始实施自主维护体系，会存在一定损坏性维护的风险，这要靠制定维护保养规范和充分的技术培训来弥补。我们不能因噎废食，与损坏性维护的损失相比，企业更多获得的是员工对设备的正确操作，对设备经常清扫，对微小隐患、萌芽状态故障的处理（至少是信息传递）以及对设备像孩子般的呵护。重要的是，自主维护能够培养员工的主人翁精神，让员工更关注设备的细微状况，与自主维护的风险比较，企业的收获是巨大的。

自主维护也应该设计具体的管理流程。自主维护要从设备的清扫开始的，接着是对设备状况的点检、记录和分析，然后就是保养，员工可以在紧固、润滑、调整、更换、堵漏、防腐、对中、平衡、疏通、黏接等环节中选取必要的步骤，之后又回到起点，进行下一个点检部位的清扫……这样循环往复，不断重复着自主维护AM闭环。

操作员工对设备的自主维护，这是设备维护的第一道防线，不可或缺！

第二节　自主维护如何落地

TOPS体系要为“自主维护”设计十分具体的管理流程，来保证“自主维护”的落地。自主维护需要一个渐进式的培养过程，企业可以按照以下步骤开展：

（1）强化初始清扫，清扫是保养的基础。

（2）引导班组竞赛机制，开发小组竞赛评价标准。

（3）避免形式主义，简化自主维护工作流程。

（4）通过激励，激发员工热情。

（5）强化培训，反复培训，提升员工技能。

（6）采用可视化控制手段，辅助工作，纠错防错，减少工作负荷。

（7）从试点机台或生产线开始，逐渐推进，水平展开。

在自主维护开展中，可以应用可视化辅助工具，让自主维护更易于执行。例如：

（1）应用放大镜或反光镜，让太高、太低部位可见，易于点检和保养。

（2）应用“红色”或“绿色”标签显示设备“停机”或者“运行”状态。

（3）通过布条或者风车显示设备是否运行。

（4）标注（液面）最高及最低位置，显示是否要补充加注液体。

（5）在紧固的螺母上划线显示是否松动，提示员工是否需要加以紧固。

（6）在封闭的机器面板上开一个窗口，显示设备运行状况，便于点检。

（7）通过彩色标签显示阀门开关状况，明确阀门的状况。

（8）强光照射设备局部，显示那里是否清洁，是否有缺陷。

（9）用彩色油漆活动的盖子，使之与相匹配的部件对应匹配，避免丢失，避免盖错。

（10）画出点检路线和点检员站立点的脚印，保证点检不缺位。

（11）以正常的产品或设备的照片显示正常标准，区分异常或者故障、缺陷状态。

（12）用影子图或形迹管理各类工具、物品，便于应用时快速取用。

（13）应用图形化、可视化保养基准书、保养手册，指导员工保养操作。

（14）应用图标看板显示自主维护工作目标达成情况。

（15）未来，有条件的企业可以应用手持PDA或者VR眼镜来显示自主维护的动作内容。

企业在开展自主维护时，一般要遵循以下管理工作流程，从概念开发、组织领导，到基准书编写、路线设计、技术培训，再到操作实施、检查评价、信息记录，再对接维修和持续改善，形成PDCA管理闭环。管理流程如图4-1所示。

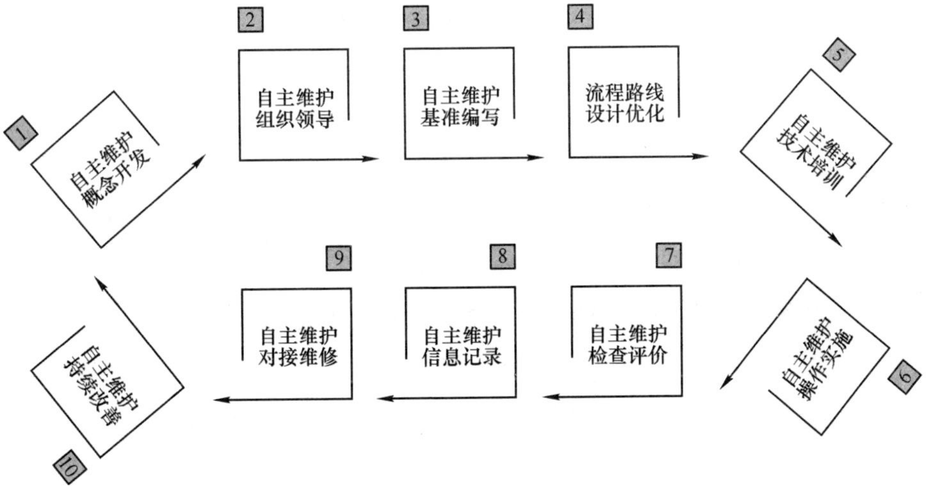

图4-1　自主维护管理流程

与管理流程不同，自主维护的工作流程是指自主维护的执行过程，也就是从需要保养的设备起始部位开始，通过清扫、点检、初步诊断、异常记录，再到自主保养，或者转入专业维护的工作过程，这也是一个PDCA循环，如图4-2所示。

这里，所谓的“选点”就是按照点检保养路线要求，选取要清扫—点检—保养的设备部位。

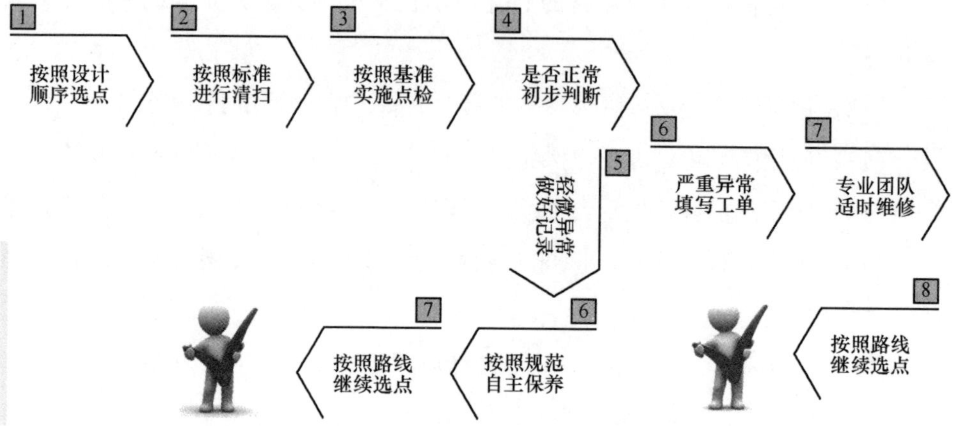

图 4-2　自主维护工作流程

第三节　全优润滑管理

不少工厂都不重视润滑管理，以为润滑不过是给机器加点油而已。殊不知，对设备而言，润滑如同给人体输液，润滑剂如同人的淋巴、血液一样重要。遗憾的是，很少工厂能够以这样的高度来看待润滑。

一台机器的设计寿命是 10 年，没想到 3 年就不能工作了，机器的使用者常常埋怨设备供应商没有履行质量承诺，怪设备的制造质量太差，也许根源就是自己对设备的润滑没做好，降低了设备寿命。所以，当使用的某些机械类设备出现故障，找不到根源，就先从润滑上找找原因。因为，很多机械类故障的根源就是润滑不良。

机械摩擦副在运动过程中的磨损情况遵照如图 4-3 所示的磨损曲线。磨损曲线分为三个阶段，即磨合磨损阶段、正常磨损阶段和剧烈磨损阶段。

在磨合磨损阶段，因为新加工的零件表面粗糙，或者摩擦匹配部位的啮合曲线不吻合，必然使凹凸不平的部位被切削掉，这就是磨合阶段的磨损特性。

过了磨合期就进入稳定磨损阶段，由于在磨合期产生的应力以及表面粗糙度的改善，磨损速度下降，保持一个长时间的低量的状态，这就是稳定磨损阶段。

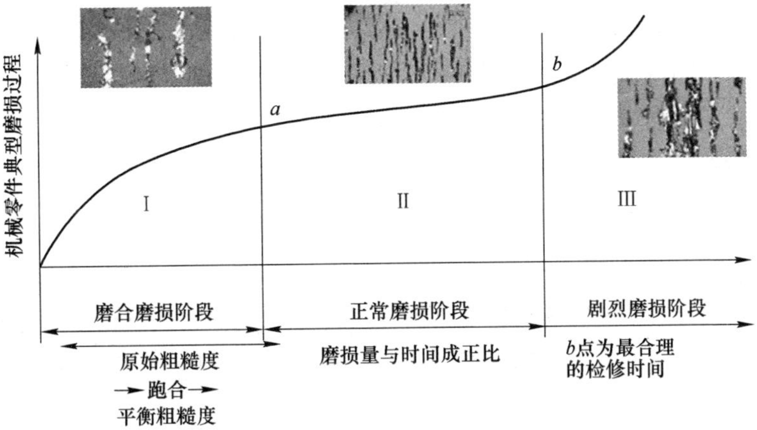

图 4-3 摩擦副磨损状态的三个阶段

随着应力、腐蚀的聚集，零件表面开始了快速的磨损，摩擦副表面金属基体会大块剥落在润滑介质中，这就进入了剧烈磨损阶段，如图 4-3 所示。

如果摩擦副之间的润滑剂持续维持较为充分状态，零件的稳定磨损周期可以维持较长时间周期，合适的润滑添加剂也可能延长这一时期。反之，如果润滑不到位，亦即加油周期不当，加油量不足，摩擦副经常出现缺油状态，或者润滑介质标号不对，或者润滑介质被污染，混入灰尘、杂质及水分，则稳定磨损阶段会大大缩短，让剧烈磨损阶段提前到来。

例如某工厂曾有一条自动生产线，每条线价值 550 万美金，每小时产值 3.6 万人民币。在第一次大修更换齿轮油后，发现设备运行明显异常。经检查，是因为换油牌号搞错。纠正之后，设备运行状态恢复。再例如，某飞机失事，调查结果发现是因为润滑油污染物堆积堵塞油管，导致油管无法供油所致。可见，润滑上的任何疏忽，有可能导致严重后果。

全优润滑管理，一般是指从润滑管理组织，到润滑管理制度、润滑介质选择、油品供应链管理、润滑 6213 管理、润滑管理绩效评价、密封与泄漏管理、油品污染控制净化、废油回收、油液分析诊断直到润滑管理信息系统建设，这十个环节的管理和优化，如图 4-4 所示。

其中，润滑 6213，也就是润滑的“六定、二洁、一密封和三过滤”管理是核心内容。

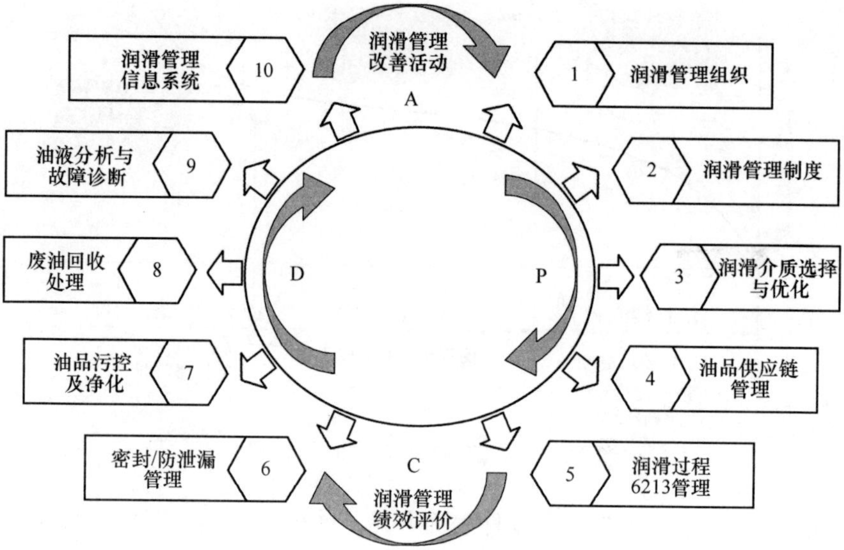

图 4-4　全优润滑管理十步法

什么是“六定”呢？所谓的六定就是定点、定人、定质、定量、定法和定周期（定状态）。

（1）定点，就是确定的润滑加油点，注油孔。

（2）定人，确定的润滑操作责任人，在工厂里有的指定操作人员，有的是维修人员担负润滑工作，如果设备多、润滑油脂品种多，建议设置专职润滑工专门担任润滑工作，使润滑工作质量得到有效保证。

（3）定质，确定的润滑油脂标号，不能错用，不能混合混用。

（4）定量，确定的加油脂量。

（5）定法，确定的加油、润滑方法，这里润滑方法包括自动、手工，还可具体分为集中循环给油、集中自动给油、集中手动泵给脂、油浴润滑、油雾润滑、油气润滑、滴油润滑、油脂封入润滑、油枪给脂、油备给脂、手工添油、手工加脂等。

（6）定周期（定状态），确定的给油加脂周期，自动润滑要定期检查自动加油机构的运行是否正常。在企业具备油脂化验功能时，可以根据油脂劣化状态和缺油状态决定是否给油。这样可以节约油脂。

“二洁”是指加油孔要清洁、加油工具要清洁。目的是防止灰尘、杂物污染润滑系统，从而导致摩擦副的损坏或者快速磨损。

“一密封”是指强化密封，防止和治理泄漏。如果密封不好，泄漏严重，“六定”所完成的加油工作就失去作用了。

“三过滤”是指“领油过滤”“加油过滤”和“转桶过滤”。

（1）领油过滤，油品从润滑站到加油工具都需要过滤。

（2）转桶过滤，油品在容器之间转移，例如进润滑站的固定油罐，从固定油罐到小桶，从小桶到油壶，都要经过滤网或者滤芯过滤。

（3）加油过滤，油品从加油工具进入润滑点，也是经过滤网过滤的。

之所以经过这层层过滤，就是防止润滑剂被污染。图 4-5 为润滑油自动过滤系统，旨在对循环使用的润滑介质实施自动过滤。

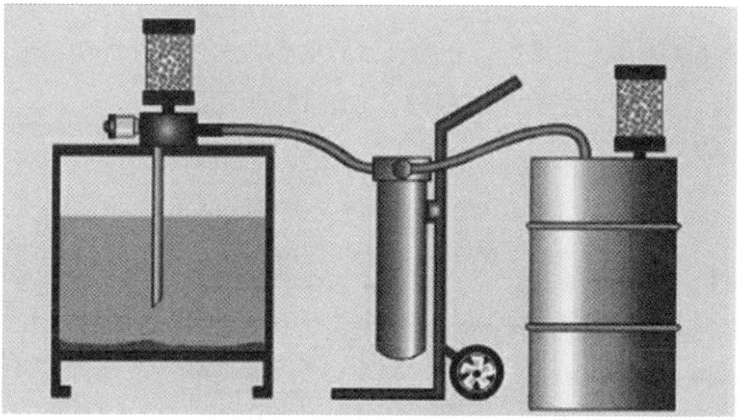

图 4-5 润滑油自动过滤系统

除了灰尘，润滑油的污染还包括灰尘、水分、空气等。这些污染将导致油液润滑性能下降，也就是改变润滑油的黏度和润滑特性；污染还可能造成摩擦副的颗粒磨损、腐蚀、锈蚀、气蚀，结果导致机器设备的泄漏、阻塞、振动、失调，导致性能下降、效率下降和最终的机器失效。

除了上述的润滑六定、二洁、一密封、三过滤之外，对润滑状态的点检和润滑介质泄漏的阻止也是不可或缺的。点检可以发现摩擦润滑系统是否缺油、系统是否存在泄漏、润滑油是否被污染、润滑油脂是否过热等；点检还可以发现自动加油机的缺陷，防止自动加油系统失效。

而堵漏则是有效防止润滑不足的保障，否则再严格的六定也是徒劳。润滑油泄漏是设备系统常见的问题，有些工厂用油桶、油盘来接着流淌的润滑油，这完全是治标不治本的措施。众所周知，油桶、油盘接油可以解决漏油满地的问题，并没有解决泄漏问题。而泄漏就意味着润滑不足，就加速机器的快速磨损、泄漏问题必须认真对待，找出根源，有效解决。

以上润滑 6231 管理的设计是比较严谨的，一环扣一环，缺一不可。不过，当自动润滑和智能润滑导入企业之后，润滑的 6231 将会被自动化实施和保证。

第四节 “三闭环”管理

TOPS 体系将“自主维护”作为自己的核心理念，同时将理念转变成为可操作的流程，称之为“三闭环”管理，如图 4-6 所示。

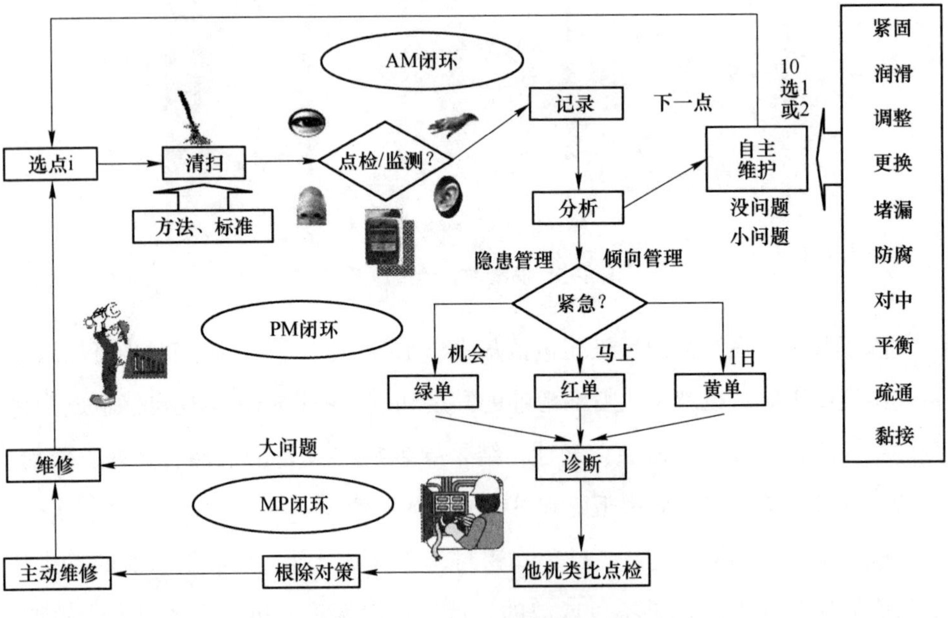

图 4-6 “三闭环”管理示意图

清扫是一切设备维护的起点，清扫本身并不是点检，可是清扫不会是闭着眼睛，清扫的过程就会发现很多问题，如设备的磨损、腐蚀、裂纹、接触不良、螺丝松动脱落等。自然而然，清扫之后就是对设备的检查，检查发现问题怎么办？先记录下来，再简单分析一下，看如何解决，剩下就有两条路可走：要么自己来解决，要么就请专业人员来解决。自己解决，就叫做自主维护，然后再回到起点——清扫；自己不能解决，由专业人员来解决就叫做专业维护，这就导入了专业维修循环圈。

自主维护都做什么呢？有很多事情可以做，这要根据设备出现的问题类型来决定做什么，提示了以下自主维护的具体动作：紧固、润滑、对中、平衡、调整、防腐、堵漏、疏通、粘接、换件、隔离、绝缘等，不是说所有这些动作都要做，做什么要依点检的部位和发现的问题而定。

专业维修人员根据日常点检传递的信息择机到现场对设备进行检查和诊断，然后依据合适的维修策略和维修规范进行维修，就完成了专业维修循环圈的管理闭环，又回到工作的起点——清扫。

在专业维护闭环，如果出问题的设备总成在工厂里不止一个，就引发一个思考，其他类似设备是否也存在同样问题？为了举一反三，又构造了包含他机类比点检的第三个闭环。他机类比点检所发现的问题如果具有普遍性，则要研究对策，是否进行主动维修，立足于根除故障而不仅仅消除故障。这件事情完成了，就等于做了一件更彻底的“维修预防”工作，意味着第三圈闭环——维修预防闭环的完成。接着又回到了工作的起点——清扫。

以上所描述的过程又称为TOPS体系的清扫点检维保作业体系。

自主维修闭环从清扫开始，因为这就像是清晨的梳洗，是一切保养活动的起点。日本人曾经说过：“无人始于无尘”是指一些“无人化工厂”，即机器24小时不停，白班有人上班，中班、夜班无人上班的自动化工厂，一切的一切是从无“尘”开始。难道“尘土”那么重要吗？是的！尘土如果放大看，是一粒砂，它进入滑动的设备部件里就会摩擦使部件表面产生划痕，而划痕放大就是沟槽，在滑动中将机器里的润滑介质带出，造成润滑介质泄漏，这就是经常说的“漏油”现象；润滑介质泄漏就意味着润滑不良，接下来就是设备的快速磨损，再接下来就是配合的松动，于是让设备的振动加剧，反复振动造成设备机械疲劳，内部疲劳应力就聚积起来，形成微裂纹，日久天长微裂纹连接在一起，就是裂纹，引起部件的开裂，这最终造成设备故障发生；如果沟槽不是发生在机器的滑动部位，这个沟槽就可能吸收空气中的水分，形成微电池的电化学反应，这也称做锈蚀，长时间锈蚀就会导致部件基体的削弱，最终导致断裂故障的发生；如果灰尘落在电气系统上，会影响散热，直接或者间接导致电气参数的改变，如电阻、电容、电感等电参数乃至芯片里的程序数字改变，最终导致电气故障的发生。所以，"无人始于无尘"！灰尘引起设备故障的机理结构，如图 4-7 所示。

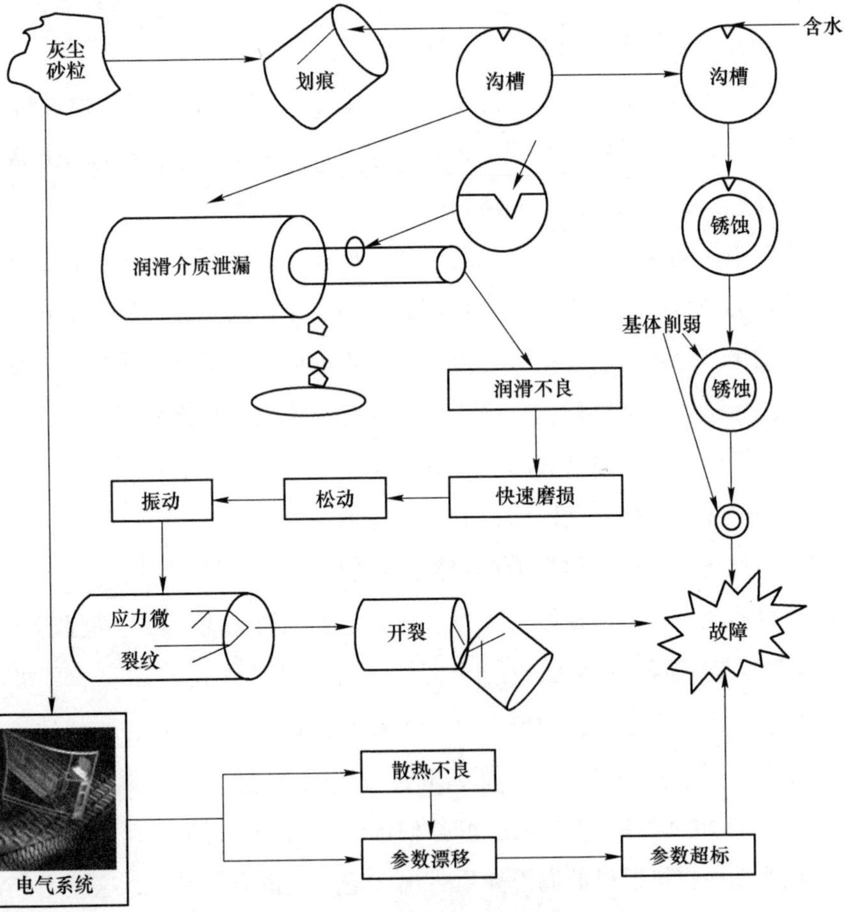

图 4-7　灰尘引起设备故障的机理结构

自主维修的第二个环节是检查和监测，检查主要依赖人的五感或者简单测试工具；监测主要依赖数据采集系统、仪器、仪表和配套软件，是人类五感的延伸。检查监测的目的是得到设备第一手状态信息。当获得的信息显示设备状态正常，或者有小缺陷，操作员工可以自主解决这些问题，则转到自主维修闭环的下一步，即自主维修闭环的第三个环节——记录和分析。

记录即是对设备状态的记录，包括正常和异常等；然后利用诊断分析工具对设备异常状态进行分析，理清故障表征、现象与故障源头的关系，使之成为未来诊断分析的依据，并做好隐患管理和性能劣化倾向管理。

在可以自主维修的条件下，如果设备的问题部位需要保养，就进入了自主维修的第四个环节——保养，保养的内容可以在紧固、润滑、调整、更换、堵漏、防腐、对中、平衡等操作行为中选择。有的部位也许会选择二三个保养动作，一般需要一个动作，如润滑加油，或者紧固螺栓，或者调整间隙等。

这样就完成了自主维修的所有环节，然后再回到初始的清扫，周而复始进行。

专业维修的触发和嵌入。如果在自主维修闭环中，操作员工检查监测的问题自己无法解决，则通过红色、黄色或者绿色工单的形式，向下转入专业维修闭环的重要步骤，即专业维修的第三个环节——诊断，也就是由专业维修人员根据设备检查监测信息，结合自己对设备结构的知识和维修经验，对设备故障进行的判断和定位。

这里，红色工单最紧急，要求专业维修人员马上进入设备故障现场；黄色工单其次，要求专业维修人员在一日之内进入现场解决问题；绿色工单最不紧急，可以在一定周期内或者利用未来停机的机会来解决。

再下一步就进入了专业维修的第四个环节——实施对设备的维修、故障处理。维修行为所遵循的就是规范的三大要素——流程规范、技术标准规范和验收标准规范。这样就完成了专业维修管理闭环。

三个闭环嵌套在一起，形成了严密的现场设备防护体系。维保体系的具体形式如图4-6所示。从选点（部位）开始，首先进行清扫，通过人的五感及简单测试工具，自然而然进入点检，一般情况就进入八选一或者二的自主维护

(保养)，然后又选择下一点（部位），周而复始，循环进行。如果点检出现的问题难以解决，就要进行初步判断，紧急情况将触发红色工单，需要马上安排抢修；一般问题触发黄色工单，可以从容安排在一日内处理；不紧急的隐患性或趋势性问题，安排在适当机会维修，如节假日、某固定周期、计划排产等待时间以及受上下游设备影响的设备停机时间。

下面简单介绍三圈闭环维保体系流程的建立和管理。

三圈闭环维保体系基准的建设可以先从各单位的 A 类设备做起，逐渐扩展到 B 类和其他设备。其主要工作内容如下：

(1) 建立三圈闭环维保体系工作组，人员构成以熟悉设备结构的技术员和点检员为主。

(2) 分头搜集设备原有技术标准和维保规程等基本资料。

(3) 选定典型设备，根据现场调查和资料，按照流程模板分别填入相关内容。

(4) 对填写好的内容进行集中讨论修改。

(5) 专业负责领导对修改完成的文件审核，并提出初步意见。

(6) 工作组对文件最后修改。

(7) 按照编写好的基准试验实施，并收集实施中遇到的困难和问题。

(8) 按照实施中的问题对典型设备的三圈闭环维保体系基准进行修改、完善。

(9) 将修改后的三圈闭环维保体系基准交领导办公会议研究、批准。

(10) 颁布，并作为执行文件实施。

(11) 所有与本文件相矛盾、冲突的文件条款，均以本文件新规定为准。

(12) 以样板机台的清扫点检维保基准为准，推广到其他机台。

(13) 每一年对基准修订一次，更新版本。

(14) 生产操作员工、专业点检员和维修人员对设备清扫点检维保部位按照专业水平和工作重点进行分工，交叉点检维保，各司其职，真正做到全员参与和彻底的自主维护——AM。

三圈闭环维保体系基准书包含的基本要素为：

（1）清扫。清扫周期、清扫方法、清扫标准。

（2）点检。点检项目、点检周期、点检方法、点检内容、判断正常异常标准。

（3）保养。保养周期、保养项目、保养方法、保养标准。

第五节　控制设备状态的五道防护线

控制设备状态的五道防护线是指对设备的日常点检，再到专业点检，再进一步到精密点检，再深入到对设备的诊断和检修这五个环节，如图4-8所示。

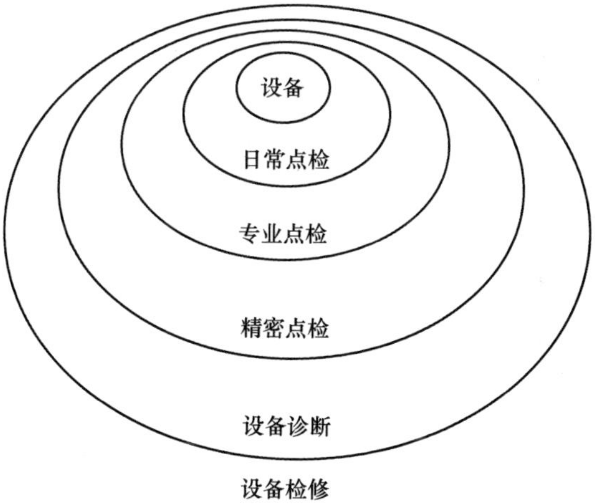

图4-8　控制设备状态的五道防护线

这里，日常点检是岗位操作人员通过人的五感及简单测试手段进行的设备点检，旨在发现设备最基本的异常，并进行及时维护保养，或者将信息传递给专业检修人员进行处理。这显然是第一道防护线，也是最基本的防护线。

专业点检是具备较深设备知识和维护保养技能的专业点检员或者检修人员对设备进行的例行检查，他们遵循专业点检路线，或者接收到日常点检的异常信息，加以复查和确认。然后凭借他们的专业技能进行保养、检修处理。这道防护线显然也十分重要。

第三道防护线是设备的精密点检，一般由专业检修技术人员负责，他们往往借助一些检测工具仪表辅助，由此来判断故障起因，定位缺陷部位。这道防护线是需要技术投入的，如仪器仪表工具的配备和技术训练。他们的精密点检结论将为后续的维修提供依据。

严格意义上讲，上述三道防护线虽然属于点检范畴，其实都包含诊断和检修的内容，只是手段不同，深入度也有所不同。

第四道防护线是诊断，这里一般要包含诊断的推理过程，甚至应用一些诊断工具，如形式逻辑方法、故障树、鱼骨图、主次图、WHY-WHY 分析法、FEAMA 分析方法、故障集合优选搜寻方法以及源头追溯与根除预案方法等。

到了第五道防护线就是设备的检修了，这往往是前四道防护线的延续和补充。以上四道防护线不一定可以确定问题的存在，技术诊断结果也可能得到正常的结论。如果可以定位故障和故障点，就可以进行有效的检修了。另外，常规性的定期维修、不定期的可裁剪式预防维修也属于设备检修的内容。显然，检修也是不可或缺的重要防护线。

第五章　TOPS之“有氧活动”

第一节　“有氧活动”内容

在当代城市生活中，人们越来越期待健康的生活方式。生活在人群密集空调房里的办公一族更期待一些有氧活动。有氧活动是定期的户外活动，是健康的调剂，人们徜徉在阳光下、森林中、水面上、深山里、沙滩边。企业常年沉闷在死板的生产规则之中，几乎被窒息，是否也需要一些有氧活动呢？是的，不但必要而且紧迫。什么是企业的有氧活动，那就是让员工和草根层次动起来。

在100多年前的福特汽车公司，老福特痴迷于大机器的生产，认为员工只是“工具”，相当于机器一部分，因为目前没有设计出机器做这件事，则用人来完成这份工作，将来一旦有了机器，就可以取代人。他的观点是企业是用人的“两只手”，并非是用“人”本身。那时在企业里仅只是一个脑袋在想问题，千百个躯体按照指挥来行动；当代的很多企业，把人看成是能动的，有活力、有创造性的，希望千百个脑袋也动起来，也只有这样的企业才充满朝气，不断升华。企业里挖掘员工知识和智慧潜力的最好方法是员工的合理化建议（One Point Suggestion，简称OPS）与员工自编自讲的一点课（One Point Lesson，简称OPL）——自我教育活动，因为都是O开头的活动，两个O构成氧气分子，所以把这项活动幽默地称为有氧活动。

一、OPS——员工合理化建议活动

合理化建议是企业不断改进、进步的动力，而激励员工的参与意识，提高工作士气是其重要的功能。古人说："不以善小而不为，不以恶小而为之。"管理人员应该鼓励员工多提改善建议，而且无论这种建议有多小，都不可轻视，以便保护员工的热情，激发他们对现场改善的兴趣。不少员工在交出正式提案之前，已付诸实施。管理阶层并不期望能从每一项提案中获得巨额经济效益。具有重要意义的是培养、开发具有改善意识和自律化的员工。不少改善提案是和生产现场的设备操作、检查、清洁、诊断、保养、维修以及改造相关的，这些提案的实施过程也就是人机系统精细化管理不断进步的过程。

二、OPL——员工自编自讲的一点课程自我教育活动

彼德·圣吉提倡建立学习型组织，认为21世纪必胜的组织应该是学习型组织。这是因为科技和生产力的飞速进步已经把世界带入一个速变的时代和经验贬值的时代。近十几年来人类发明创造每隔3~5年就翻一番，技术进步带动生产力的发展速度太快，呈几何级数增长。生产的进步又带来组织结构、管理方法的飞速变化。学习型组织要求整个团队不断学习，克服传统的心智模式，自我超越，不断提升集体的智商。

中国的著名教育家孔子说："三人行，必有我师焉。"他告诉我们，任何有人群的地方都有自己的老师。一个企业的团队，有很多人，如果相互交流思想，相互为师，那将获得无数思想，这将是一个什么局面？在这一思想的启示下，我们提出建立"教育型组织"的概念。所谓的教育型组织，就是人人为师，有意识地引导和开发团队中每个人的"教育"潜能。每个人既是学生，又是教练，每个人按照教练法则来参与团队的训练。在建立教育型团队的活动中，可以把单点教材的编写作为重要的手段和载体。所谓的单点教材，简称OPL，就是针对生产中一个特定问题的解决由员工自己编写的专门教材。因为只是解决一个问题，不必系统成套，也不必长篇大论，仅编撰、打印在一张A4纸上就可以。单点教材的内容可以是：

（1）设备操作技巧。

（2）设备维护技巧。

（3）设备的精度调整。

（4）小故障的处理。

（5）某种产品缺陷的防止。

（6）紧急情况的应对。

（7）危险隐患的发现和处理。

（8）小工具的制作。

（9）提高工效的小方法。

（10）减少劳动疲劳的做法。

（11）如何防止设备跑、冒、滴、漏。

（12）一种堵漏技术的应用。

（13）一种通过听、嗅、触、视觉感知进行的设备诊断方法。

（14）设备润滑的方法和工具。

（15）一种操作工艺的改进。

（16）一种安装、对中、平衡方法。

（17）安装辅助工具的设计。

（18）一种精度控制方法。

（19）一个公差配合的技巧。

（20）一种设备清扫方式。

（21）一种清扫工具的制作。

（22）一种管理视板的设计和制作技术。

（23）一种电子显示板的编制。

（24）如何看三视图，如何快速画简图技巧。

（25）某一评价指标的简便算法。

（26）更换产品型号的设备快速调整定位。

（27）数控设备的编程技巧。

（28）针对某一设备的清扫—检查—保养连贯最佳动作。

(29) 防止污染的好方法。

(30) 一种定置摆放方案。

(31) 一种安全防护工具的设计。

(32) 可以减少浪费，降低成本的改革方案。

(33) 一种省力气、去疲劳的操作方式。

(34) 一种防止差错、纠正差错的动作设计。

(35) 一种根除故障根源的维修方式。

(36) 一种可以使设备自调整的改造。

只要和生产现场相关，任何单点教材都是欢迎的。员工编写了教材，还要对班组的工友讲解、培训。在动员员工撰写单点教材的过程中，要鼓励员工大胆写、大胆讲。在编写和讲解时，可以把自己的培训对象看成是无知的，这样才能够敢于讲并且详细讲。也只有如此，才无所遗漏地把自己的心得体会、经验教训全面展示出来。

三、阴阳平衡

中国的哲学讲究辩证思维，推敲阴阳平衡。在企业里，OPS 代表阴，是埋头努力的工作，是动脑筋、下功夫、出力气的解决问题，也是相对比较艰苦的工作。OPL 则代表阳，是将员工自己的成果、体会、妙手偶得加以发扬光大，让大家分享、学习，是阳光行为。

如果仅仅是埋头苦干，没有分享、继承和发扬，好的东西被局限，不能产生更广泛的效果；反过来，如果仅注重宣讲和分享，没有钻研、创造和改善，也就逐渐失去了 OPL 的源泉。有氧活动的两个 O 恰恰代表了互补问题的两个方面。阴阳要平衡，双 O 要并举，共同前进带动企业发展。

中国阴阳的另外一个特点就是你中有我、我中有你，是亦此亦彼的。从图 5-1 可以看出，一个圆不是在中间笔直地被切成两块，而是由小到大逐渐过渡，阴生阳，阳生阴。从 OPS 逐渐孕育出 OPL；又从 OPL 的推广和经验分享中逐渐启发出新的 OPS，周而复始，无穷无尽。因此，有氧活动在企业里具有无限生命力。企业不但应该重视这项工作，而且应该要下决心把这项工作开展好，通过这项工作最大限度发挥和调动每个员工的潜力，激发他们创造性的火花。

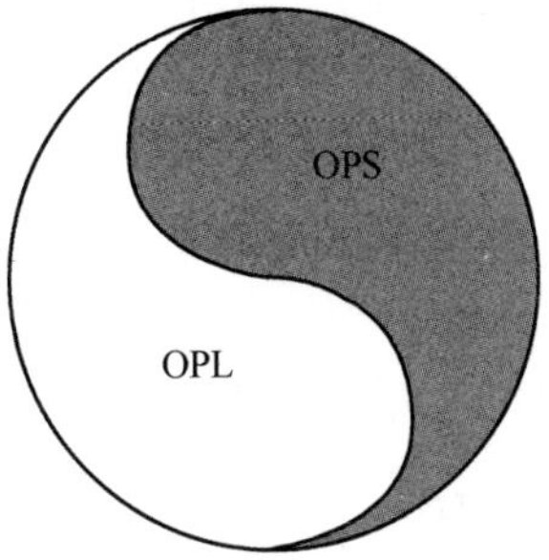

图5-1　有氧活动的阴阳平衡关系

第二节　OPS怎么开展

员工合理化建议（提案）的推动工作对企业是十分重要的。如果将员工仅仅看成是“工具人”，企业就不需要推动这项工作。人是具有能动性的，有无穷无尽的潜力可以开发，这应该是企业领导者的一个最基本认识；另外，企业存在着无穷无尽的问题，有大量可以改善的空间和余地，这又应该是企业领导者的第二个基本认识。员工合理化建议的提出和实施是最能够发挥每个员工智慧潜力的方式。

很多企业都曾经有过或者正在实施合理化建议活动，为什么效果并不理想呢？究其原因，不外乎以下几点：

（1）企业文化氛围不好，企业没有凝聚力，员工根本不热爱这个企业，不关心企业的发展。

（2）未设计好合理的员工提案管理闭环，从员工提案的发动，到提案、建议的审核、立项实施、后勤保障支持、成果的发布和评价，直到提案的鼓励、奖励，未形成有效的PDCA循环。

（3）企业对成功实施提案的奖励、激励力度不够，虽有激励，但其力度不足以吸引大家努力去开发和实施提案。

企业OPS的开展可以先从动员开始，高层领导的重视和公开的动员，启发基层员工表态响应，可以营造很好的气氛和文化。舆论上的宣传造势，包括看板和内部刊物、微信群的传播都有利于这项工作的开展。

激励机制的设计是能够让这项工作可持续开展的关键。企业可以通过个人激励、团队激励、项目激励、机台激励、物质激励、精神激励等多种形式对员工进行激励。除了形式的多样化，激励的力度也十分讲究。因为，在企业存在对产量、质量、安全等方面的激励，相对激励的力度不够，员工自然会更倾向于让他们获利更丰厚的激励。

企业对员工合理化建议/提案的管理环境和流程建议如图5-2所示。

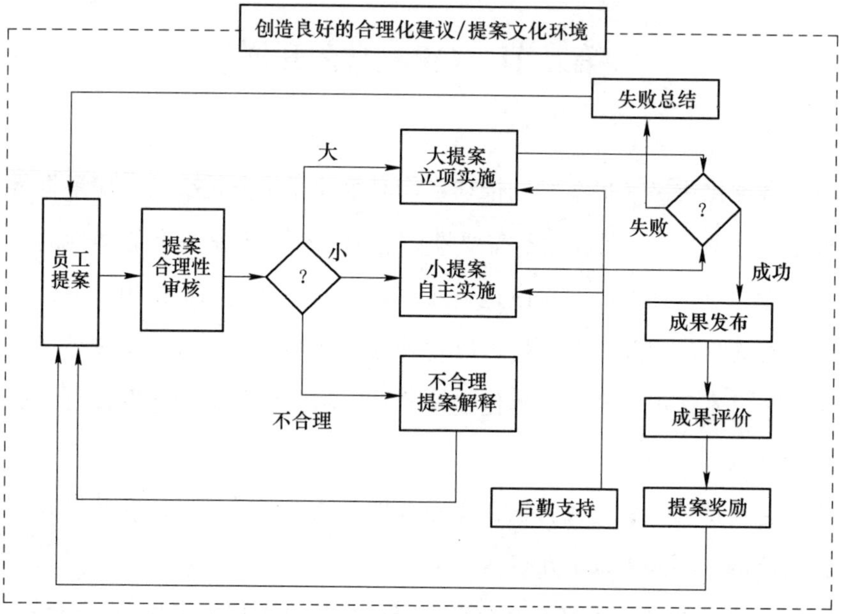

图5-2 员工合理化建议/提案的管理环境和流程

第三节 OPL如何发挥作用

在企业里，知识资产属于无形资产，其价值不亚于有形的实物资产。资产管理不但要重视有形的资产，更要重视无形资产，即企业的知识资产。知识资产有的来源于管理层，有的来源于技术层，还有大量的来源于基层员工的日积月累和总结提炼出的OPL。

OPL的编制也是员工的自我教育和分享过程。OPL的分享可以是多种形式：

（1）通过班前、班后小会的形式分享。利用班前或者班后的15~20分钟，全班组成员集中在一起，讲解某一个OPL。视OPL的数量，每天最多有一讲或者两讲。听众可以提出问题，与讲师有个互动的过程。当然，允许OPL存在问题，班长不必指责，还是以鼓励和肯定为主。即使是错误的OPL，也有助于大家澄清问题，有利于大家共同进步。

（2）通过看板来分享。将班组的OPL张贴在看板上，供小组成员浏览和学习。凡是学习过的成员要签名确认，表示已经学习过了。甚至要求班组成员对优秀的OPL进行投票，选出每一周期的优秀OPL，给予适当奖励。这也有利于带动员工编写OPL的积极性。

（3）通过微信分享。微信可以有意识地将员工优秀的OPL发表，供组员来学习。这种形式在企业越来越普遍。便于员工随时、碎片化学习。当然，投票推选优秀OPL的活动也可以在微信上展开。

上述的OPL分享活动，可以将OPL所提炼出来的经验、技巧、教训很快传播开来，成为全体团队成员的共同知识资产。组织还要定期将OPL分类汇编，形成专业文集，便于后来的员工进一步学习。员工OPL分享过程如图5-3所示。编辑成册的OPL文集如图5-4所示。

图5-3　员工OPL分享过程

图 5-4　OPL 汇编

一篇 OPL 的作用有限，但如果累计起来，形成氛围，则其作用就会放大。这种不断的总结和分享让员工从低头拉车、埋头苦干、蛮干中解放出来，变得越来越有智慧，越来越喜欢动脑筋，而且互相影响，共同进步。另外，从图 5-1 可以看出，员工通过分享的 OPL，常常受到启发，然后再去做 OPS，就是一个知识运用的过程，会使得 OPL 的经验和知识转化为效益和价值。滴水成冰，集腋成裘，就是这样促进了企业从量变到质变的飞跃发展。

第六章　TOPS之“改善活动”

第一节　“六项改善”内容

记得王永庆先生说过一句话：“做企业就是一点一滴追求合理化的过程。”企业现场改善是一项永无止境的追求，把现场改善分成六大类，也称之为六项改善——6I，即6个Improvement。前五项改善是针对具体的管理目标和改善领域，最后一项是针对人的工作理念。六项改善即：

（1）改善效率。

（2）改善质量。

（3）改善成本。

（4）改善员工疲劳状况。

（5）改善安全与环境。

（6）改善工作态度。

一、改善影响生产效率和设备效率的环节

在前面的章节里已经提到，影响效率的源头很多。如果把设备一年365天作为设备日历时间，设备实际有效可用时间是有限的，而未利用的时间包括设备系统损失时间、生产系统损失时间和系统外部损失时间。如图6-1所示。

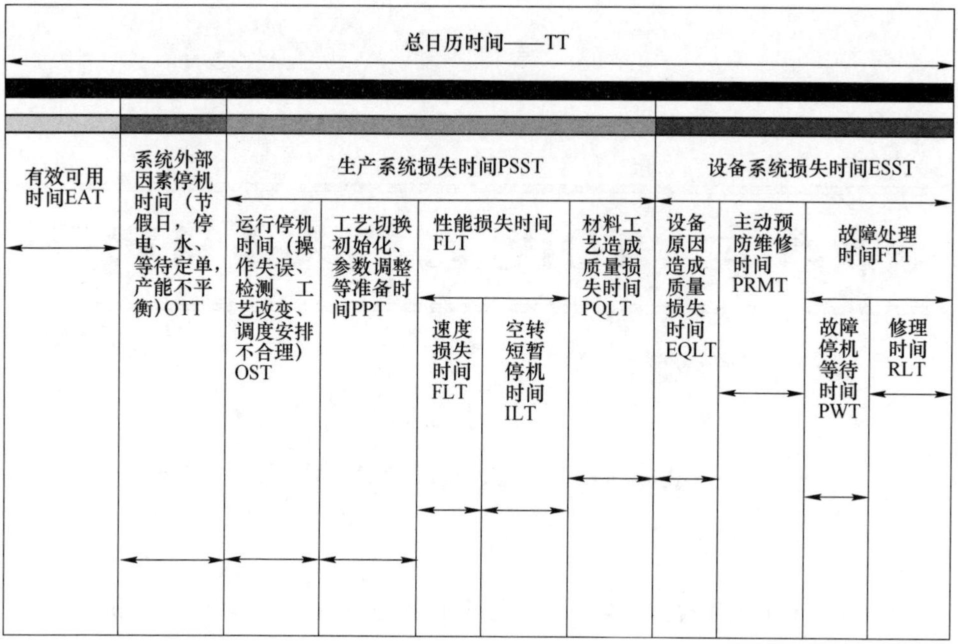

图 6-1　生产效率和设备效率损失图

（1）设备系统损失时间。设备系统损失时间是指由于设备本身原因造成的质量损失（折合成时间）、故障处理损失（包括故障停机等待和修理）以及主动预防维修（又是必要的）时间。

（2）生产系统损失时间。生产系统损失包括运行停机时间（操作失误、检测、工艺改变、调度安排不合理），工艺切换初始化、参数调整等准备时间，性能损失时间（包括速度损失时间和空转短暂停机时间）以及材料工艺造成质量损失时间。

（3）系统外部损失时间。系统外部因素停机时间包括节假日，停电、水、等待定单，产能不平衡等损失。

二、改善影响产品质量和服务质量的细微之处

改善影响产品质量的方式是成系统的解决方案，从最早期的 ZD（Zero Defect）零缺陷活动，后来发展到 QC（Quality Circle）质量圈或者质量小组，前者是员工自主建立针对某种质量缺陷的研究攻关小组来解决特定质量缺陷，以

后又出现TQC（Total Quality Control）全面质量控制和TQM（Total Quality Management），不但从整个供应链的角度，而且在企业横向平铺到每个部门，全员关注质量，全员以质量是企业生命线的意识武装，每个人都应该向自己的服务对象、下道工序提供最优秀的服务、最出色的中间或者最终产品。

因为有大量系统的成熟管理方法专注于质量，本章节就不详细展开了，请读者参阅有关方面的著作和标准。

三、改善影响制造成本之处

长时间以来人们一直认为“价格=成本+利润”，生产产品或者提供服务，一定会发生成本，加上一定比例的利润，就是“价格”。这似乎是天经地义的。如果全世界都没有你所生产的产品，这个公式可能更正确一些，但在激烈的市场经济环境中，这个公式的正确表达方式应该是“利润=价格-成本”。因为，价格往往由市场这只无形的手决定的，企业（除了垄断企业）很难左右市场价格。在价格确定之后，企业能否创造利润，就取决于其成本。所以当代企业有没有“成本”内功，能否从战略角度管理成本，就成为是否赢利或者商海成败的关键。

影响制造的成本因素包括：

（1）原材料。原材料渠道如何，质量、性价比如何；可否有更优质的替代原料；能否有价格更便宜的供应商；能否就地取材，原料运输成本可否降低。

（2）配件。能否有替代的配件，价格更便宜、质量更好；能否自己生产；能否外协生产；哪种方式更合理；质量不变条件下配件材料能否更便宜。

（3）工艺流程与设备。能够通过改变、简化流程缩短加工时间、减少劳力成本；能否消除不增值劳动、能源、材料等各种浪费；能否减少设备投入成本；能否更加节约能源消耗；能否减少边角废料损失；能否通过引进更先进设备，提高工作效率，减少平摊加工成本；企业是否要对员工动作进行研究，消除不必要的操作，实施“无为操作趋于零”的连续改善。

（4）管理组织和流程。能否建立更精干组织，减少组织人员开支；能否通过理顺流程来提高效率，减少管理成本；能否通过计算机无纸化管理减少办公用品消耗；能否实施现场管理、走动式管理、情景管理、会议控制体系来提高管理效率，从而降低问题解决时间的拖延，降低成本消耗。

（5）综合治理各类浪费。实施各类堵漏活动，堵住漏水、漏油、漏电、漏气、漏汽，以及各种生产用介质的泄漏；对不合理的工艺流程、作业指导、材料及消耗品利用方法进行改善和节约；从设计、工艺等各个环节，减少原、材、辅料的浪费，减少非生产用品的浪费、办公用品的浪费；进行设备、工装改善、工序改善、减少人力资源浪费；推进物料管理零库存的连续改善。

充分研究利用价值工程 VA，价值流分析方法、管理软流程分析方法加上精细的成本核算体系、企业的预算、决算体系、模拟市场成本核算体系、企业的成本目标管理体系等成本控制方式和管理工具，达到成本下降的目标。当前企业流行的 JIT（Just In Time）——准时生产，Lean Production——精益生产体系，就是全面、系统地向企业浪费挑战的管理工程。

四、改善员工疲劳状况

产生员工疲劳的主要因素一是生产方式落后，繁重体力劳动未能通过自动化设备来取代；二是虽然动作简单、省力，但是可能重复、频率高或者持续时间长，造成员工工作单调、疲倦或者身体局部劳损。工业工程 IE 是改善员工疲劳的有效手段。

五、改善安全与环境

据早期的新闻报道，我国煤矿平均每人每年产煤 321 吨，全员效率仅为美国的 2.2%，南非的 8.1%，而百万吨死亡率则是美国的 100 倍，南非的 30 倍，从 2001 年到 2004 年 10 月底，全国煤矿共发生一次死亡 10 人以上的特大事故 188 起，平均 7.4 天一起；其中一次死亡 30 人以上的特别重大事故 28 起，平均每 50 天一起。仅 2004 年 1～11 月份，全国共发生煤矿事故 3413 起，死亡 5286 人，百万吨死亡率为 2.998。

据最近的一些统计资料，我国汽车拥有量是全球的 3%～4%，而交通死亡事故达到全球的 16%～17%。

“天灾不可逆，人祸本可防。”因为事故发生有着清楚的规律。按照海因里奇法则，每一起严重事故背后，必然有29次轻微事故和300次未遂先兆，以及1000起事故隐患。因此，要想消除这可怕的严重事故，就必须把这1000起事故隐患控制住。有人做过这样的统计，进行安全隐患预防的投入产出比远远大于发生事故再整改的投入产出比，前者大约是后者的5倍。

改善安全与环境的工作主要应该从以下几个方面着手：

（1）改变观念。中国虽然人口众多，并不意味着中国人的生命不值钱！每一个人的生命都是十分宝贵的，是值得珍爱的！企业的各级管理者要牢固树立起以人为本，人的生命至高无上的观念。

员工在不良环境中的工作充满伤害、恐惧、怨恨和危险，也对员工士气、工作效率产生不良影响。

（2）环境改造，设施投入，排除隐患。从宏观和根本上改变安全和环境需要企业把环境和设施的投入纳入资金计划。

企业要改变先生产、后生活的观念。企业一味投入资金扩大生产，会取得适得其反的效果，造成环境恶劣、士气低下、企业形象不佳、政府出面干涉惩治、企业丧失美誉、挽救整治成本剧升的尴尬局面。

因此，企业一定要把美化、净化、保护环境和保障生产安全的事情具体化，从项目建设开始，不断投入，让安全、环境保护与企业生产经营同步成长。

企业在加强安全、环境建设投入的同时，还应注意隐患的排除。我们在清除“六源”活动中，对事故危险源的排除也做了详细论述。

（3）加强员工防护措施。尽管企业在现有条件下把环境和设施做得很好，也并不意味着员工处于完全安全状态。企业应该投入员工的安全防护措施，如工作帽、防护眼镜、耳塞、专用皮鞋、口罩、防毒面具、楼梯扶手、防滑地板、通道走廊护栏、防撞警示标志、人车隔离线、绝缘手套等。进一步就是推进全员参与的“危险预测”、寻找“事故隐患”和定期的“警示报告”制度，对危险点实施“警示标签”管理。

（4）利用科学分析和防护技巧。科学分析是基础，以前提到的海因里奇法则就是通过统计分析得到的规律，反过来指导人们的实践。防护技巧是值得认真研究并具有广阔开发潜力的空间，防护技巧主要应用在可能造成火灾、事故、环境危害的隐患之处。

六、改善工作与服务态度

态度决定一切！这已经成为所有组织的共识。

改善工作和服务态度的一个好办法就是推进承诺制度，包括工作和服务内容承诺、响应时间、完成时间承诺、工作和服务质量承诺等。企业还要建立对工作和服务承诺的考核评价体系，把工作和服务效果落到实处。

通用公司的韦尔奇提出“无边界管理（Boundary-less）”的概念。我们理解“无边界管理”就是淡化边界，边界模糊化。企业不能没有分工，但分工的界线永远分不清楚。如果一家企业能够把自己的团队建设的如同足球队一样，让每个员工像足球队员那样不分彼此分工，努力攻入对方球门，守住自己球门，这家企业将是活力、潜力无限，是所向披靡的。

建立责任型组织文化可以为改善工作态度创造很好的文化环境。

第二节　有氧活动 O_2 与六项改善 6I

企业重视形式化的活动，这没有问题。但要清醒地认识有氧活动只是噱头，其实质在于实实在在的改善活动。有氧活动只是一种形式，它以幽默来激发员工的兴趣。有氧活动要落脚到六项改善，而小组活动的文化环境就显得十分重要。其结构如图 6-2 所示。

图 6-2 结构说明，通过有氧活动为载体，目的是落脚六项改善。如果没有六项改善，有氧活动就没有了根基。反观一些企业单纯考核人均有多少 OPL 或者 OPS，甚至不能达标将给予负强化激励，这无疑会助长造假和应付差事的行为。开展有氧活动之处，对数量上有所要求是可以的，旨在启动和引导。长时间以数量考核基层必然不当。因为，无论是 OPS 还是 OPL，都需要员工的创意，创意是不能逼出来的。用鞭子抽打一头驴子，让驴子拉磨，驴子是不会有

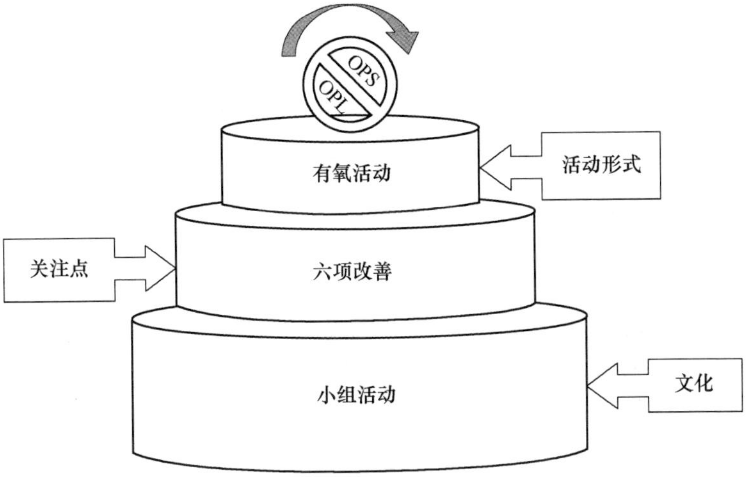

图6-2 有氧活动与六项改善及小组活动的关系结构

创意的。只有正强化激励，只有通过氛围和文化的引导，员工才会充分发挥自己的聪明才智，才能够涌现出高质量的OPS和OPL。

另外，小组的环境也十分重要，氛围的创造要依赖基层团队。小组沉沉闷闷，大家都不去思考分享，孤掌难鸣，个人就很难做事。一定要有一个正念管理和朝气蓬勃的小组文化，大家才能争先恐后的前进。所以，班组文化又是六项改善的基础。它们之间是互相支撑、良性循环的关系。

第三节 清除六源6H与六项改善6I

有人说，清除六源6H好像也属于改善的范畴。当然也是，清除六源是一种渐进式的改善。在企业的生产运行中，会不断有问题冒出来，例如管道的泄漏、装置的腐蚀和磨损、轴的断裂、紧固件的松弛、产品精度的劣化、安全防护的脱落、跑冒滴漏出来的环境污染等。不能回避这些问题，必须及时加以解决或者杜绝。这是对6S的加固和补充，也是一种渐进式的改善活动。

而六项改善6I则不同。如果没有那么多问题冒出来，生产运行十分正常，要不要改善和前进呢？这是一种重要的理念。做企业、做工作就是不断地改善，而非墨守成规！要有空杯心态，要不断自我清零，要不断挑战自我。现在的效率达到85%了，要不要再上一个台阶，争取90%？现在故障率控制在3%了，要不要再降低，降到2%以下？现在的质量很不错了，合格品率达到99.8%，要不要争取99.9%？安全记录非常优秀了，是否还有提升空间？TOPS体系追求要素极限的管理，目标是“零”，即质量“零”缺陷，安全“零”事故，工作“零”差错，物料“零”浪费，设备“零”故障，以及企业从精益角度的生产“零”库存。永远追求最高目标，想抓住星星月亮，虽然抓不到，至少不会抓一手泥。六项改善6I与清除六源6H之间的关系如图6-3所示。

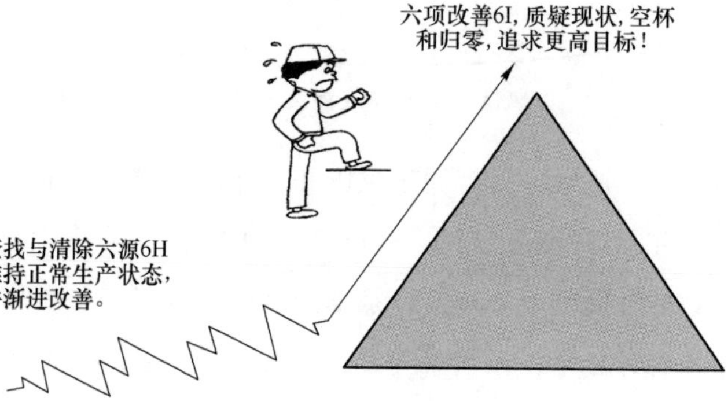

图6-3　六项改善6I与清除六源6H之间的关系图

第七章 TOPS之检维修管理

第一节 检维修体系SOON

我国企业在20世纪50~60年代，基本采用的是事后维修和苏联教给我们的计划预修制。苏联的计划预修制是预防维修体系的一种模式，主张按照一定周期对设备进行预防维修。那个年代美国的TBM（Time Based Maintenance）预防维修模式也基本类似。

当今时代的维修管理策略和模式十分丰富，呈百花齐放、百家争鸣之势。在企业面前又出现了一个新的难题：企业到底如何设计自己的维修管理体系？

除了生产现场操作员工参与的规范化活动之外，对于生产型企业而言，精心设计的设备检维修系统解决方案具有重要的实践意义，这一体系简称为SOON流程，SOON即“策略（Strategy）—现场信息（On-site information）—组织（Organizing）—规范（Normalizing）”一体化流程，如图7-1所示。

首先，根据不同设备类型、设备的不同役龄以及不同的故障特征起因，选择不同的维修策略；然后通过现场的信息收集，包括依赖人类五感的点巡检，依靠仪器、仪表的状态监测以及依赖诊断工具箱的分析和逻辑推理，采集、了解、分析设备状况，进行故障倾向管理和隐患管理，达到故障定位和故障处理的目标；为了使“人—机”系统出现的问题不重复出现，还设计了“源头追溯和根除预案”模块，把它固化在体系之中；再下一步是维修活动的组织，包括

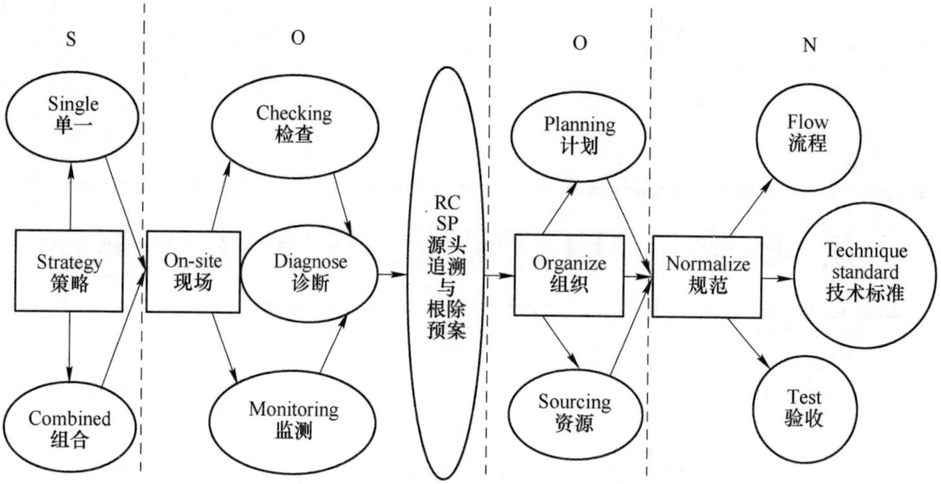

图 7-1 检维修系统解决方案

维修组织结构设计、维修资源的配置、维修计划等；最后是维修行为的规范和维修质量的确认。

SOON 体系如同打一场战役，S 代表战略部署，O 代表派侦察兵深入敌后了解敌情，下一个 O 代表部署自己的兵力，而最后的 N 代表规范、到位的战术技能，各方面不可或缺，才能取得这场战役的胜利。

第二节 打仗有兵法，维修有策略

也许最早的战争并无策略可言，将来将挡，兵来兵挡，打仗就打呗。随着战争的不断进行，人们变得越来越聪明了，开始有了兵法，如声东击西、围魏救赵、调虎离山等。著名的孙子兵法也诞生了，就像打仗一样，最初的维修也没什么招数，设备坏了修就是了。随着维修的重复出现，人们开始研究不同类型的设备要如何对待，到底何时修、修前做什么、修哪些内容、如何组织、如何配置维修资源等，都要讲究。而且，最后的结果也完全不同，产生的成本也不同，损失也有差异。于是人们开始了维修策略的研究。

以下维修模式也是企业经常使用的维修策略。

（1）事后维修。事后维修指设备发生故障后的修理。适用于故障后果不严重，不会造成设备连锁损坏、不会危害安全与环境、不会使生产前后环节堵塞、设备停机损失较小的故障后修理，事后维修可以最大限度地延长设备的有效使用周期，是比较经济的维修模式。

（2）周期性预防维修。周期性预防维修指按照固定的时间周期对设备的检查、更换、修复和修理。适用于有明显和固定损坏周期的设备整体或者部件。如按照一定速度磨损的金属、塑料或者橡胶机械、部件，按照一定速度老化的塑料、橡胶或者化工材料，按照一定速度腐蚀的金属部件，按照一定速度挥发或者蒸发的介质零件等。

（3）状态维修（预知维修）。状态预防维修是对设备进行状态监测，根据监测信息而进行维修决策的管理模式。状态维修适用于可实施监测、易于实施监测，监测信息可以准确定位故障的设备，而且实施设备监测防止故障发生应该比事后维修或者其他预防维修更经济才可行。目前经常采用的状态监测方式包括振动监测、油液分析、红外技术、声发射技术等。

（4）改善维修。改善维修又称为纠正性维修，是通过对设备部件进行修复、纠正性的修理，包括零件更换、尺寸补充、性能恢复等手段，使设备损坏的部件得到修复的活动。改善维修主要针对处于耗损故障阶段的设备，以及设备先天不足，经常出现重复性故障的设备。

（5）主动维修。主动维修是一种不拘泥于原来设备结构，从根本上消除故障隐患的带有设备改造形式的维修方式。有的企业提出“逢修必改”，就主要针对这类设备。主动维修适用于设备先天不足，即存在设计、制造、原材料缺陷以及进入耗损故障期的设备；主动维修还可以与在役设备再制造对接。

（6）机会维修。机会维修其实也是一种预防维修，就是利用所有可利用的机会——周末、节假日、生产淡季、上下游停机检修、等待定单、计划排产等机会，对设备的问题部位进行局部解体检修、换件、对中、平衡、精度调整；生产忙季，在无严重故障后果和影响的前提下，也可以适当延长修理周期，让维修节拍尽量适应企业生产节拍。

（7）赛车式维修。以赛车式维修的精髓为指导，从组织结构、人员训练、流动工具、机旁备件、设备诊断分析、预案准备、沟通方式设计、主辅修制设计以及维修行为规范等方面形成一套管理体系，旨在最大限度缩短设备停机和检修时间。

以上维修模式有的侧重设备信息采集，有的侧重维修时机选择，有的涉及维修资源配置，企业可以根据设备实际选择其中一种或者多种模式组合作为某设备的确定维修模式。

如果企业属于装置密集、技术密集型的流程工业，流程上的一台装置停机，整个流程会停下来，维修策略的研究就更加重要。针对流程工业企业的设备特点，组合维修模式的设计就可以发挥更重要的作用。

第三节　了解敌情靠侦察，了解设备靠点检监测

打仗之前一定要了解敌情，知己知彼，百战不殆嘛。设备维修也要先熟知设备劣化状态才行。

对设备情况的了解最早、最多是依靠人的五感。后来随着一些仪器仪表的出现，人们开始了对设备状况的监测。在企业里称之为对设备的点检体制。

在 TOPS 体系的 SOON 结构里，这部分属于设备的信息采集处理内容，是指通过建立依赖人类五感的员工点检系统、点检信息化系统和依赖仪器、仪表的状态监测手段，依赖正确逻辑思维和经验积累方法的故障诊断方法库，形成故障诊断定位、快速反应的信息采集、分析、处理体系。

点检体系即主要通过人的五感和简单信息采集手段了解设备信息，点检的准备内容包含八个方面，即定点、定人、定周期、定记录、定标、定表、定法、定项，前面已有描述。

点检的实施也就是 PDCA 循环的延伸形式，包括检查、记录、分析、隐患管理、趋势管理、处理、反馈等环节。

人类五感所感知的信息是有一定局限的，目前发展起来的较为成熟的设备状态检测手段包括振动监测、油液分析、红外技术，除此之外，可以应用于状

态监测的技术还包括声发射技术、X光衍射技术、磁粉探伤技术、超声波技术等。

当采集了设备信息，还要进行分析，目前可应用的分析工具很多，包括故障树、鱼骨图、故障字典、故障的集合优选搜寻、WHY-WHY分析法、费马分析、假设检验分析、形式逻辑分析、劣化趋势图分析等。

目前大数据是发展的总趋势，设备的信息来自状态监测、设备工艺参数、员工点检和设备寿命周期履历的历史数据。大数据可以帮助我们自动生成设备故障树或者鱼骨图，根据故障发生的概率，自动给出故障判断，这些数据可以帮助我们做出故障定位和维修决策。这是一个新兴的有待研究的领域，具有广阔的开拓空间。

现场设备信息采集的总体框架如图7-2所示。

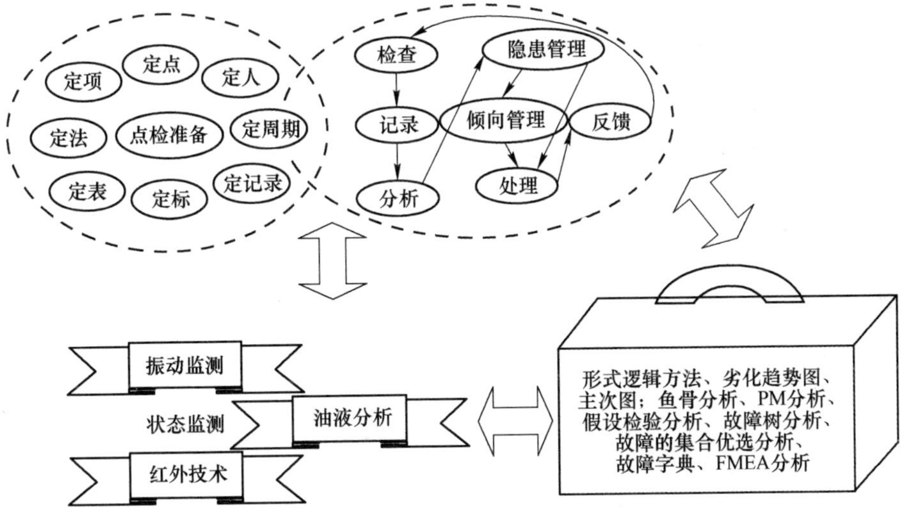

图7-2　现场设备信息采集的总体框架

第四节　打仗要部署兵力，检修要有组织

当了解了敌情，下一步就要部署自己的兵力了。设备检修也是如此，当

掌握了设备状况，就要进行维修组织了。当然，企业不可能总是临时性的组织，一个常规应付设备劣化的组织必要性是显然的。在企业里称为设备管理组织。

维修组织优化设计和组织保障是实现维修效率最大化和成本最小化目标的有力保障。管理者要根据企业特点建立高效、优化的组织架构。

当前国际上流行的维修组织架构包括集中（职能）式、分散（功能）式和矩阵（无主管）式。三种方式各有利弊。集中式维修有利于资源共享，但对生产现场响应速度比较缓慢；分散式虽然对现场问题有较快的反应速度，但可能有资源不共享、浪费，造成维修成本的增加；矩阵式结构既可以避免资源浪费，又可以解决响应速度问题，但如果各维修专业职能部门配合协调管理不好，可能造成大项目的系统配合协调问题。

中国的中庸思想使人们思考如何系统综合、扬长避短，不少企业采用了集中与分散相结合的形式。总体来说，基本组织形式是分散和重心下移的，目的是提升现场的响应速度；同时也建立起一支隶属于高层并可以为全厂服务的专业维修队伍，作为企业的核心维修能力，解决企业带有普遍性的问题。

企业的集中式维修、分散式维修、矩阵式维修以及集中分散相结合式维修组织结构设计如图 7-3~图 7-6 所示。

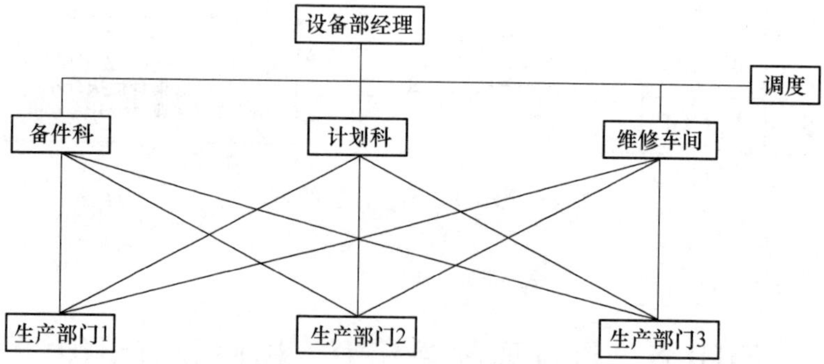

图 7-3　集中式维修组织结构

无论是集中式、分散式还是矩阵式维修组织，都有其优点，同时存在缺点和不足。其优缺点比较见表 7-1。

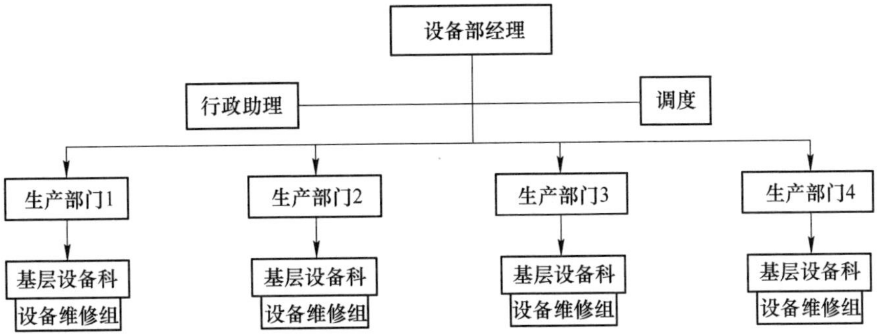

图 7-4 分散式维修组织结构

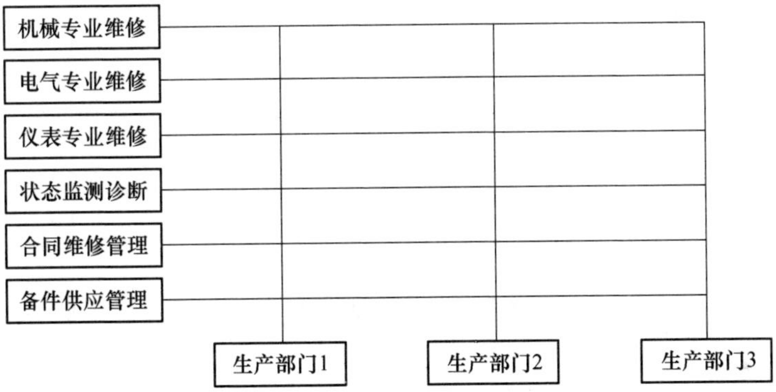

图 7-5 矩阵式维修组织结构

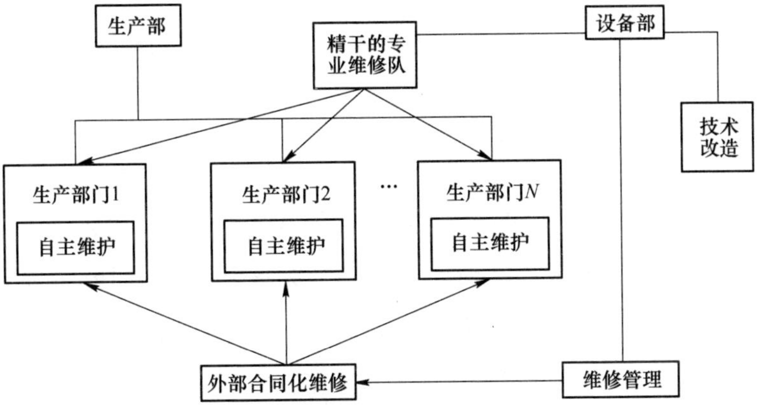

图 7-6 集中分散结合式组织结构

表 7-1 各种维修组织优劣比较

集中式维修组织		分散式组织		矩阵式组织	
优点	不足	优点	不足	优点	不足
维修资源共享	响应速度慢	资源靠近现场，响应速度快	部分维修资源可能闲置、浪费	维修资源共享	对团队合作要求较高
节约费用	不关注设备专项改善	关注设备细小改善	维修费用可能增加	节约费用	
便于总体协调	基层部门可能被忽视	便于基层指挥利用维修资源	强调基层困难，缺乏总体观念	内部合同约束响应速度与服务态度	不利于总体协调
有利于维修人员学习多种技能	维修专业化深度受影响	维修业务熟练、深度高，MTTR 可能下降	不利于维修人员掌握多技能	既有利于多技能又有利于专业技术深化	
系统优化	不利于专项设备技术改造	有利于专门设备技术改造	维修预算可能虚高		投诉和争端解决困难
有利于降低备件库存	可能出现生产维修相互指责推诿	有利于操、检配合和 TOPS 体系推进		有利于降低备件库存和修旧利废	
		有利于对操作人员培训掌握保养技能			

国内很多企业将集中式和分散式维修相结合，这样可以优势互补，扬长避短。设备部管理着一支精干专业的维修队伍，为各个生产部门公共的设施（如PLC）提供支持，各生产部门保有个性化的自主维修队伍，加上操作员工参与的自主维护，承担本部门的设备检修主要工作。同时，设备部门从维修管理的角度，寻求社会化维修队伍，向各个部门提供维修支援。

第五节　合理配置维修资源

打仗的兵力部署十分重要，想想田忌赛马的故事就明白。设备维修的资源配置也不可忽视。企业设备管理所涉及的维修资源包括内部专业维修队伍、企业多技能的操作员工、合同化的外部维修协力队伍三方面的力量。

企业的设备维修资源配置一般遵循如下的规律：维修难度很高的设备，其数量和维修工作量不多，可以采用技术外协来解决；反之，维修难度不高的设备，其数量和维护工作量不少，可采用劳务外协来解决；设备数量较多，维护量较大，维修难度也较高的设备由企业内部专业维修人员完成；设备数量较多，维护量大，维护难度较低，可以由企业内部多技能操作者通过自主维护来完成。

下面，详细介绍维修资源配置方面的一些概念。企业的维修资源一般分为三块，第一块是内部专业维修，第二块是内部操作员工的自主维修，第三块是企业外部的社会化、合同化维修。

(1) 内部专业维修。由本企业专业维修人员承担的维修称为内部专业维修。

(2) 操作员工自主维修。由本企业内部设备操作人员进行的小维修活动，如加油、紧固、润滑、调整、换件以及小的解体、诊断和修理称为操作员工自主维修。

(3) 外部合同维修。由社会上的专业维修公司或设备供应商、制造商以及其他外部承包者承担，以双方签署的维修合同为约束的维修为外部合同维修。

经过长期摸索，国内企业在维修资源配置方面也摸索出一套较为成熟的经验。对企业而言，高维修技术难度的设备较少，而低维修技术难度但维修频次较高的设备较多，企业设备分布如图7-7所示。

图7-7中三角形三个边代表不同维修资源工作量，员工自主维护，从右到左，比例从0%增加到100%；“合同维修”代表社会化或者外协维修，比例从上到右下，逐渐从0%增加到100%；“专业维修”代表内部专业维修队伍，比

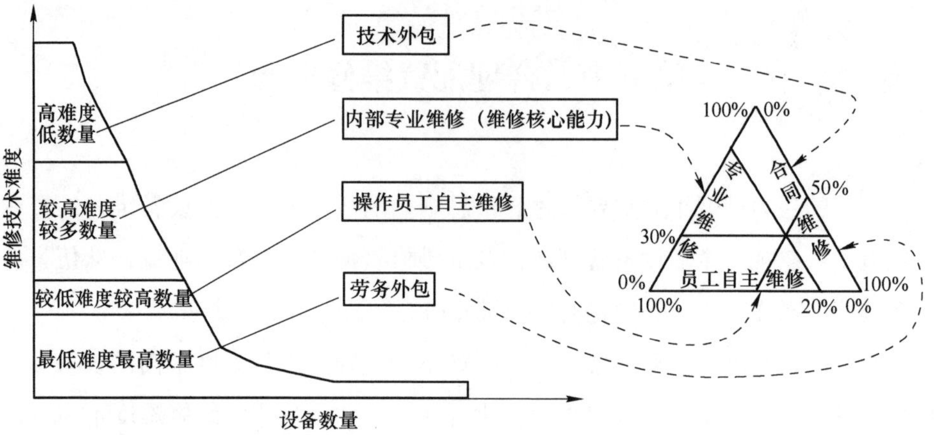

图 7-7　企业设备分布和维修资源配置

例从左下 0%到上增加到 100%。图 7-7 中显示的比例只是某企业实际的配置比例，即自主维护完成工作量的 20%，合同维修完成工作量的 50%，专业维修完成工作量的 30%。不同的配置比例代表不同的维修状态和维修成本。一般而言，自主维护最经济，合同维修相对经济，内部专业维修最昂贵。

企业设备分布呈现一支双曲线形式，大量设备维修难度较低，少量设备维修难度高。我们主张，高难度、低数量的设备维修由技术外包来承担（企业不必保有一支高技术、高薪酬却是工作量不饱满的专业队伍）；最低难度、最低技术的设备维修由劳务外包来承担（这无论从费用上和管理上都可以使企业专注自己的核心业务）；中间分成两块，较高难度，较多数量的设备维修由企业内部维修核心专业队伍来承担（这部分对企业生产影响最大，自己掌控更加主动，响应速度更快）；较低难度，较高数量的设备由操作员工自主维修来承担（这部分的维修容易掌握，又可以培养员工对设备的关注）。根据目前社会化维修的大环境，企业合同化维修、内部专业维修和操作员工自主维修的比例以 50%、30%和 20%为宜。当然，这个数字随企业性质不同、所处地理位置和社会环境不同、操作员工素质不同而有所不同。

随着国际上社会分工的细致化发展趋势，维修外包化已经成为历史发展的必然和不少企业的首选。关于外包维修的选择，一般认为：低技能、低频率的工作——外包，从成本考虑，用内部专业维修队伍应付偶尔的低技能维修任务是不合算的；低技能、高频率的工作——外包，这样可以充分利用社会专业维修特长和管理，利用低技能、低价格特点，让企业更关注自己的核心竞争能力；高技能、低频率的工作——外包，因为维修频率低，企业保有专门的高技能维修团队，却没有饱满的工作任务，而这支队伍的工资成本却比较高，从经济上是不合适的，不如寻求社会上的维修供应商来进行，即使每次维修费用较高也是合算的；高技能、高频率的工作——内包，这也是企业内部的核心维修能力，可以快速应付企业内部频发的维修难题，可以让主流、重要设备在企业自己的掌控之中。

显然，维修外包可以发挥其优势，也自然存在缺点不足。其优缺点比较见表7-2。

表7-2 维修外包的优缺点

优 点	缺 点
灵活	可能选择了糟糕的维修供应商——风险
低投入风险	失去对过程的了解和控制
改善现金流	准备和响应时间可能较长
低潜在劳动力成本	失去对自己设备的了解
充分利用外部专家的知识	无法控制输入和输出

国际上维修外包走过了至少40年的路程，其中不乏成功的经验，也积累了不少失败的教训。维修外包虽然是发展趋势，但对待维修外包却要经过细致、科学的研究。否则，外包的维修不但会给企业增加成本，也会带来生产、安全、环境的风险。

并不是所有的维修外包都是成功的。造成维修外包失败原因可能是：维修供应商不切实际的服务水平，无效、不准确的工作矩阵设计，数据不能及时捕捉并与企业共享，文化交流和沟通不够，以及双方都不明白这种战略合作意义等。

成功维修外包的关键是：

（1）设计包含清晰规则，全面、准确的合同。

（2）汇集所有相关数据且能够有效的评价。

(3) 将服务详细分类。

(4) 建立忠诚的客户数据库。

(5) 要求并提供具有附加值的服务。

(6) 充分沟通，清楚了解双方努力的最终价值。

(7) 确信这对于企业是一件好事。

要保证外包维修成功，无论是发包还是承包企业都应该具有良好信息联络渠道、明确的业务策略、可度量业务水平能力、适合的企业文化以及卓越的沟通等。

第六节　科学编制维修预算

不少企业以前并没有维修预算，这属于粗放式管理，显然是不当的。反过来，我们看企业的维修预算，几乎没有准确的，这又成为一个悖论。没有预算，企业没有费用的准备，无法保障每年必要的设备检修，面对突发故障变得措手不及，更遑论设备的预防维修活动了。有了预算，为什么很难准确呢？主要是缺乏对设备状态的预知，缺乏对维修工作负荷的评估。更复杂的是，缺乏对生产负荷对设备状态影响的评估。一般而言，设备部门对维修的预算应本着以下规则进行，如图 7-8 所示。

首先，企业根据同行标杆的水平，结合企业运行总体成本，给出维修目标预算。

然后，企业的设备部门参考往年的维修实绩，结合运行中设备的实际状况，计划检修的项目和工程费用，制定维修预算草案。

这是一个讨价还价的过程。在不断的争论和辩解中，达成共识，最后敲定实际的维修预算，也是执行预算。后续将按照这一预算去计划相关的维修活动。

关于预算准确性的评价十分必要，与之配套的激励机制也不可或缺。因为，在企业经常会存在“头戴三尺帽，不怕砍一刀”这种现象。基层为了将来花钱方便，将预算做得很高，科长、处长到厂长各砍一刀，都没砍到头皮，这已经

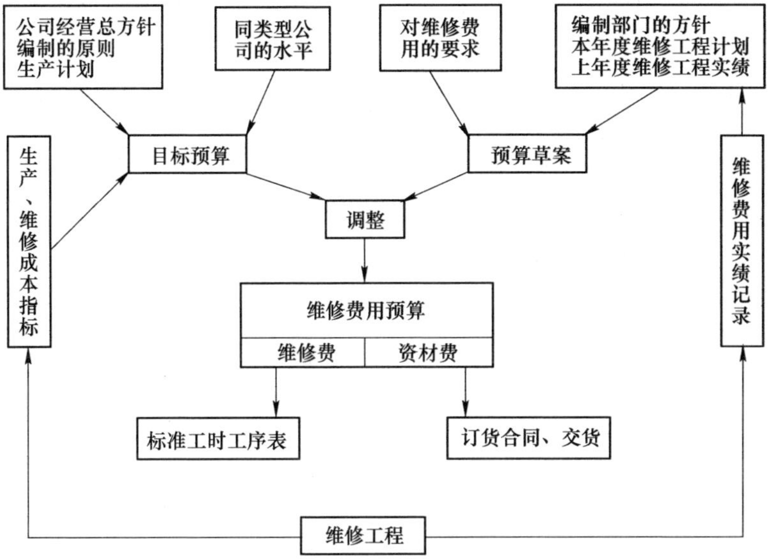

图 7-8　维修预算的产生过程

让预算的意义丧失。而且基层即使用不完预算费用，也会出现年底突击花钱的情景，避免以后出现后遗症，避免领导以后那刀砍得更狠。

预算准确性评价和激励，将把企业的高层和基层目标趋同，在考虑到维修投入必要性的基础上，尽量节省，降低费用。

第七节　维修备品备件管理

对于设备比较多的企业，备件储备是个大问题。储备多了，流动资金占有量过大，加大企业运营成本；储备少了，影响检修，继而影响生产交付。这让企业处于两难境地。

备件编码是备件管理的基础，但也是一个不简单的问题。不少企业同类备件编码不同，按照不同类备件储备，造成重复储备的浪费；反之，也有的不同类备件编码相同，造成维修时的混乱或者失误。有的按照设备系统树形结构编码，有的按照备件属性分类编码，有的按照发音建立音形码。五花八门，不一而足。关键是如何使编码简单且不乱不漏。这是编码的难题，也是需要认真研究对待的课题。

企业要精益生产，备件库存占有流动资金太多，肯定不精益。可是如果为了要精益，需要的备件不储备，在关键时刻影响检修进度，造成停产时间延长。这不但影响订单的准时交付，还可能造成上下游连锁损失。这样一种情况，可以用如图 7-9 所示的曲线来描述。

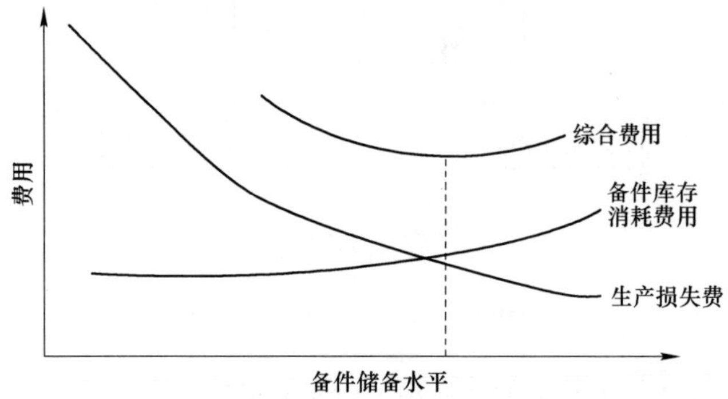

图 7-9　备件储备水平与费用的关系

这里，综合费用是生产损失费用和备件库存消耗费用的叠加。其中，备件消耗费用包括所消耗备件的购置费、存储费和占有的流动资金复利费等。显然，当备件储备水平低，生产损失加大，综合费用变大。当备件储备水平过高，备件库存消耗费用变大，综合费用也会提升。只有当备件储备最恰当时，综合费用达到最低点。这也是最经济的备件储备水平。

厂长和经理应该清楚，企业备件库存是维修成本的重要构成。当代企业实施维修成本战略管理，做好备件库存优化十分必要。合理适当的备件库存，又是生产流畅运行的保障。

传统的备件管理叫做 ABC 管理，A 类备件最重要，但数量很少，占有备件库存资金的 70%~80%；B 类备件一般，数量中等，占流动资金 20%左右；C 类备件最不重要，仅仅占有流动资金 5%，但其数量最多，都是低值品。这样的管理延续了几十年，很少有维修经理不知道备件 ABC 管理，似乎这是天经地义的。

但仔细推敲起来，备件 ABC 分类只是在价值形态上的重要性区分，注重管理的经济性。其实，价值并不能代表备件是否重要。一个价值几块钱的保险丝，一旦出了问题可能造成全线停产，损失巨大。价值几十万的总成，也可能只起到生产辅助作用。

所以需要换一个角度来审视备件 ABC 管理的合理性。如果将设备作 ABC 分类，A 类设备代表最关键、最重要设备，B 类其次，C 类最不重要；再将总成、部件作 ABC 分类，A 类部件最关键、最重要，B 类其次，C 类最不重要；再将零件作 ABC 分类，A 类代表最重要、负荷最重、最容易失效的零件，B 类其次，C 类代表最不重要零件。

按照这样的分类方法，我们将得到从 AAA 到 CCC 这 27 个分类。然后将这 27 个分类划分成四个级别，即最关键重要零件组、一般零件组、不太重要零件组以及最不重要零件组。赋予这不同零件组以不同管理权重，最重要零件组进行有冗余库存；一般零件组作一般库存，不太重要零件组作可短缺库存，最不重要零件组作完全的零库存。

最重要备件的冗余库存即在原有设计库存基础上上浮一个备件采购周期所消耗的备件量，以备万一；一般库存即保持常规库存，在备件储备下限进行采购订货，新备件到货时原有备件基本消耗到零；可短缺库存即在设计库存基础上下浮一个采购周期库存量，允许在最后一段时期处于空库或者零库存状态，因为这类备件并不重要，可以等待一段时间；最后一类即完全的零库存。我们只存信息，存备件供应商的联络方式，不存实物备件。因为，这类备件更不紧急，可以联络供应商，等待送货后再上线使用。这种备件库存结构如图 7-10 所示。

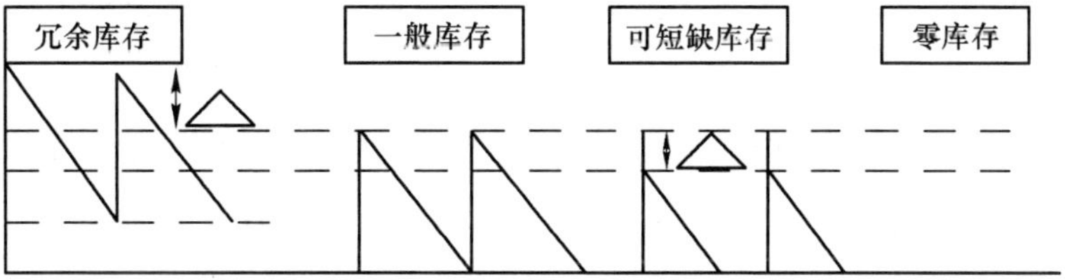

图 7-10 备件库存结构的四种情景

为了把备件库存真正纳入管理的过程，我们应该结合企业备件储备和消耗现状，本着边调研、边摸清规律、边进入模型的思路，使备件结构逐渐由黑箱变成灰箱，再逐渐透明。其实，整个备件管理的过程也就是让备件损坏规律、订货规律逐渐透明化、库存结构逐渐经济合理化的过程。

随着社会化服务体系的不断完善，企业内部的备件管理模式应不断创新并做适应性调整。新型的备件管理一般有以下几种形式：

（1）备件委托第三方物流公司管理。企业不自己存备件，仅仅建立备件计划。备件的采购和储备委托第三方物流公司管理。虽然备件价格会比自己直接采购要高，但因为节省了备件库房仓储费用、管理人员费用、流动资金占有以及备件储备过量报废的风险，总备件费用会大大节省。第三方物流公司可以通过为若干同类型企业储备备件，平摊风险降低，并适当盈利。

（2）备件供应商或者生产商在企业内部建库，将备件储备在企业内，年底根据备件消耗量做总结算。这种方式可以将企业备件流动资金占有风险转移给供应商。反过来，因为供应商和企业作战略合作捆绑，其商业利益也有稳定保障。

（3）同行业或者系统虚拟备件库，或者备件共享合作社的建立。建议建立全系统的虚拟备件库或者备件共享合作社，即将系统内各厂备件信息进行收集统计并存储在信息库内，建立交易平台，按照交易规则进行调配交易。这样可以使各厂的备件分工存储，互相调剂救急。这样既可以保证检修，又可以大大降低社会资源浪费。

（4）做好备件修复工作。从低碳环保角度，对某些损坏备件进行修复再利用是完全可行的。例如气缸的磨损可以通过镶套或者纳米喷涂技术补偿，曲轴的磨损也可通过电刷镀、离子喷涂修复，一些轴的磨损可以通过润滑添加剂里的金属颗粒加以修复等。一些电子、电气总成可以将元器件拆下，作为维修备件储备。大型装置在拆卸时，对螺栓进行保护，减少或者避免破坏性的气割处理，可以节约大量螺栓、螺母，以便重复利用，也就节省了大量修复费用。在人工费用大大低于总成或者备件费用的前提下，备件修复再生具有重要的社会意义。

第八节 设备维修标准管理

前面一直提到打仗，打仗的最后环节则是战术的执行了。检修活动的最后环节当然也是维修行为规范或者标准化的问题了。

维修行为规范化实质上就是制定维修流程和执行维修工艺的过程。相当一部分企业的设备维修没有一套完整的拆装和维修工艺作为支撑。维修往往是“经验型”，无法分享经验和知识的工作，而且每次维修行为都存在差异。这样，损坏性的维修就永远难以避免。设备维修工艺可以参考设备说明手册，参考生产厂的装配工艺，也可以拍照和记录成熟的维修工作过程，根据成熟的维修经验总结提炼成维修工艺。将制定好的维修工艺再对维修人员进行培训，使他们熟悉设备结构，熟悉拆装标准逻辑过程，熟练的应用统一、优化的维修工艺去检维修设备。这样可以大大减少工作差错，降低维修损坏风险，保障设备维修质量。

在维修规范里突出维修流程规范、维修技术标准规范和维修验收标准规范三大要素，强调严格的确认体系。维修规范三大要素之结构如同一个风扇的三个叶片，可以达到运行中的持续平衡状态，如图7-11所示。

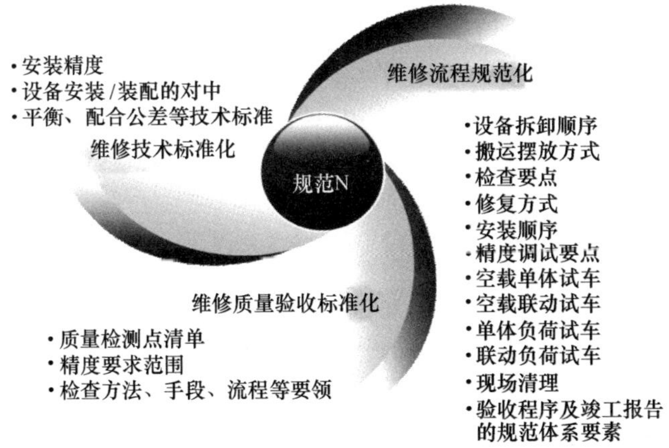

图7-11 维修规范三大要素之结构

(1) 维修流程规范。维修流程规范包括设备拆卸顺序、搬运摆放方式、检查要点、损坏件修复方式、安装顺序、精度调试要点、空载单体试车、空载联动试车、单体负荷试车、联动负荷试车、现场清理、验收程序及竣工报告的规范体系要素，维修关键点的确认要素。

(2) 维修技术标准规范。维修技术标准规范包括安装精度、设备安装/装配的对中、平衡、配合公差等技术标准。

(3) 维修质量验收标准规范。维修质量验收标准规范包括质量检测点清单、精度要求范围、检查方法、手段、流程等要领。

维修规范是维修质量的保障。

第八章　TOPS之故障管理

第一节　设备故障管理内容

什么是故障？这对于很多人可能是个太浅显的问题。有人说，故障就是设备丧失了规定的功能，或者不安全了，无法继续工作。这个答案没有错。作者要给大家一个与众不同的答案：

故障是人 故 意使设备
产生 障 碍的

不知道到底有多少人能够接受这种解释。有人会质疑："如果是故意，那员工不都成破坏分子了！"还有人会说："如果员工正确操作设备，按照规定正确地维护和保养设备，难道设备就永远无故障了吗？"

设备管理的知识告诉我们，设备有自然劣化和强制劣化两种形式。即使在正确地操作和维护环境下，设备也会自然磨损、老化以及性能劣化，称为自然劣化过程。那么，为什么还说是人"故意"的呢？

说人"故意"使设备产生障碍这句话不是真理，而是一种理念的表述。就像海尔集团曾经提出"顾客永远是对的"这一理念一样，这是真理吗？显然不是。难道顾客就永远是对的吗，顾客就没有不讲理的吗？海尔旨在用这种理念来打造一支"不和顾客理论是非"的优秀售后服务队伍。有一次，海尔的洗衣机卖到四川，农民买了洗衣机，洗完衣服，想用它来洗土豆。结果因为土豆里的泥沙、根须将洗衣机堵住不漏水，他们反映给售后服务部门。海尔的服务人员没有责备用户，而是把情况反映到青岛总部。海尔的设计理念是：顾客的需求就是我们的课题。在这样理念下，他们设计制造了漏水通畅的洗衣机，销售到四川，起个名字，叫“大地瓜牌”洗衣机。四川农民十分欢迎，闲时洗衣，忙时还可以洗地瓜，一物两用。据说这款洗衣机还打开了俄罗斯市场，因为俄国人也爱吃土豆。这就是理念的无形作用。

说故障是人“故意”使设备产生障碍的，为什么？因为设备就像不会说话的孩子，但会哭叫，也会静坐抗议，有时还会咬人。应该将它看成是有生命的，要善待它。只要善待它，它也一定会以实际行动来回报。从这种意义上讲，才是“故意”的。

故障是什么？故障还是冰山的顶峰，是冰山露出来的一角。大家都看过冰海沉船泰坦尼克的故事，冰山露出的一角很小，被船长发现时，船底已经撞到了冰川上。

如果故障是冰川一角，那么什么是冰川下面的内容呢？图 8-1 给出很好的启示。

图 8-1　故障冰山下面的内容

从图 8-1 中可以看出，尘土、油污、原料附着这些外部的杂质进入设备内部，尤其是摩擦副里，可能造成设备的磨损，接着就是故障。

设备长时间工作产生的疲劳聚集，就会发生微裂纹，这些微裂纹连接起来就是开裂故障。一个划痕可能导致润滑介质泄漏，接着造成润滑不良，然后是快速磨损，后来就是松动、震动和疲劳应力，后面的结果又与故障联系起来。一些接触不良或者短路，就会影响电气系统的正常。一些材料老化、变形、脆裂就可能导致短路发生。雷电、灰尘、小动物进入系统都会导致电参数的漂移，进而影响设备控制系统的功能。还有就是各种泄漏和变质，都可能造成冷却不良、润滑不良、反应不良等问题，这些都是故障的前因。一些介质的蒸发、挥发，又可能是某类烧焦、发热、熔毁问题的前因。3.11 日本大地震和海啸，让福岛核电站不能持续供应冷却水，原有冷却水被蒸发，于是引起爆炸。

由图 8-1 可知，穿透性地看待故障，还要看到冰山下面的诸多隐患，它们将成为一个个故障的源头。

当然，按照故障的分类，故障还可分为不同专业类型，如机械故障、电气故障、液压故障等；按照性状可分为显性故障和隐蔽故障；按照其劣化过程分为潜在故障和实发故障；按照其来源可分为固有故障和使用故障；按照发生的复杂性又可分为单一故障、并发故障等。这里就不详细阐述了。

设备顺畅运行的反面，就是故障。从这种意义上说，设备管理的核心就是面对故障，解决设备故障问题，或者让设备避免和减少故障的发生。

什么是故障？似乎是一个幼稚的问题，却引出这么多值得深思的线索。

设备一生的故障率是变化的，存在着初始故障期，偶发故障期和耗损故障期三个阶段，其形状如图 8-2 所示。

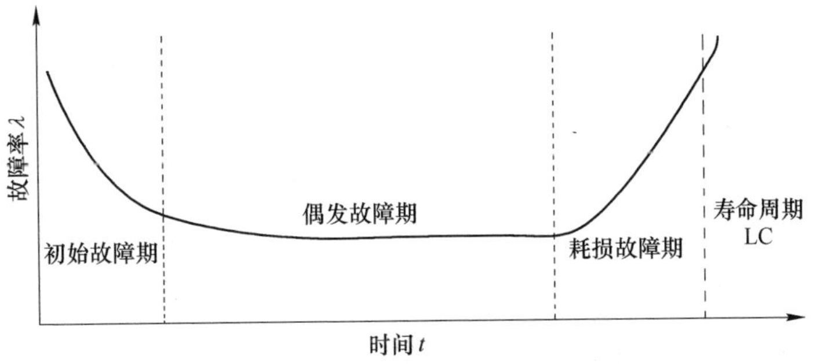

图 8-2　设备寿命周期的浴盆曲线

新安装设备的故障率比较高，常常出现故障。对于机械类的故障，称这段期间为磨合期，在此期间，由于机械的配合、啮合、间隙或者渐开线存在误差，常常会出现运行故障。对于电子、电气类结构而言，这段时期又称为“元件时效老化”阶段。因为新加工成的电子电气系统电参数的不稳定，故障率也比较多。记得早年的计算机组装完成之后，要求客户先插上电源运行72小时，如果这段期间一切正常，就基本可以正常使用了，如果出现故障可以送回到厂家退货。这说明，电子电气类设备也存在着初始高故障率现象。为什么现在很少有电子、电气类设备供应商要求客户要事先插电运行设备呢？作者到一些计算机整机厂以及交换机生产厂考察发现，这个过程已经转移到生产企业内部了。在计算机或者交换机出厂之前，都对组装并检验合格的产品进行人工强制老化，如放在高温老化箱或者相似环境插电运行观察，如果检查无任何故障之后才装箱发货。这样，就不会在客户手里出现初始故障状况了。

设备在使用几天，几个月乃至半年之后，逐渐趋于稳定，故障率明显降低或者呈现出周期性故障现象，这就进入了偶发故障期。处于偶发故障期的设备，故障率较低。其故障以两种形式表现，一是规律性、周期性故障，表现在设备某部件或者零件的周期性损坏，如轴承的磨损、密封圈的变形或者腐蚀、法兰的腐蚀泄漏等；另外一种情况是随机故障，其规律性并不明显，发生的部位也不确定，这与设备的设计、制造、原材料或者热处理缺陷有关，也与使用条件、维护保养水平有关。

设备在服役5~8年之后，开始出现明显老化、劣化倾向。这就意味着进入了耗损故障期。对于机械类设备，包括其总成、部件乃至零件，其磨损、变形、应力微裂纹显现，最后导致设备配合间隙过大、松动、振动、精度劣化、机体开裂等，也就是导致设备功能的丧失——机械故障的发生。对于电子电气类设备，包括其总成、部件乃至元器件，由于长期的外电冲击、冷热变形交替、灰尘的覆盖，散热不良，甚至小昆虫进入的局部短路，导致系统内电气元器件电参数特性发生变化，如电阻、电容、电感变化，甚至使在芯片中的数字程序变化——电气故障的发生。

上面所说的5~8年，只是一个大概估计。这和设备的初始可靠性相关，如果设备使用材料好，加工处理恰当，加上使用正确、单班运行、维护保养到位，这一段时间可延长到10年甚至更长时间；反之，四班三运转或者连续流程设备，维护保养不当，初始可靠性差，也许5年内就进入耗损故障期。

设备的浴盆曲线有点像人的一生。初始故障期相当于人的童年、幼年时期，偶发故障期相当于人的青壮年时期，而耗损故障期则相当于人的老年时期。中年以上的人群通过积极养生和锻炼保持身体健康，是为了自己的“耗损故障期”晚点到来。对设备而言也是如此，良好的维护体系也可以使偶发故障期延长，让耗损故障期晚些到来。

设备在不同役龄阶段的特点不同，因而其维修策略也应该有不同的设计。

在初始故障期，应该注意设备的紧固、调整和状态记录，注意磨合期的油品替换。

在偶发故障期，除了做好常规的清扫、检查、润滑、保养之外，对周期性的损害进行定期维修，同时要导入设备健康管理概念，注意研究设备劣化的源头，加以控制和消除。

在耗损故障期，将要对损坏部分做可裁剪式的纠正性的项修组合。如果经过技术分析，发现设备需要淘汰，就要主动淘汰落后设备，引进新设备以强化企业的竞争力。

近年来，国际上以航空系统为案例，对设备故障率进行了统计和研究，发现真正形状为传统浴盆曲线的设备仅仅占3%~4%，有68%的设备只出现左半浴盆的状态，即存在高故障率的初始故障期和较低故障率的偶发故障期，却不会出现高故障率的耗损故障期。按理而讲，设备服役一定年限，故障率一定会上升，为什么不存在耗损故障期呢？答案是，随着设备和制造可靠性的提升，其有形磨损不十分明显，而无形磨损即经济磨损却日益上升。因此，还没进入耗损故障期就被淘汰。面向68%的这种类型的设备，如果导入周期性的大修理，就会引起每次修理后的初始高故障率现象。所以，国际上更主张取消大修理概念，可以用项修组合来取代大修。

第二节 设备的故障管理

设备初始故障期，有点像是设备的童年和幼年时期，常常会生病。一般而言，设备在购进、安装、调试、验收并交付生产之后，就进入了其初始故障期。这段期间，设备的相对故障率较高。

对于以机械为主的设备，这段时期又称作磨合期。按照设备的磨损曲线，如图 8-3 所示，在磨合阶段，机械的磨损量较大，由此产生的应力也比较突出。在这段期间，大量磨粒进入设备间隙或润滑系统，污染设备机体。初始的磨合应力过大，可能造成设备损坏，但更可能使得机械零件抗摩擦强度提升，抵御磨损能力增强，这也就带来后续的缓慢磨损阶段。

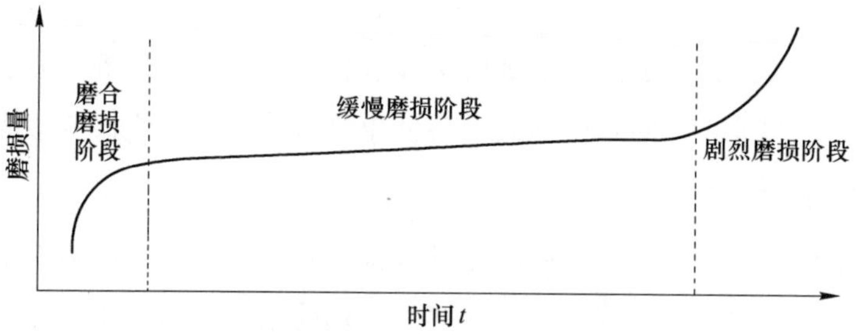

图 8-3 机械类设备或者部件的磨损曲线

对于以电子、电气类设备或者部件为主的设备，也存在着一个初始故障期。在这段期间由于电子元件尚未经过时效老化，会出现某些电参数的缺陷，引起故障。早期在购置计算机时，供应商要求用户插上电源工作 72 小时，如果出现故障就及时调换，就是生产厂用来应对初始故障期的举措。

面对设备的初始故障期，就像是医院要设立小儿科一样，也要做出与之相适应的设备管理举措。

设备初始故障期的主要管理策略如下：

（1）注意磨合期的润滑油品替换。由于磨合阶段油品很容易被磨粒所污染，所以磨合期要加大频度将润滑油脂进行更换。熟悉设备磨损规律的，可以设定合适的换油时间节点。如果不熟悉其磨损规律，建议可以每周或者每日（视工作负荷而定）抽取油样观察，如果发现污染、变黑，就要及时更换。根据设备磨合情况，这样的更换从一次到多次，直到设备进入缓慢磨损期，也就是长期观察润滑油，能够保持较高清洁度为止。有人会说，频繁换油是否太浪费，不符合低碳、环保要求？要知道，设备的损坏所造成的浪费更大。除了生产损失，设备零部件更新、修理的费用所浪费的材料和能源——碳消耗更高。在油品替换上，也要遵循费用有效的基本原则。

（2）注意观察设备运行参数并做好记录。设备运行初期，无论是工艺参数还是设备各零部件的配合均处于亚稳定状况。工艺参数需要随原材料、环境状况而调整，设备内外的各项参数，包括间隙、平衡、位置、温度、湿度、振动、电流状况都可能有一个调整适应的过程。这段期间的检查和记录尤为重要。这些观察和记录一方面可以为今后的调整规范提供数据依据，另一方面可以摸索出参数正常和异常的标准划分，也为未来大检修后的安装提供数据参考。

（3）紧固。有人会怀疑在设备运行初期的紧固有什么作用。其实这一点是不容忽视的。为什么？设备在运行初期，由于一切都是新的，紧固件如螺丝、螺母都是含油的，即使按照要求紧固好了，随着设备的振动，也容易松弛或者脱落。某大型核电站因为一个螺丝的脱落，损失达几千万；飞机的失事就是因为起落架上一个锁紧螺丝的松动脱落；游乐场设施将游人摔落致死，也就是因为某个螺丝的松弛掉落……这样的例子俯拾皆是，尤其容易在设备运行初期发生。也许，随着时间推移，螺丝有些生锈，反而不容易松动了。所以再一次强调，初期的紧固十分重要。

（4）调整。针对设备运行初期的不稳定状况，及时调整是不可或缺的。除了设备工艺运行参数，对设备的配合间隙、平衡状态、紧固状态、环境温度、环境振动、环境湿度、屏蔽状态、接地状态、负荷状态、产品规格更新后的状态等方面进行及时的跟踪和微调都十分必要。这也是让设备适应生产，生产适应设备的契合过程，同时是积累生产经验的过程。

（5）润滑。新设备的合理润滑同样十分重要，根据设备技术说明书，在不同的部位，采用不同的润滑油脂，按照不同的周期，不同的润滑油脂量，由规定的人员，用不同的润滑方式来加脂加油，这是从设备引进一开始就要确定下来的。而且要有手段来保证这一润滑过程的有效实施。有的设备技术说明介绍的润滑内容不详细或者不准确，那就需要设备使用单位咨询润滑技术专家以设计合理的润滑流程和内容。总之，有机械运动的设备，合理科学润滑永远是十分重要的。

（6）控制生产负荷逐渐达到设计值。从上面的描述可知，新设备需要一个适应生产的过程，无论是电气系统的时效老化还是机械系统的磨合，都需要时日。因此，建议设备运行初期不要达到或者超过设计生产负荷，最好是低于设计负荷运行。当磨合期或者“时效老化”期完成，就可以调整设备到设计规定的负荷了，这对于新设备的保护是很好的措施。

设备的偶发故障期又称为随机故障期。就像人进入其青壮年时期，设备的故障率减少，偶尔发生一些特殊故障，或者周期性、规律性的故障。

设备的偶发故障期一般持续时间很长，大概要持续 5~8 年时间，甚至更长久，视设备原始可靠性、使用负荷情况、维护保养情况不同而异。

在这段时期，设备故障大体分为以下几种情况：

（1）周期性故障。设备局部、总成、子系统或者零件存在一定寿命周期，使用一定周期之后就损坏并需要更换。

（2）随机故障。无规律而言的故障，可能来自设计、制造、原材料缺陷或者热处理、表面处理不当。

（3）超负荷运行故障。因为超负荷运行，超出设备所能够承受的压力、冲击力、温度、韧性、变形量、连接强度、支撑强度、张力、热强度、电容量、电阻值、电流限度等物理特性，导致故障发生。

（4）误操作故障。编写错误的程序、不协调的动作、操作顺序颠倒、操作不到位、动作过大、过小、错位、违规等。

（5）损坏性维修故障。不良的维修，即维修中发生的安装错位、间隙、对中、平衡不当，装配漏件、紧固失当（过力、不足）、线路错接、破坏性拆卸（磕碰、扭曲、压力变形）等。

（6）外力作用故障。雷电冲击、过大的外部电流冲击、外部物品掉落撞击、磕碰、地震、洪水浸泡、强大外部磁场干扰、着火、爆炸影响。

前两种类型的故障通常称为自然劣化，后面四种称为强制劣化。针对以上故障，偶发故障期应该采用的维修和管理策略为：

（1）常规维护。在偶发故障期，最紧要的是做好常规的清扫、检查、润滑、调整、防腐、堵漏等保养活动，这是一切维修策略的基础。

（2）定期维修。对于那些具有明显耗损周期的部件或者零件，以换件或者换件修复方式为主的定期维修是最好的维修策略。如定期更换损坏的轴承，定期更换被腐蚀的化学品容器，定期更换老化与磨损的轮胎，定期更换老化与变形的密封圈、皮带，定期更换滑丝的螺母、螺栓、阀门，定期更换电气元器件、接头等。

（3）设备健康管理。根据设备健康概念，设备分为三类技术状态，即健康—亚健康—故障。设备的使用寿命是由健康—亚健康—故障—报废，即由量变到质变的动态过程。

传统设备管理，着眼于质变管理，即故障管理和静态维修，形成了故障发生后（预知的或已发生的）故障诊断和停机解体换件修理的维修模式，其特点是阶段性恢复和保持健康。设备健康管理着眼于量变管理，即健康和亚健康状态的监控。注重机械微观和动态损伤过程的演变、特点、规律摸索，做好事前预防、过程监控、动态养护维修。

“设备健康管理”是医学、仿生学在设备管理与维修科学中的运用，针对机械设备的现状，健康管理提出了“保持设备健康与控制亚健康”的要求和对策，设备维修提出了“状态监测与动态维修”的要求和对策。

由于科学研究和制造工艺技术发展的阶段性，目前在用设备从设计、制造、运用条件、结构性能等方面到管理水平、维修模式与技术方面都存在着诸多缺陷，设备在运行中受到各种因素的破坏而不断由健康劣化为亚健康，再劣化为故障。

典型的健康管理案例是某港口的进口柴油机采用“润滑油滤清、燃油滤清、冷却水滤清和空气滤清”这“四清”方式，将设备劣化源头控制在萌芽状态，使设计寿命为30000小时的设备运行100000小时零故障。如果这些工作是费用有效的，这不失为经济的维修策略。

另外，“橡胶密封件弹性恢复剂”能够有效地使老化和硬化的密封件得到恢复，大大延长使用寿命，将其纳入设备的养护模式和工艺规范，形成保健制度，将有效延缓橡胶密封件老化过程，延长更换周期，减少技术隐患和经济损失。

采用“电器防护技术”及相关产品，对各类电器、传感器进行防护处理，能大幅度提高其使用性能，保障应用稳定性，数倍延长使用寿命。

自修复润滑油运用医学仿生学的原理，以建立设备预防、保健、康复的仿生机能和健康机制为目的，是模拟“血液”机能特点的新型润滑油。它能自动修复机件摩擦副表面的损伤，再造抗磨减摩耐腐蚀的复合金属表面，改变和控制机件摩擦学行为，恢复和长期保持机件设计结构和良好性能，节省燃油，减少排放，减免维修，数倍延长机械和润滑油的使用寿命，显著节省运用成本。同时，还将传统润滑油的润滑、密封、散热、防腐、清洁的功能进行了质的提高。

这些都属于健康管理很好的案例。

（4）局部深度保养和修理——小项修。针对设备局部缺陷的修理，包括独立换件、更换总成、局部修复（如通过喷涂、堆焊、镶套、刮研、研磨等方式，恢复设备几何精度、尺寸和表面特性等）。

（5）规范操作行为。针对不规范操作的对策，主要是通过纠错防错设计理念，让那些容易出现的失误很难发生，不断完善操作规范、做好员工培训、建立操作规范考核机制，以保证准确无误的操作动作，从而减少因操作不当而引起的故障。

（6）规范维修行为。针对损坏性维修，需要从维修流程的规范性，维修技术标准的准确性和维修验收标准及验收节点的科学性来保证。打破传统自己检修自己验收（自己最不容易发现自己的错误）、验收无过程、节点设计、无规范的做法，还要改变维修无流程的随意性做法。

（7）设备耗损期是设备劣化严重的故障多发期。到了耗损故障期，设备的主要总成或者多数总成——部件进入了快速劣化状态，这就像一位已经步入了体弱多病的暮年时代的老人一样。

在耗损故障期，维修管理除了做好常规的保养，包括清扫、点检、润滑、调整、紧固之外，对那些局部耗损劣化严重的部位——总成或者零件组合（线路板、集成块、摩擦副、传动系统、气动系统、液压系统、电控系统、冷却系统、润滑系统、安全防护系统、阀门、接头、气缸、马达、滤网、接地、屏蔽、传感器等）实施纠正性维修，也就是通过换件或者修复再生的方式来恢复设备功能，这是比较常规的维修策略。常用的修复再生方式包括表面喷涂（离子喷涂、纳米喷涂、激光喷涂）、电刷镀、表面镶套、堆焊修补等方式恢复设备几何尺寸和表面性能，以较小的投入满足设备的性能要求。例如，一台机器曲轴磨损，如果更换曲轴需要 15 万元，通过纳米喷涂技术将其磨损部位修补，表面精度和硬度均达到原有技术标准要求，使用寿命可以延续 6~8 年，仅花费了 7000 多元。这种修复方式非常符合低碳、环保和节能的绿色维修理念。

一般而言，在耗损故障期，不少总成会出现快速劣化状态。但并不主张大修理，所谓的大修理，是将设备完全解体，对拆解的零部件进行清洗，对损坏的零部件进行修复或者更换，然后进行部件装配，总体装配，精度调试，空载试车，负荷试车，最后交付使用。当代设备系统是由若干子系统构成的，包括液压系统、气动系统、传动系统、冷却系统、电气控制系统、润滑系统等，每一系统乃至系统上的每一关键零件寿命周期或者耗损周期是不同的。因此，很难找到一个共同的耗损周期适于所有子系统或者总成，来对设备进行全部的大修理。因此，国际上主张消灭大修理，至少可以用延长大修理周期或者不完全的“大修理”来取代传统的大修方式。因为设备的大修理，经过全部解体总装，重新磨合、新电器元件的重新时效老化，这可能会引导出设备初始故障期的高故障率状况。

面对设备快速劣化状态，可采用一种可裁剪、可组合的维修模式，即经过研究论证和设计，将需要修理、换件的内容集合在一起，利用恰当的检修机会，实施这一组合方案加以修复。对于那些无损害迹象的总成或机体，不必解体检查和更换。

对于那些固有故障频发，有条件的企业可以采取主动维修策略。所谓的主动维修，就是不拘泥于原来设备原有结构的小技术改造，其目标并非改变或者增强设备功能，而是将那些固有故障得到根除。

主动维修是以改代修的主动策略，是建立在如下的前提——设备是人设计制造的，不可能是完美无缺的。设备在长期使用中，肯定可以发现一些固有缺陷，也会出现某些重复性的故障，这多少反映出设备在设计思路、设计方案、制造加工工艺、原材料选择或者热处理、表面处理等方面的不足，这些缺陷不足，很难通过一般维修方式加以解决。我们可以跳出传统维修模式，大胆思考如何通过不拘泥于原有设计和结构的小规模改造来解决，例如在某处开一个槽、加一个挡板、开个孔、设置一个小机构，或者更换一个不同性能的零件（密封圈、阀门等），将那些固有故障得到根除。

而在耗损故障期，这类主动维修最有意义，等于是给设备一次返老还童的再生机会。例如某些重型机器厂，将传统控制模式下的龙门铣、龙门刨床进行数控改造，不但可以使这些设备加工精度控制水平大大提升，而且让其使用寿命也大大延长。

值得指出的是，并不是进入耗损故障期的设备都是值得进行主动维修的。这就需要通过技术经济分析来决定。如果主动维修的投入加上复利平摊到每年的费用，再加上年均维护费用超过了设备更新投入平摊到每年的费用，再加上年维护费用，则主动维修就没有必要，而设备更新则更加经济。反之，就值得进行主动维修。

第三节　设备故障消减——“零故障”管理

预防维修的提法已经几十年了，那什么是预防维修呢？

预防维修有两种具体模式：一是定期预防维修，就是按照设备耗损周期计划安排的停机检修；二是状态维修，就是对设备状态进行监测，发现故障隐患或者潜在故障，及时安排适时维修，将故障消灭在萌芽状态。

预防维修的另外一种形式是机会维修，即利用生产的淡季、假日、周末或者上下游停机检修的机会进行的预防性维修。机会维修的“机会”可以是适当延长检修周期，也可以是适当地将检修周期缩短，经过论证，这种延长或者缩短是不会对设备造成重大损坏的。这样的预防维修也称为机会维修。无论是采取何种预防维修方式，都是在设备故障停机前的处理，目的是避免故障的发生。

到底预防维修好在哪里：

（1）可以减少和避免非计划停机。当今企业多数按照订单来组织生产，客户对交货期的要求十分严格，在精益生产企业，准时化、零库存成为典型特征。一旦因为设备停机影响某一生产工序，这个订单就会受到影响，这对企业效益、信誉都会有很大伤害。通过预防性维修，避免大量非计划停机，保证准时交货，其意义重大。

（2）可以减少设备的连锁损坏，延长设备寿命。设备损坏往往是从局部或某个零件开始，这个局部或者零件又影响了其他局部或者零件，一步一步传递，最后酿成大问题。这是系统的多米诺骨牌现象。预防性维修可以减少或者避免轻微损坏，或者将小隐患及时消除，避免影响扩大，最后导致更严重的故障损坏。

（3）可以降低维修成本。当然，不当的“预防维修”不但不会降低成本，还会增加成本，称为维修冗余或者维修过剩。这里是指恰当的预防维修可以降低维修成本。一般而言，有计划的工作其效率是无计划工作效率的3~4倍。预防性维修因为其计划性，可以事先研究修理方案，准备好图纸、工具、吊具等辅助设施材料，准备好备件。一旦解体维修，可以高效完成维修工作。反之，如果是事后维修，人们在突然停机的匆忙之中诊断原因，再寻找工具、备件、材料，真正的维修需要半天，而前期的准备可能会是一天半到两天，时间效率的降低明显，维修成本自然增加，加上事后维修可能造成的连锁损坏，换件损失也会增加，更加大了维修成本。

（4）可以降低安全事故风险。预防维修可以将设备局部的、轻微的或者初发的缺陷加以消除，这样可以单独降低安全事故发生的风险。1984年印度中央邦的博帕尔市的美国联合碳化物属下的联合碳化物（印度）有限公司设于贫民区附近一所农药厂发生氰化物——异氰酸甲酯泄漏，引发了严重的后果。大灾难造成了2.5万人直接致死，55万人间接致死，另外有20多万人永久残废的人间惨剧。如果能够掌握正确的维护保养和实施到位的预防性维修，也许不会酿成如此严重的惨剧。

（5）可以避免和降低批量的质量缺陷或者报废。很多设备在故障的过程中，会造成大量的质量缺陷或者报废。一台连续冲床故障之前可能将几百件冲压件压坏；钢厂的连铸连轧生产线在故障停机之前可能让几百米的钢材出现轧制缺陷；在反应釜中化学合成的物质在设备故障中因为反应不完全而报废，甚至造成设备清理的困难，这样的例子很多。因此，预防性维修可以从某种程度上减少或者避免故障期间的批量质量劣化或者报废，减少因为故障——报废造成的经济损失。

（6）可以使得工作更主动，更有计划性和预见性。预防维修中的机会维修可以使工厂的生产计划、工作时间安排和资源配置更加合理，更加有计划，也就更加主动。有的工厂实施的夜班检修、周末检修、月末检修就是利用生产任务完成的间隙所进行的机会检修。很多钢厂实施的同步检修也是利用上下游停机间隙所进行的机会维修。饮料、冰箱、冷柜、空调生产企业夏天生产任务紧，冬天较为清淡，可以将预防维修尽量安排在冬天，卷烟行业冬天任务紧，夏天稍微轻松，可以将机会检修安排在盛夏。当企业维修任务紧时，可以适当调节维修间隙，以便有效地利用维修人力和设施资源。总之，机会性的预防维修可以让工作的计划更灵活。

（7）降低环境破坏的风险。与降低安全伤害一样，预防性维修可以有效地降低环境破坏风险。设备，尤其是牵涉有毒气体，液体的设备泄漏会造成环境破坏；设备的噪声也会污染环境。企业内部的水处理、空气净化设备直接关系到对排放环境的影响。

（8）有利于节能降耗。设备不良运行，往往会增加摩擦和能耗。预防性维修可以保证设备、设施的流畅平稳运行，可以有效降低能耗，维持设备的节能效果。

已经给预防维修评功摆好了那么多条，预防维修是不是总是对的，事后维修是否还有存在必要。

有人说，事后维修不可避免，所以才有存在必要。那么请问，有没有一类设备，只对它们做事后维修而从来不做预防性维修，答案是肯定的。

对于故障后果不严重的设备，事后维修是最经济合理的维修策略。

那么，什么样的设备故障后果是不严重的：

（1）故障后对上下游的工作影响不大，除了设备本身有限的停机，不会造成较大的停产经济损失。

（2）故障后不会造成人身安全伤害。

（3）故障后不会造成环境和职业健康危害。

（4）故障不会造成设备的连锁损坏，以至于发生较高的维修和换件费用。

如果故障后果属于上述状况，事后维修就是最好的策略。因为事后维修可以最大限度地延长设备的有效使用时间，充分发挥设备效率。虽然事后维修本身的工作效率会有所降低，但综合平衡起来，还是划算的。

在工厂里，什么样的设备适于做事后维修呢？

（1）离散、相对独立的设备，停机影响限于自身。

（2）非关键、瓶颈设备，停机后对上下工序影响不大。

（3）结构简单、可维修性较好的设备。

（4）非主流程、辅助、有备机的设备。

（5）无法进行状态监测、无故障先兆、暂时无法预知故障的设备（以电子类设备居多）。

让我们回到主题，什么是“零故障”管理呢？这要建立在以下的理念之上。

（1）故障是可以预防的。

（2）零故障是可以逐步实现的。

（3）点检状态监测是预防维护的重要手段。

（4）人—机和谐才能有效预防故障。

（5）过程比结果更有意义。

针对设备的故障发生，我们设计了“零故障”管理流程，如图8-4所示。

仔细分析，上述流程不过是PDCA流程的延伸。上述流程旨在针对设备的

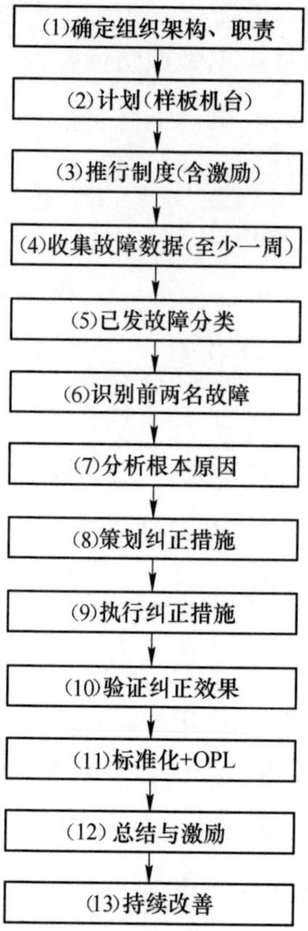

图 8-4 设备的“零故障”管理流程

频发故障，组织课题攻关，步步深入来解决问题。上述的循环可能会反复多次才能让故障趋近于零。其中，贯彻了 TOP-2 管理思路，这也就是二八分布率，抓住最主要的前两位原因加以解决，就控制了大部分的故障停机。之后会有新的前两位故障凸显出来，继续不断的加以解决。直到“零故障”目标的实现。

“零故障”管理的难点在于找到故障原因的解决办法，这需要反复试验，也许会面对不少失败，甚至会涉及设备的先天不足和主动维修策略的运用。对原设备的结构、材料、处理工艺加以改动，从根本上解决问题。

第九章　TOPS之班组建设

第一节　"六力钻石班组"内容

企业的团队就像一个细胞，是企业活力的基础。管理者的责任就是不断激发每个小团队的活力，营造一个自己可以发现问题、解决问题的现场。这要逐渐成为团队可传承的基因，也就是DNA。团队的激活模型如图9-1所示。

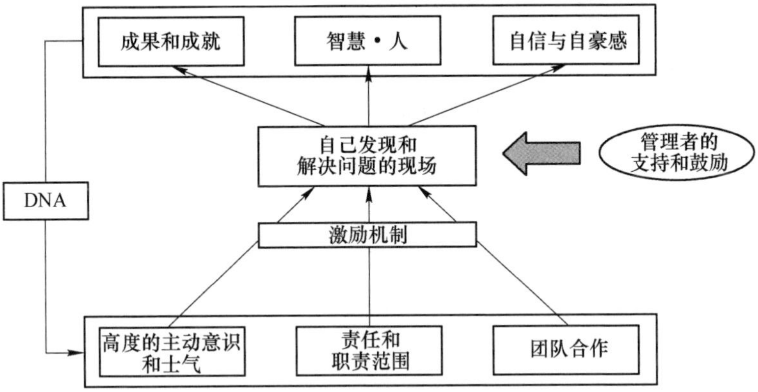

图9-1　基层团队激活模型

被激活的TOPS团队自主管理和小组活动有着具体的丰富的内容，并与生产现场的工作紧密结合。例如，生产现场的6S活动，寻找和清除6源——6H活动，生产现场的6项改善——6I，员工在改善中的有氧活动，包括小提案OPS（One Point Suggestion）活动和自我教育的单点课程OPL（One Point

Lesson）培训体系以及设备清扫点检维保规范的建设等都可以成为小组活动的主题。另外，结合生产和设备实际的绩效评价、OEE 的度量、润滑管理、故障鱼骨分析、质量管理、前两位主要问题的 TOP-2 管理、员工风采、明星之角、团队目标、安全小贴士、一帮一结对子活动等都可以成为小组活动展示的闪光点。

图 9-2 给出了基层团队活动的主要内容。显然，基层团队建设不能脱离生产实际，而是紧密结合当前生产问题、现场问题，聚焦生产需求。

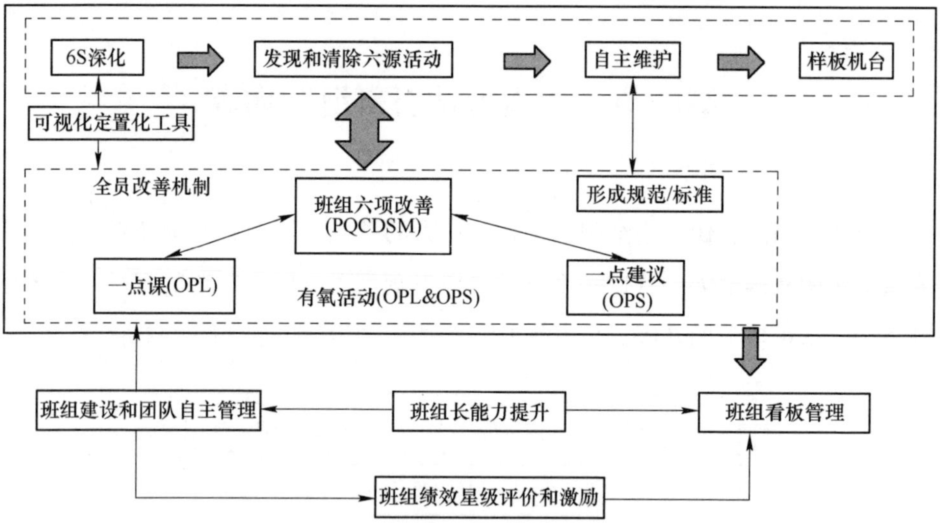

图 9-2　结合企业实际的团队建设内容

班组团队建设基础是什么：

（1）班组的日常管理。包括班前会、班组工作汇报机制、班组协调、沟通、冲突管理等通用管理机制的建设和完善。

（2）班组制度及标准化。包括岗位责任制度、安全生产规范、日常管理考核制度、工作日志填报制度、交接班等各类制度与规范的建设与完善。

（3）班组能力转换。打造能够围绕班组生产六大目标，如何发现问题、识别改善点进行专题攻关改善能力。这一点是班组基础建设的重点。

那么什么是“六力钻石班组”，这六个力是什么，如图 9-3 所示。

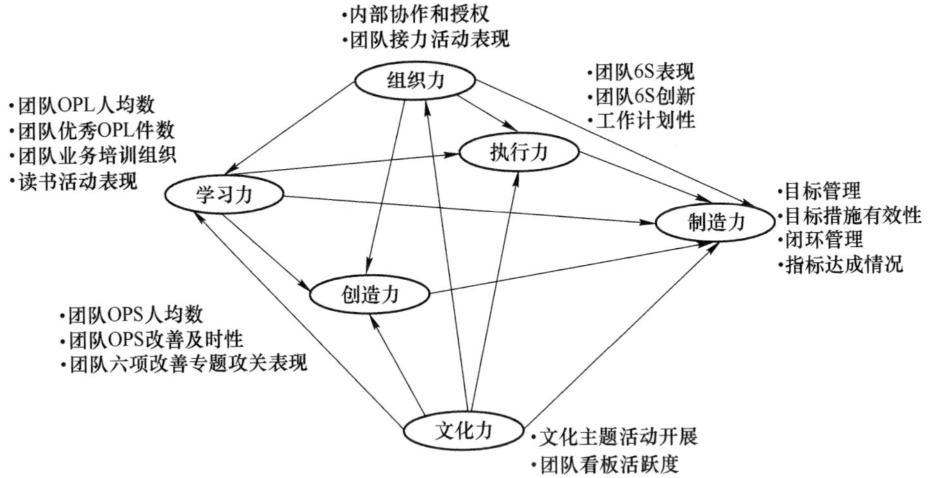

图 9-3　“六力钻石班组”模型

其中，班组最基本的能力是“制造力”，而良好的“制造力”又依赖于“组织力”“执行力”“学习力”“创造力”和“文化力”；良好的“学习力”离不开“组织力”和“文化力”的支撑；良好的“创造力”又离不开“文化力”“学习力”和“组织力”的作用；而“组织力”要靠“文化力”的影响。因此，“文化力”必然成为六力的根本。

六力钻石班组需要建立三大平台：一是争先创优平台，二是学习交流平台，三是现场管理水平持续提升平台。

争先创优平台要提供一个包括员工个人的争先创优，到班组团队的争先创优。其包括从局部模块的争先创优，到班组全维度管理争先创优的机制和平台。

学习交流平台包括从班组内部的学习交流，到班组间的学习交流；从专业技能的学习交流，到管理技能的学习交流园地与平台。

管理水平持续提升平台包括以现场 6S 机制在基层班组的闭环管理为基础，从问题发现到根源追溯，从员工行为到管理机制的可持续发展平台。

六力班组建设要分别从五个方面着手，它们分别是班组基础建设、班组技能建设、班组文化建设、班组创新建设和班组长队伍建设。

班组基础建设要涉及各项管理机制实现从厂级层面到班组层面的落地，与班组日常管理机制充分融合，对班组日常管理手册和行为规范持续更新与完善。

班组技能建设要以现场管理为基础，以五步行动法为指引，以单点课（OPL）机制为手段，并以基层教练（导师学员）机制进行补充完善，对员工的技能水平进行持续提升和强化，并从过往的专业技能覆盖至管理技能。

班组文化建设要以文宣管理机制为基础，以各项机制运行中的亮点为素材来源，营造一个积极向上、比学赶帮超的班组建设文化氛围，为其他管理机制的运行和目标实现提供有利支撑。

班组创新建设将以现场四要素管理有效落地为重点，以五步行动法为辅助，以提案改善机制为手段，保证现场管理水平的持续提升。

班组长队伍建设将借助班组建设平台，以基层教练（导师学员）机制为手段，与班组月度汇报和评比机制有效结合，从关注结果到过程追踪，在保证班组长能力持续提升的同时选拔培养班组长后备人才。

班组的建设模式丰富多彩，包括全员参与、全员管理模式、团队活力塑造模式、早晚会管理模式、轮值管理模式、标杆管理模式、人本化激励模式、道场化培育模式、分享式团队学习模式、对标+行动管理模式、专业交叉组合团队管理模式等。企业要灵活选择最适宜的模式，使其在班组建设中发挥最大的作用。把班组打造成为员工的精神家园、员工的乐业福田、员工的成长摇篮和员工的成就舞台。

班组的环境建设十分重要，可以划分为三个层次：技能培养能力建设；动机管理，愿景建设；工作环境，文化建设。由浅入深，逐渐扩展。

技能培养能力建设的内容包括：素质教育，如沟通、团队、学习能力的培育；技术教育，如机械、电子、电气技术以及基层管理的训练。

动机管理，愿景建设的内容包括人文资源开发，满足人的成长需求，科学激励机制设计，促进群体、团队愿景的实现。

工作环境，文化建设的内容包括良好的心理环境的营建，以人为中心——尊重、认同、关怀、分享、感恩、责任；以及良好物质环境打造，建设健康安全美好的工作环境。

班组的塑造类型可以很多，并不必加以局限。例如，可以结合班组工作性质和作业特点，塑造和谐型班组、工匠（技能）型班组、服务型班组、自主（民主）型班组、节约型班组、安全型班组、精细型班组、文化型班组、活力型班组、控本型班组、创新型班组、清洁型班组、增效型班组、绩效型班组、学习型班组、教育型班组、智慧型班组等。班组的类型可以展开，可以作为团队的DNA而传承下去。

班组活动虽然丰富多彩，具有很多想象空间。当前比较有效而普遍的形式我们总结为领结模型，领结的两边分别为班组晨会和班组看板，领结的中心是微信群平台。班组晨会或者晚会是班组成员集中沟通的重要形式，时间很短，但传递信息很多，包括任务布置、安全注意事项、工作重点、整改方向以及员工激励等。另外一个大家关注的平台是班组看板，它以图文并茂的方式展示成果、分享经验、揭示问题，促进成员之间的相互学习。当前，微信是十分有用的沟通交流工具，通过微信群可以将上班下班、班内班外联结起来，可以及时地分享、沟通、传递信息经验，充分发挥团队沟通的核心作用，所以它是领结的核心，如图9-4所示。

图9-4 班组团队活动的领结模型

第二节 铸造五星级班组

班组是组织的细胞，也是TOPS体系推进的基本单元。一个个班组的好坏决定着体系推进的质量。

一、星级班组评价

六力班组的评价就是从制造力、执行力、创造力、学习力、组织力、文化力六个方面对班组进行整体评价，评出星级，营造一个比学赶帮超的竞争局面。

对班组制造力的评价要紧密围绕企业 PCQDSE 关键绩效指标，如生产效率、成本、质量、交期的准时、安全状况、环境保护等。再向下分解成为一些过程指标，如设备故障率、可用率、设备综合效率 OEE、单位产品的原料消耗、能源消耗、交期延迟率、产品合格率、返修率、安全事故率、安全及环境隐患发现整改率等。

班组的执行力可以围绕体系建设和队伍建设两大主题进行，更专注于执行过程能力。如班组目标计划率、计划执行率、对 6S、清除六源 6H 的检查率、整改率等；全员对有氧活动的参与率、自主维护基准书编写率、自主维护执行率等。

班组的组织力要体现班组例会、团队合作等内容，如班组例会记录、班组例会执行、班组团队活动的丰富性、团队和谐性、团队激励等。

班组的创新力要体现班组 OPS 的活跃度和实施率、自主维护工具的发明率、六项改善 6I 的参与率、针对专题的支柱课题改善成果、创造的效益等。

班组的文化力要体现在班组看板、微信群的活跃度，包括班组愿景、目标、理念、价值观宣传、班组安全文化、质量文化、班组主题活动等。

二、通过评价引导班组进步

评价的目的就是引导团队进步和塑造优秀的星级班组。即使是班组的星级评价也要遵循 TOPS 体系总体评价的大原则。总体来讲，有一个宏观的方向，就是：

（1）一星看态度，看全员改善清新现场。要拿到一星，必须要看到领导的决心和全员的改善行动，要做好现场的整理整顿，并形成清扫清洁的标准和规范，并能够有效运行，6H 成果总量和覆盖率达到 70%以上（可以不好看，但一定要整洁）。

（2）二星讲方法，定置可视规范现场。要拿到二星，需要在一星的基础上研究定置和可视化的标准和方法并在现场付诸实施，能在一定程度上体现出工作效率和经济效果，现场定置可视化率达到50%以上（要整洁基础上的好看，实用，形成规则，不追求奢华）。

（3）三星提素养，有氧班组激活员工。要拿到三星，需要在二星的基础上推行有氧活动和班组建设，激发员工活力和自我改善意识，一是全员OPS提案和OPL成果的月覆盖率要达到30%以上，还要有优秀的班组及班组活动的展示、优秀员工的现场展示等，同时也要核算企业成本的变化。

（4）四星谈指标，自主维护降本增效。要拿到四星，不仅要把自主维护工作做到位，要有点检、润滑和检维修的基本规范，还要有故障统计和分析，并能科学核算出相应工程实施前后的指标和数据的变化，达到自主维修基本水平的样板机台原值总数占本单位设备资产总额的20%以上，设备维修等各成本单耗指标同比下降10%以上。

（5）五星讲全优，三大工程全面贯通。要拿到五星，TOPS体系的基础工程、管控过程和人机工程这三大工程必须能够融会贯通，各部门配合到位，三大工程各工具都能结合实际熟练运用掌握，前面各星级提到的各项指标均能在原标准基础上提高20%（除成本单耗指标），6H成果覆盖率达90%，定置可视化率达70%以上，OPS、OPL月覆盖率达50%以上，样板机台原值总额占比达40%以上，成本单耗同比四星再下降10%以上。

参考某些企业的做法，班组评价评分按照100分制进行，制造力（30分）+执行力（25分）+创造力（25分）+学习力（10分）+组织力（5分）+文化力（5分）=总分值（100分），其中：95分以上为五星级班组；90分以上为四星级班组；80分以上为三星级班组；70分以上为二星级班组；60分以上为一星级班组；60分以下为无星级班组。

有些企业结合自身的体系推进特点，可以动态地调整评价标准，由100分制变成200分制或者300分制。

总体原则是：评价过程和标准不可太繁琐复杂，以免加大评价难度和评价成本；评价要抓住企业关注的核心，有利于基层团队聚焦企业的痛点；评价既要关注结果 KPI，又要关注过程，而且权重要偏重于过程，通过过程的规范引导优秀的结果；另外，评价要用到杠杆力，要起到四两拨千斤的作用，要有效带动团队进步；最后评价要与激励挂钩，评价之后的激励不可或缺。

第十章 TOPS之过程和结果评价

第一节 TOPS的过程评价机制

TOPS的评价指标涉及设备状态、效率、成本等内容，就像箍在木桶上的不同板子。其评价也要有个系统性的思考，主要表现在以下方面。

一、评价体系指标的相互矛盾性

从指标分类可以看出，有的侧重于设备性能的维护和发挥，有的侧重于维修成本和生产损失的降低。设备管理一方面要设备完好，发挥最大效率；另一方面要维修成本最小化，生产损失最小化。如何在矛盾之中寻求平衡和最佳，既要鱼，又要熊掌，这是考核评估所要解决好的问题。

理想的设备管理一定会使生产损失降低，但可能使维修管理成本加大。例如，状态维修管理一定要辅之以状态监测和诊断的手段和技术，包括硬件、软件的配置，平摊入维修成本之中，会使维修成本加大。不同的设备条件，采用同一维修策略所造成的生产损失与维修成本却可能大不相同。如果以综合费用代表维修管理成本和生产损失之和，可以得到如图10-1所示的情形。

由图10-1可以看出，假设随着维修模式的进步，维修管理成本逐渐加大，在图10-1上表现为一条上升的粗曲线。设备生产损失费用因生产状况、

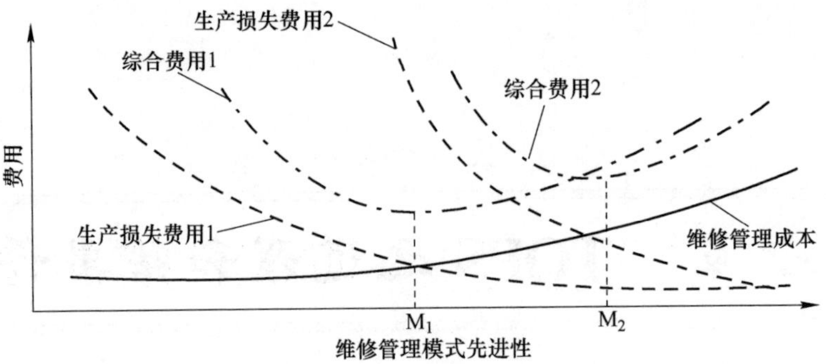

图 10-1　维修管理成本相同，不同生产损失和综合费用的比较

装置差异而不同，在图 10-1 上表现为两条下滑的虚线。将生产损失费用和维修管理成本叠加，得到两条下凹的点划线，分别代表综合费用 1 和综合费用 2。两条下凹曲线的最低点所对应的维修管理模式 M_1 和 M_2 应该是最佳的方式。这说明：

（1）采用的维修管理模式不一定要追求最先进。

（2）在同一维修模式下，不同设备体系的生产损失可能差异很大，评价的侧重点应有所不同，区别对待。

二、评价平衡策略

不同设备系统，对于维修投入要求也不同，评价应该在维修费用和维修模式之间做好平衡。

由图 10-2 可以看出，在同一维修成本的条件下，不同的设备系统会有不同的生产损失，得到的综合费用也各不相同，有的使维修成本突出［见图 10-2(b)］，有的却可以使维修成本显得微不足道［见图 10-2(a)］。

（1）停机生产损失明显时，应重设备效率功能评价，轻维修管理成本评价［见图 10-2(a)］。

（2）停机损失相对较小时，维修模式对生产损失影响不明显，则应重维修成本评价，轻设备效率功能评价，如图 10-2(b) 所示。

（3）两者相当时，综合评价，如图 10-2(c) 所示。

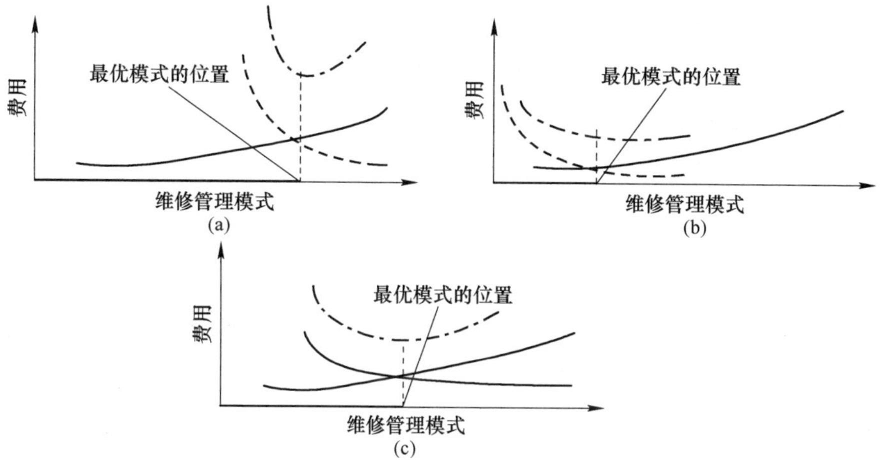

图 10-2　维修成本相同时，不同的生产损失导致综合费用不同

三、从木桶效应看设备管理指标评价体系

一个用一块块木板箍起来的木桶，其中一块板最长，水不能装到最高那块板；其中一块板最短，水却只能装到最低那块板；如果每块板均一边高，而板与板之间有缝隙，水也装不满；提升木桶的最低那块板，才能真正提高木桶装水水平。称之为系统论的长板效应、短板效应、疏板效应和寻短策略。

从木桶理论映射设备管理考核评估，可以得到以下结论：

（1）一个指标最优，并不代表总体最优，不必锦上添花。

（2）某个最差的指标可能是主导指标，会制约总体和各相关指标，要作为评价重点。

（3）指标之间应相互呼应，互相制约、配合、协调。

（4）不断寻找最差指标，作为重点评价对象，这个指标提升了，再寻找第二个。

四、评价的指针原则

作者认为，评价考核应有不同的指向：

（1）日常考核重现场、行为规范。

（2）长周期考核重关键经济指标（效率、成本）。

即使十分努力，经济指标和效果一般也不会在一两天取得明显成效，波动是经常出现的。只有长期坚持不懈的努力才会取得成效。我们应该将动机和效果、平时表现和长周期的绩效统一起来加以评价。

五、评价的层次原则

不同的管理层次，评价的侧重应有所不同。

（1）管理层应重资金、设备的利用率、组织管理效率和技术含量的评价。

（2）执行层应重故障损失、停机损失、废品损失、事故损失及行为规范表现评价。

六、评价的综合与全面原则

综合应该作为考核评价的最重要原则。综合表现为单一评价指标的全面性和多评价指标的综合性。

（一）单一评价指标的全面性

例如原来对设备完好率的评价为：

$$设备完好率=设备完好台数/总台数$$

改进为

$$W=\sum(J_i \cdot K_i \cdot N_i \cdot H_i)/\sum(J_i \cdot K_i)$$

式中 J_i——第 i 台设备净值；

K_i——第 i 台设备重要系数；

H_i——第 i 台设备技术项合格率；

N_i——第 i 台设备生产合格品率。

这样的设备完好率指标，可能统计计算比较繁琐，但可以避免原来评价指标的片面、粗糙，进而减少了评价结果的很大差异，增加了部门之间的可比性。

（二）多种指标的综合性

（1）TEEP 最全面、最彻底地评价了设备的利用情况。

TEEP＝设备利用率（计划开动时间/日历工作时间）×设备综合效率（OEE）＝设备利用率×时间开动率×性能开动率×合格品率

（2）软、硬指标的加权模糊综合评判（OEE、故障停机率、6S 活动、规范化作业加权综合)。

$$E=(A_1E_1+A_2E_2+A_3E_3+A_4E_4)/(A_1+A_2+A_3+A_4)$$

从不同角度评价了企业 TOPS 体系的进展情况，既考虑到日常工作表现，又照顾到长远的经济目标。

从上面的分析可以得到以下结论：

(1) 评估是管理 PDCA 循环不可缺少的环节，要引起企业的极大重视。

(2) 不同的设备系统应设计不同的评价体系。

(3) 评价的倾向性应反映不同时期、不同性质企业设备管理的侧重点，变权综合评价是常常使用的方法。

(4) 评价要和企业奖酬激励机制挂钩。

(5) 评价应该尽量做到系统、综合，单一、片面的评价（如评价维修工作量则会使设备状况更恶劣，一边产生更多的维修工单）往往会误导组织。

第二节 组织绩效标准 KPI 的设计

TOPS 体系管理指标既包含过程指标，也包含结果指标。短时间的评价注重过程，长周期的评价注重结果，给出以下绩效指标 KPI 的参考：

(1) 综合绩效类指标，包括总设备效率、单位产量维修费用、单位产量故障与维修费用、维修成本率、全年设备维修费用率、设备平均综合效率、设备平均完全有效生产率等。

(2) 策略与组织结构绩效指标，包括维修效率、总维修培训强度、维修专业培训强度、维修培训时间强度、预防维修费用水平、预防维修时间水平、外协维修强度、计划维修强度、事后纠正性维修率等。

(3) 资源消耗水平指标，包括单位产量备件消耗、单位产量维修人工费用消耗、单位产量综合能源消耗、单位产量水消耗，单位产量维修工时等。

(4) 维修维护水平指标，包括平均维修间隔期、平均故障间隔期、平均维修准备时间（MTBR）、平均维修时间（MTTR）、维修安全水平、维修质量水平、状态维修费用水平、设备平均役龄等。

(5) 维修策略与维护规范水平指标，包括设备点检维护规范水平、维修标准规范水平、维修策略水平、维修标准化率、维修策略强度、自主维护水平等。

为了强化某一专业方向的管理，我们还给出更专业化指标设计，例如常规备件管理指标可以包括：

(1) 备件库存（储备资金）金额。

(2) 备件资金占用率。

(3) 备件资金重置资产占用率。

(4) 千元产值备件消耗。

(5) 万元固定资产备件储备。

(6) 单位产量备件消耗。

(7) 备件资金周转期。

(8) 备件资金周转率。

(9) 月备件资金周转率。

再例如，为了规范检修管理，我们给出设备检修 KPI 评价指标见表 10-1。

表 10-1 设备检修 KPI 评价指标

序号	项目内容	基准	计算方法
1	开车一次成功率	100%	装置开车运行产出合格产品，未发生停车状况
2	安全零事件	100%零伤亡	不发生工伤死亡事故
3	质量一次合格率	>95%	(一次合格品量/生产总量)×100%
4	计划项目完成率	>95%	[1-（实际完成项目数-计划项目数)/计划项目数]×100%
5	增减项目变动率	<20%	[(增加项目数+减少项目数)/计划项目数]×100%
6	进度指标完成率	>100%	(计划检修时间/实际检修时间)×100%
7	概算费用控制率	<100%	(装置检修概算/批准的装置检修计划费用)×100%

第三节 TOPS 体系水平的综合检验

TOPS 体系评价一般采取六个维度，代表六个评价指标族群。

一、组织维

重点就是 TOPS 组织建设和配套的制度体系的运行。重点检查以下几个方面：

（1）主要领导、推进办和支柱小组、各车间联络员。考评时作为访谈的重点，与前述相关机构负责人进行面谈，要使企业主要领导理解 TOPS 精髓；各级推进办要掌握 TOPS 管理技能和推进步骤和相关进度数据；支柱小组要掌握本职专业工具及运用，能拿出相应数据并做出合理分析、解释，找出问题和对策。

（2）按 TOPS 月度积分考评细则要求，要有相应的计划及分解，留有各种计划及执行过程文件、总结考评文件的原始资料，计划与总结逻辑上滚动对应，与专家现场测评结果一致。

（3）有各级例会中 TOPS 议题记录或 TOPS 专题会议记录，要有日期和签名等有效文件。

二、规范维

前期重点考评 TOPS 推进体系建设过程的相关管理和制度文件及执行情况；后期将全面检查设备相关报表、台账，标准的累积和执行记录是否构成因果链。

三、执行维

执行维涉及基础工程和人机工程及其他专业工程的运行情况，这部分不仅要看推进情况，还要看自身的基础，但重点还是在推进过程中节点任务中提到的相关工具的执行运行情况。

四、信息维

信息维重点还是立足于现有条件和系统的信息化应用水平，在有限条件下的利用水平，还要看各类数据资料、知识信息和标准规范的转化能力，能够充分利用有限的信息化手段做出合理的管理行为，实现信息价值的最大化。

五、员工维

员工维主要考评有氧活动、班组建设等方面内容。

六、绩效维

绩效维主要考评以推进办为中心的 TOPS 推进组织在目标管理、计划分解以及指标分析、“PDC-A-NDC”双闭环、奖罚、员工积极性调动等方面，管控工程的相关内容是重点。

不论 TOPS 推进处于哪个阶段，都应由评价师将本标准认真解读并组织全员培训，并且在每个季度组织一次内部的自评自测，及时掌握本单位的管理水平提升状况。

第四节　TOPS 与《设备管理体系　要求》

2017 年 6 月 1 日，经过一年多的紧张筹备，中国设备管理协会新标准《设备管理体系　要求》在山东招远正式发布。标准号为 T/CAPE 10001—2017，其中 T 代表团体标准，CAPE 是标准发布单位中国设备管理协会的英文简写，10001 是标准代号，2017 是发布年份。

该标准规定的设备管理体系覆盖了设备的全寿命周期，是从设备的长期经济效益最大化出发，全面关注设备从规划、选型、设计、制造、购置、安装、验收、运行、维修、改造、更新直至报废的全过程。指导企业在设备全寿命周期的费用、绩效和风险三方面寻求综合效果最优。

招金矿业作为全国设备管理优秀单位，一直以来不断以标准化要求推动设备管理水平提升，更是积极参与中国设备管理协会主导的《设备管理体系　要求》标准编制工作，对标准编制工作给予了巨大支持，不仅第一次的专家论证会和标准的发布会均由招金矿业提供了很好的工作条件，公司翁占斌董事长、李秀臣总裁也多次参与会议，号召招金矿业要在设备管理标准化方面做出表率；公司董鑫副总裁、姜建军经理更是全程关注，为标准的专家论证会和发布会的筹备细节尽心尽力，如图 10-3 和图 10-4 所示。

图 10-3 在招金矿业进行《设备管理体系 要求》论证会

图 10-4 在招金矿业进行《设备管理体系 要求》发布会

一、标准的三大原则

标准的原则和总要求部分，更是明确给出了标准的三大原则，即闭环管理原则、全寿命周期价值管理原则和设备风险管理原则，如图 10-5 所示。从这里不难看出，三大管理原则是《设备管理体系 要求》标准的基石，其核心理念贯穿了标准全文。准确把握和理解三大管理原则的精神，对深入贯彻和应用标准有着非常重要的意义。

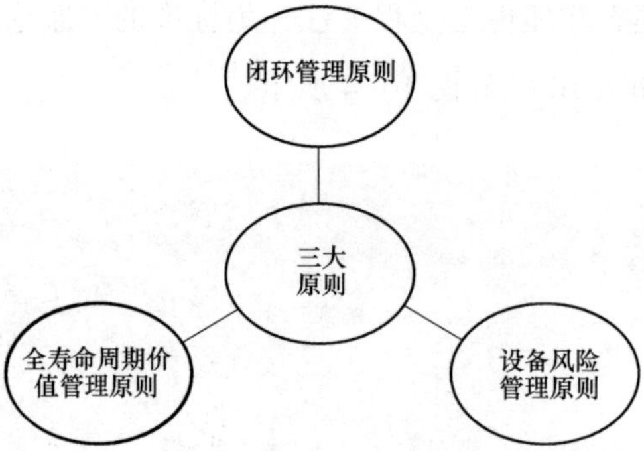

图 10-5 标准的三大原则

二、标准目录

《设备管理体系 要求》的目录分为三级，基本沿袭 ISO9000 质量管理体系的体系架构，便于企业标准融合，见表 10-2。

表 10-2 标准目录

一级条目（10 条）	二级条目（29 条）	三级条目（75 条）
1 范围		
2 术语和定义		
3 原则和总要求	3.1 原则	3.1.1 闭环管理原则
		3.1.2 全寿命周期价值管理原则
		3.1.3 设备风险管理原则
	3.2 总要求	
4 方针		
5 策划	5.1 目标	
	5.2 体系策划	
	5.3 机构和职责	5.3.1 机构建立
		5.3.2 高层管理者
		5.3.3 管理机制
	5.4 制度文件	5.4.1 编制原则
		5.4.2 范围
		5.4.3 设备管理手册
		5.4.4 技术规程
		5.4.5 文件和记录控制

续表 10-2

一级条目（10条）	二级条目（29条）	三级条目（75条）
6 支持	6.1 支持重点	
	6.2 知识管理和教育培训	6.2.1 知识管理
		6.2.2 教育培训
		6.2.3 单点课
	6.3 现场管理和改善活动	6.3.1 现场6S管理
		6.3.2 可视化和定置化管理
		6.3.3 清除六源活动
		6.3.4 全员改善活动
7 实施和运行		
8 检查和绩效评估	8.1 绩效监测	
	8.2 内部检查	
	8.3 管理评审	8.3.1 管理评审的组织部署
		8.3.2 管理评审的输入
		8.3.3 管理评审的输出
		8.3.4 第三方评价
9 持续改进	9.1 纠正和预防措施	
	9.2 持续改进	
	9.3 创新与新模式	
	9.4 激励	
参考文献		

其中最重要的是第7条实施和运行条款，不仅告诉我们做什么，更重要的是明确如何做，见表10-3。

表10-3 第7条实施和运行

7 实施和运行	7.1 设备前期管理	7.1.1 管理重点和核心理念
		7.1.2 设备规划和选型决策
		7.1.3 设备招标投标和购置合同管理
		7.1.4 设备的监造和监理
		7.1.5 设备的安装调试及验收
		7.1.6 设备运行初期管理

续表 10-3

7　实施和运行	7.2　设备基础管理	7.2.1　设备基础信息
		7.2.2　设备分级
		7.2.3　固定资产管理
		7.2.4　设备经济管理
	7.3　设备使用和维护	7.3.1　设备使用
		7.3.2　设备维护
	7.4　设备润滑管理	7.4.1　润滑管理规划
		7.4.2　管理机制和业务流程
		7.4.3　润滑作业指导书和润滑剂储存
		7.4.4　润滑实施和过程控制
		7.4.5　防污染与废弃处置
		7.4.6　润滑档案的规范化管理
	7.5　设备点检管理	7.5.1　管理机制
		7.5.2　点检标准和点检计划
		7.5.3　点检实施
		7.5.4　劣化倾向管理
		7.5.5　点检与维修的管理闭环
		7.5.6　点检总结与改进
	7.6　设备状态监测与状态维修	7.6.1　管理机制
		7.6.2　管理实施
	7.7　设备维修管理	7.7.1　维修模式和维修策略
		7.7.2　维修计划管理
		7.7.3　维修规程
		7.7.4　维修过程管理
		7.7.5　维修费用管理
		7.7.6　维修记录的分析反馈
	7.8　设备故障管理	7.8.1　故障等级分类
		7.8.2　故障统计与分析
		7.8.3　故障管理闭环
	7.9　设备备件管理	7.9.1　管理机制
		7.9.2　备件计划管理
		7.9.3　备件采购管理和库存管理
		7.9.4　备件经济管理和消耗控制

续表 10-3

7 实施和运行	7.10 设备更新与改造	7.10.1 新技术应用和技术改造
		7.10.2 设备节能降耗
		7.10.3 再制造
		7.10.4 设备变更管理
		7.10.5 特种设备及专用设备管理
	7.11 设备管理信息化	7.11.1 整体规划和系统建设
		7.11.2 基础条件
		7.11.3 功能范围
		7.11.4 实施部署
		7.11.5 效果评价
	7.12 智能制造与智能维护	
	7.13 设备服务社会化	7.13.1 管理策划
		7.13.2 准入机制和分级管理
		7.13.3 过程评价
		7.13.4 专家库管理

三、设备管理体系闭环

从《设备管理体系 要求》的目录可以看出，它同样沿袭国际标准体系的方针目标、体系策划、实施运行、检查和绩效评估、持续改进的 PDCA 闭环模式，其总逻辑结构如图 10-6 所示。

四、标准的实施步骤

企业一般依照如图 10-7 所示的步骤开展标准的实施工作，招金矿业作为第一批标准示范建设单位，也将按照该步骤推动设备管理标准体系的落地。

五、TOPS 体系与《设备管理体系 要求》

TOPS 体系聚焦“人机系统”，无疑是对《设备管理体系 要求》很好的支撑。招金矿业各级领导从始至终关注、参与和支持着这一体系标准的制订，招金也是这一体系标准的评审地和发布地，对这一里程碑式的《设备管理体系 要求》做出了贡献。而且成为中国第一批贯彻标准的试点企业。

招金矿业将通过 TOPS 体系的推进，让《设备管理体系 要求》在企业落地，争取成为贯彻中国设备管理标准的标杆企业。

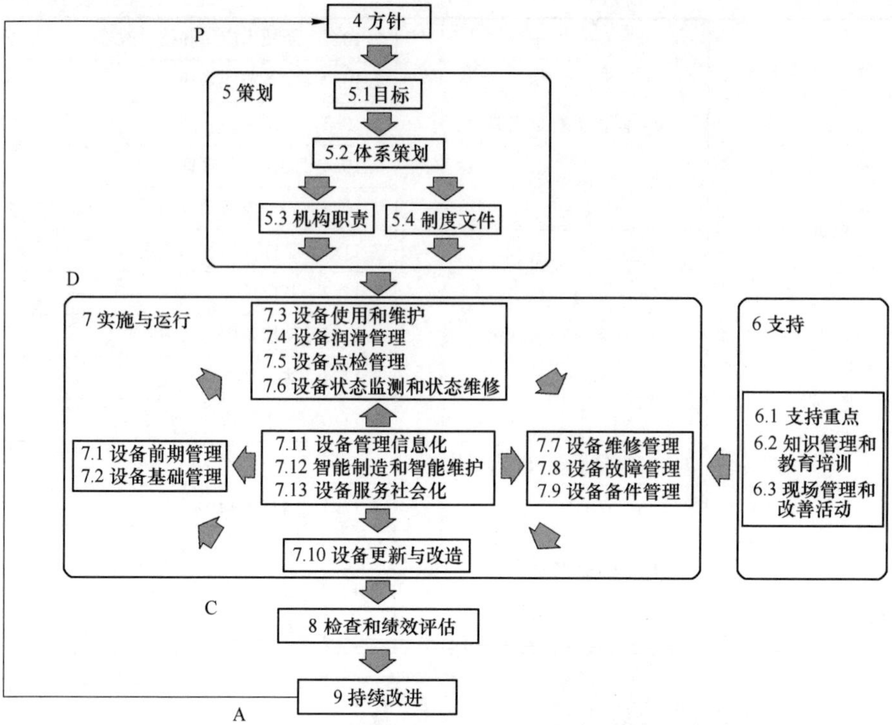

图 10-6　标准总逻辑结构

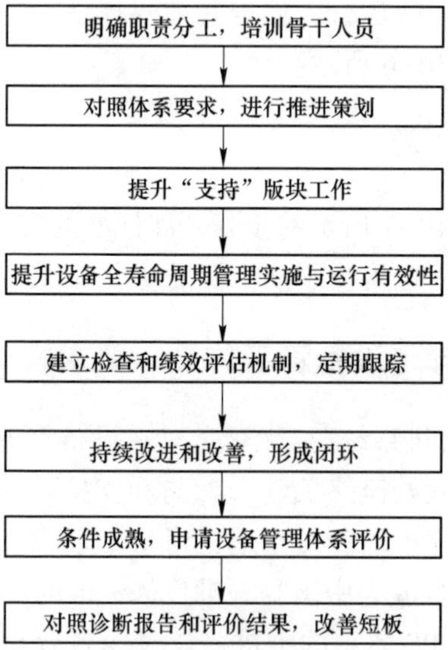

图 10-7　实施工作的步骤

实践创新篇

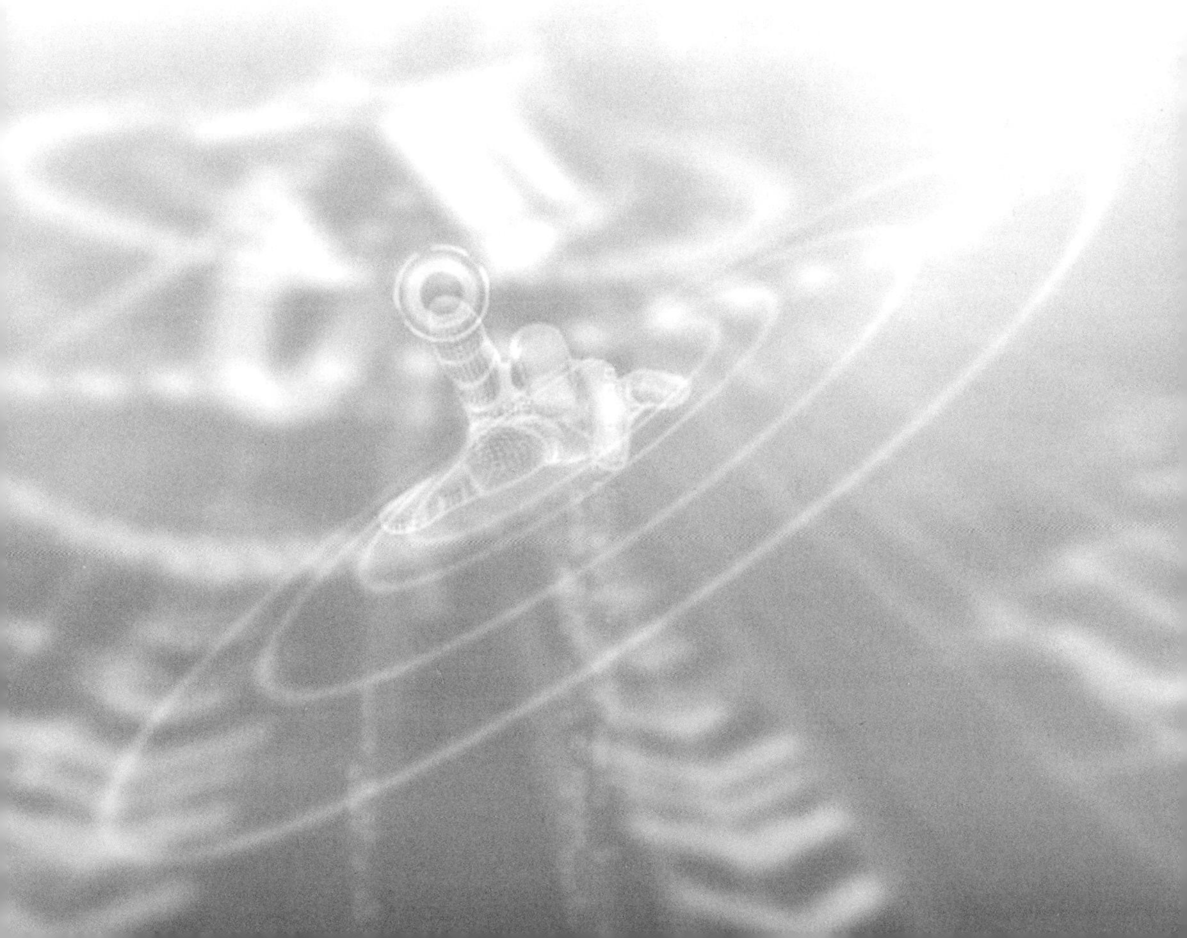

第十一章 实践创新驱动

创新驱动促发展，强机固体助提升，近年来，招金矿业量身打造人—机和谐的生产保障体系，推行和建立全优生产保障体系（简称 TOPS），推动企业设备管理标准化、流程化、精细化、规范化的深入发展。

第一节 TOPS 体系启动

2015 年初，在山东省设备管理协会（以下简称“山东设协”）帮助下，招金矿业在国内第一个引入 TOPS 体系，全面启动了招金矿业的创新驱动发展战略。为了进一步提升公司生产保障管理水平，实现人—机精细化管理，打造具有招金特色的矿山标杆企业，招金矿业把实施管理创新作为 2015 年总体规划的重要内容，全面导入 TOPS 体系，提高设备综合效率，降低生产成本。

（1）召开启动会议。2015 年 4 月 29 日，在招金矿业总部会议室，召开了招金矿业推行全优生产保障（TOPS）管理体系项目启动大会，如图 11-1 所示。招金矿业总裁、分管副总裁、主管部室经理及相关分子公司主要负责人、山东设协、广州学府设备管理工程顾问有限公司（以下简称“广州学府”）相关领导出席了启动会议。启动会上，确定了金翅岭金矿、夏甸金矿、大尹格庄金矿三个推行试点单位，签署了推行协议书。

（2）逐步扩大试点单位范围。在金翅岭金矿、夏甸金矿、大尹格庄金矿三

图 11-1　招金矿业推行全优生产保障（TOPS）管理体系项目启动大会相关领导合影

个试点单位的基础上，将甘肃早子沟金矿、甘肃招冶和新疆铜辉矿业纳入推行试点单位行列。随着试点单位推行效果的不断显现，2016 年开始，招金矿业在全公司 21 个单位全面推行 TOPS 体系，2017 年继续在全公司深化推行 TOPS 体系，试点单位发挥了很好的榜样作用。

（3）阶段整体提升。随着 2015 年 4 月 TOPS 体系启动会后，试点单位先行，开始了 TOPS 体系的导入和推行，现场管理有了极大的提升，通过试点单位的引领示范，非试点单位也都积极性高涨。2016 年开始，招金矿业在全公司全面推行 TOPS 体系，并于 2017 年继续在全公司深化推行 TOPS 体系。试点单位按中期推行规划分三期工程进行，非试点单位根据各单位实情推行基础和专业工程。通过现在推行情况来看，试点单位与非试点单位效果明显，改善和规范了现场管理，建立了设备管理制度、流程、标准，促进了各项标准化体系管理水平的提升，提高了保障企业的生产运营能力，达到了预期效果。

第二节　TOPS 体系平台搭建

招金矿业是集黄金采矿、选矿、冶炼以及有色金属矿物提炼等为一体的大型黄金矿山企业，所属生产单位点多、线长、面广，分布在国内的西北、西南、华北、东北和鲁北等地区。招金矿业根据所属单位分布以及管理实际，采取以点带面、以近及远、以内至外、以上至下的形式，进行 TOPS 体系平台搭建。用“裂变+递进”模式全面推进现代化管理体系，在不足三年时间就成功在其下属二十余家分子公司数千公里战线上全面推进 TOPS 体系，员工素质和能力得到极大提高。

一、TOPS 体系推进信息督导平台搭建

招金矿业所属企业分布在国内各地，远隔千山万水。为了使各企业间 TOPS 推行信息能及时相互学习、沟通、交流，在 TOPS 推行过程中，招金矿业逐步搭建起“招金矿业—试点单位—非试点单位—山东设协—广州学府”推进 TOPS 信息发布、学习、沟通、交流、督导平台。通过这个平台的搭建，促进了山东、新疆、甘肃、内蒙古、山西、河北、辽宁等地企业 TOPS 信息的互联互通，实现埠外企业与埠内企业共同成长。同时，运用这个平台，按照招金矿业推行 TOPS 计划，实现了对相距数千公里的二十余家分子公司推进 TOPS 体系全面的督导，达到了信息共享共用，共同改善提升。

二、虚实结合，构建 TOPS 体系推进实效平台

信息化工具的开发应用是企业管理和生产保障管理的效率倍增器、质量稳定器，也是服务于管理者的管理意志、实现科学管理最有效的方法。招金矿业借助信息化工具为己服务，采用公共软件使用与自我信息工具开发利用相结合的方式，构建 TOPS 推进实效平台。建设中，贯彻重视现代信息化管理手段、不完全依赖现代管理软件的构建思想，虚实结合，充分考虑现实条件与信息化手段的费效比等因素，重点放在以最优的综合成本实现管理者意志，促进 TOPS 体系全面生根落地。目前，在充分利用微信、钉钉等公共平台资源的基础上，与山东设协合作开发了 TOPS 体系推进综合调度及日常考评平台，充分利用线下专家资源实现远程辅导、调度、评估和督导，与专家的现场辅导互为补充，从虚实两方面共同促进整个招金矿业 TOPS 体系的全面推进。

第三节 试点单位示范引领

招金矿业 TOPS 体系自 2015 年 4 月 29 日项目启动后，根据公司推行 TOPS 体系中期发展规划，先期以埠内金翅岭金矿、夏甸金矿、大尹格庄金矿，埠外甘肃早子沟金矿、新疆铜辉矿业和甘肃招冶 6 个单位为试点，埠内外其余 15 个单位运用星级评价考评推行 TOPS 体系。通过全面推行 TOPS 体系，公司内提素质、外塑形象，成为行业精益设备管理示范单位。公司推进 TOPS 体系成效显著，主要得益于试点单位起到了很好的榜样示范和引领带动作用。

一、试点单位之一：金翅岭金矿小看板大作为，窗口展示效果好

管理看板是传递企业管理信息、展示管理成果的一个窗口，具有管理及监督的双重职能，也是增进企业管理与职工民主监督的沟通平台。金翅岭金矿在 TOPS 体系推进期间，充分利用管理看板的可视性、透明性的特点，提升了企业内部管理水平和管理形象，发挥了“小看板大作为”的作用。

在管理看板的实践应用中，金翅岭金矿结合 TOPS 体系推进过程中每个时期、各项工作的特点，融入车间管理特色，打造了集培训、管理、监督、考核、计划、亮点展示等多功能于一体的管理看板新模式。通过挖掘看板潜力，提高 TOPS 推进质量。

（一）借力文化看板，增添企业文化新特色

一直以来，金翅岭金矿始终关注企业文化建设，注重通过文化引领凝聚企业向心力。自推行 TOPS 体系以来，管理看板在推广企业文化理念过程中发挥了重要作用，车间班组的优秀管理经验、企业文化理念、先进人物事迹、安全生产、科技创新等各项工作，借助管理看板这一有效载体（见图 11-2），让广大员工感受到了企业文化魅力，达到了凝聚人心、干事创业的共建氛围。与此同时，在文化看板的宣传、展示过程中，也促进了企业管理工作的再提升，对完善企业内部措施管控、推动管理创新等工作起到了积极作用。金翅岭金矿仓

储中心推出的对仓储物资的颜色分块化管理，成为全矿的一个创新亮点，在全矿内部迅速掀起了一次管理创新工作的小高潮，企业内部相继涌现出车队的“安全全家福”、选厂车间的压力表“三色警示提醒标识”、实验中心的实验样品的“责任目标管理标签”等特色办法，通过车间创新文化的“比学赶超”，丰富企业文化建设大舞台，有效地促进了班组文化建设。

图 11-2　金翅岭金矿的管理看板

（二）借助培训看板，对员工业务学习一点通

金翅岭金矿由于冶炼加工工艺复杂，对职工专业技能要求高。随着 TOPS 体系推进工作的不断深入，在专家的指导下，金翅岭金矿向职工业务培训发起挑战，针对一些复杂工艺和常规工艺专门制作了“业务一点通”培训看板（见图 11-3），给员工的业务学习提供了一个小平台，尤其是对新员工上岗及转岗员工的再学习提供了一个很好的学习方法，对于员工掌握基本的操作要领以及一些关键点的处理方法提供了很好的学习途径。

（三）丰富班组看板，提升班组工作战斗力

金翅岭金矿现有班组 55 个，分布在全矿各个生产岗位。为了提高班组的战斗力，金翅岭金矿在全矿开展了“六力”班组建设，通过看板比特色，通过看板看实效，在全矿形成了班组建设工作“百家争鸣”的新特色，如

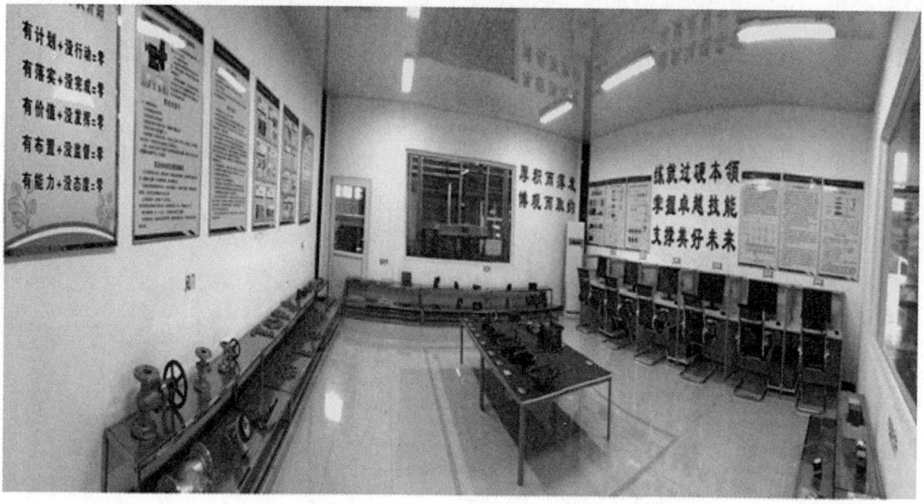

图 11-3　金翅岭金矿培训看板

图 11-4 所示。实验中心的鹰雁班组，对试验数据精益求精，为生产提供精确数据，在 2016 年获得中国设备管理大会卓越班组奖；选矿车间的旭日班组对“脏、难、险、累”工作迎难而上不退缩，获得“最强战斗力”班组美誉。

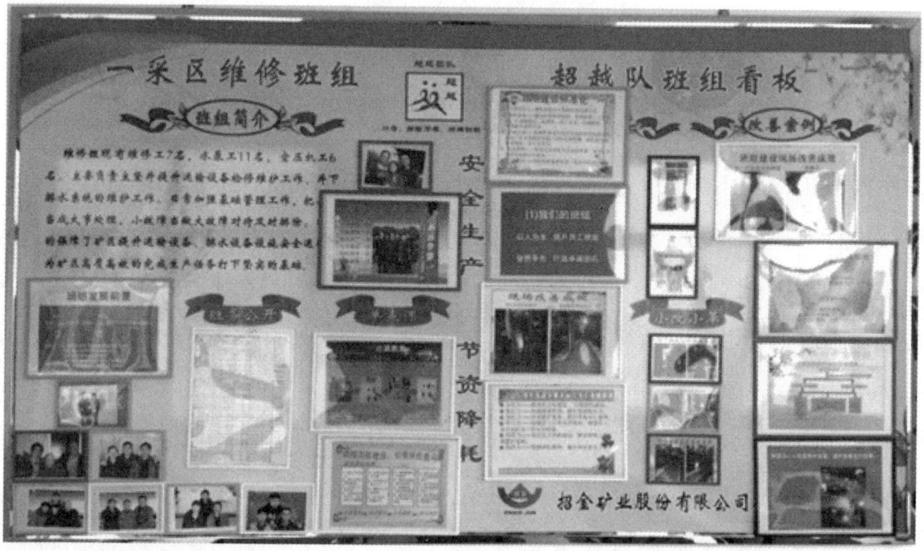

图 11-4　金翅岭金矿班组看板

二、试点单位之二：大尹格庄金矿推进 TOPS 体系，打造标准的采掘设备检维修流程

大尹格庄金矿自 1996 年引进无轨设备以来，迅速地促进了生产的发展，年出矿量由过去的 20 万吨/年发展到目前的 120 万吨/年，机械化开采率达 100%，实现了从凿岩、支护、铲运、运输的全部机械化开采，采掘设备种类、数量多。

2016 年，TOPS 体系推行自主维护和检维修体系模块，在辅导老师指导下，将无轨设备大修班升级，增加员工技能培训室，并对大修的典型设备形成大修手册作为标准，形成规范。升级后的大修室主要分为两个区域，即大修室和技能培训室，如图 11-5 所示。在整个大修室和技能培训室改造过程中，机电车间先后进行现场 6S 改善 90 多项，现场可视化、定置化工作 30 多项。整个大修室划分为分解区、清洗区、装配区、验收区四个主要的功能区域；技能培训室包括主要零部件展示台、大修进度图表、大修工作管理看板、铲运机模拟机、实操区。

图 11-5　大尹格庄金矿大修技能室

大修程序建立了设备分解、打磨、喷漆、组装、调试、操作标准规范并且严格执行，已经修复多台设备，每台设备更换的备件清单及大修费用记录清晰，数据完整；建立设备维修台账、自主加工及修旧利废台账，记录每台设备每天的工作进度情况、更换备件情况以及修旧利废自主加工情况，严格控制维修成本。

自成立无轨设备维修班以来大尹格庄金矿一直维修的均为国产铲运机，在2016年的维修作业中突破了只能维修国产设备的“瓶颈”，尝试维修了第一台进口铲运机——ST-3.5阿特拉斯铲运机，试车非常成功。在这台车维修过程中面临最大的困难是进口设备说明书均为英文版，通过车间维修人员对设备说明书中的内容一点一点翻译，同时结合与设备厂商沟通协调，解决了这一难题。另外，通过制订详细的维修计划，规范作业流程，同时以修复的ST-3.5铲运机为样板机台，编写了招金矿业第一本铲运机大修手册。大修手册包括设备维修计划、设备分解、备件检测、清洗、处理、装配、调试等千余张图片。此大修手册能更直观地体现整个设备的修复过程，包括各种故障案例及预防措施、维修新工具开发，使大家能非常直观地学会看懂。

随着TOPS体系持续深入的推进，目前正在建设电气自动化设施技能培训室，实现机械、电气自动化两个方面的共同提升。大尹格庄金矿将继续秉承着“以质量求发展、向质量要效益”的大修理念，做好无轨设备的大修工作，给企业带来经济效益的同时，也为企业培养后备技术人才，为企业的持续稳定发展做出应有的贡献。

三、试点单位之三：夏甸金矿有氧活动促发展，知识分享成积淀

有氧活动包含OPS（一点建议）和OPL（一点课）两部分。OPS的主要作用是引导和鼓励员工积极主动地提出并实施有利于改善公司经营活动的建议、发明创造等；OPL能够将员工的隐性工作经验与技巧，透过培训的方式成为显性知识，与工友一起分享，相互启发，相互学习，将知识转化为行动，让行动产生价值，以更好地服务于企业，建立企业知识分享文化。

有氧活动是TOPS体系推进非常重要的工具，贯穿于整个体系推进工作。

夏甸金矿在有氧活动推进过程中与日常工作紧密结合，OPS 并入企业小改小革活动，OPL 纳入企业人才培训体系，既是对相关职能部门工作的完善，又没有额外增加工作量。

夏甸金矿在有氧活动开展过程中，充分发挥了广大员工的聪明才智，从生产、设备、安全各个角度展示了有氧活动的魅力。自 TOPS 体系推进以来，共收集 OPS 改善 300 多条，编制 OPL 课件 200 余件。一方面在广大员工中形成了良好的氛围，另一方面通过活动的开展将很多的隐性知识、工作经验、小技巧形成了分享机制，大家共同进步。最为重要的是很多小革新、小建议的实施为企业创造了安全、成本、管理方面的大效益。

OPS 方面，夏甸金矿把一点建议汇编成册，手册包含不同工段、不同设备的改善做法和经验，将优秀的经验和做法积累，便于知识的传递和继承。

OPL 方面，夏甸金矿把一点课汇总编辑成手册，手册包含企业不同岗位和领域，定期由编者对相关人员开展培训（见图 11-6），提升企业员工的各方面能力。手册也作为新员工培训课件，新员工通过学习手册内容，可以大大缩短成长时间，为夏甸金矿人才培养奠定基础，形成夏甸金矿独有的知识文化沉淀。

图 11-6　夏甸金矿员工进行 OPL（一点课）分享

夏甸金矿有氧活动的案例不胜枚举，对于企业安全和生产方面的改善意义尤为重大，随着推进的持续，这些来自于员工的创意将会越来越多，对企业发展是一笔巨大的财富。

四、试点单位之四：早子沟金矿内练苦功，外抓效益，双管齐下创佳绩

早子沟金矿积极寻找工作突破点，提出以“内练苦功，外抓效益”的管理新理念，结合 TOPS 体系推行工作，认真组织班组建设活动，提升车间作业软实力。早子沟金矿在班组建设方面集思广益，认真听取职工意见并结合自身现状特点，推行了以“规范班组文化，加强职工培训，落实基础管理”的班组建设工作方针，并提出“专注班组六力提升，努力打造卓越班组”的口号。现如今，车间整体面貌焕然一新，班组的凝聚力和向心力显著提升，主要采取以下措施：

（1）规范的班组文化是班组建设的先行者。由于地域因素，车间藏族职工比例达 80%，文化水平普遍较低，这导致员工班组意识非常淡漠。为了提高员工对班组文化建设的重视程度，真正地让每一位班组成员参与到班组建设中去，早子沟金矿鼓励班组成员自主设计口号、班歌等班组文化内容，同时将班前、班后会的具体流程规定下来。如此一来，班组例会秩序井然，员工精神饱满，班组整体形象发生翻天覆地的变化。班组文化建设以班组例会改革为起点，随后引入光荣榜、工作星级展示板、班后文化活动等内容，建设工作逐步走向正规。而班组文化内容的规范化催生了员工的集体思维，加深了员工的班组意识，为进一步的班组建设铺平了道路。

（2）有效的职工培训是班组建设的催化剂。职工的工作热情被调动起来后，早子沟金矿趁热打铁，及时将各类职工培训引入到班组建设的进程中来。每周二、周四、周六晚七点至八点为车间职工培训时间，不在岗员工可自由参加。培训内容包括岗位技能培训、安全健康培训、TOPS 知识培训、班组文化建设培训等。受此影响，班组不定期自发组织工作探讨会，就工作中遇到的问题与维修人员、技术人员及岗位能手及时进行交流。员工既当学生又当老师，真

正地将职工培训与现场生产结合起来。职工培训就是为了明确“干什么、怎么干、为什么这么干”的问题，让员工清楚“怎样做是对，做成啥样算好”的标准。各岗位职工工作有了目标，做事有了准则，清楚自己的职责，就会逐步形成“发现问题、分析问题、解决问题”的思维意识，走上“自主管理，自我约束”的道路。

（3）扎实的基础管理是班组建设的点睛笔。班组的发展由员工来推进，员工的进步从班组中体现。车间在班组建设过程中因地制宜，在班组成立“六大员”，即组长、安全员、卫生员、设备员、TOPS 推进员、资料管理员，如图 11-7 所示。其中组长由副班长兼任，其余五大员则由班组成员担任，并且定期进行人员变动。

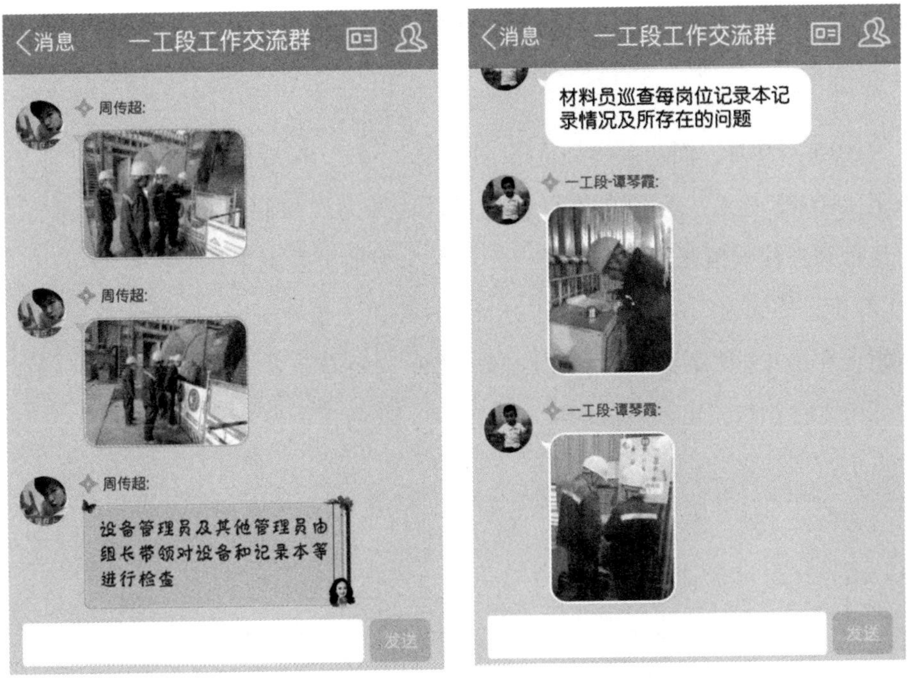

图 11-7　六大员积极履行个人职责

组长负责协助班组长做好日常生产管理工作，协助其余五大员工作，每月和班组长对班组成员及六大员工作进行考核；安全员负责保养车间配备的消防施舍和器材，负责班组实习生的安全教育，对车间可能出现的安全隐患及时正确的进行处理；卫生员负责对各岗位卫生进行监督，并对各岗位交接班严格监督；设备员负责督促本班成员遵守设备操作规程，做好设备保养工作，每周检查班组设备保养情况，每月更新班组设备故障率看板内容；TOPS推进员定期组织班组活动，强化班组成员TOPS知识，积极开展创建“红旗班组”、争当“岗位能手”活动；资料管理员负责对班组会议进行记录、整理和存档工作，对岗位各项记录本进行检查、整理，并协助班组长做好物资消耗管理及预算计划。

六大员的设立不仅仅是将班长部分权力的简单下放，更是为了发挥班组成员的细胞作用，提升班组的基础管理，真正做到班组工作开展与员工个人行为的有机统一。没有班组建设的有序推进，基础管理工作就不会取得如此亮眼的成绩；同理，正是因为基础管理模式的转变，班组建设才又上了一个新台阶。

五、试点单位之五：铜辉矿业团队高效，创造TOPS推进的“高铁速度”

2015年9月，面对矿产品价格的断崖式下跌，铜辉矿业根据招金矿业的要求引入TOPS体系。公司自推行之初就以目标为导向制定了详细的推进方案，总经理亲自挂帅担任推进委主任，分管副总为推进委副主任兼推进办主任，以TOPS推进委为组织决策层、推进办及支柱小组为指导层、车间为实践层的推行组织；在TOPS体系推行中，重点打造跨专业的专业骨干团队推进，分别成立了九个支柱小组，由与自己职能相关的九个部门作为模块支柱部门，每个部门重点负责一个支柱小组。

为保证TOPS体系高效推进，铜辉矿业将TOPS体系推进纳入经济责任制考核，考核权重占责任制百分考核的30%，突出“考核管理人员，奖励基层员工”的思路，落实推进委考核推进办，推进办考核支柱小组，支柱小组考核车间、部室的层层考核机制；重点发挥支柱小组的模块推进机制，在支柱小组层面根据各车间的工作性质制定了合理的TOPS体系考核机制。

铜辉矿业始终把6S作为一项长期活动来抓，由6S办公现场管理小组和6S设备现场管理小组两个支柱小组负责，规定部室每天必须进行一项6S改善，车间每天必须进行三项6S改善，同时推进办、6S支柱小组加大对办公区、宿舍、作业现场的检查力度，每周、每月形成TOPS推进周报、TOPS推进月报对各单位的推进情况进行通报；保证了工作环境的舒适，提高了工作效率，通过认真区分工作场所要与不要的物品，将不需要的物品处理掉，让生产现场和工作场所透明化，增大作业空间，减少碰撞事故，提高工作效率。

注重考核，部室6S考核在TOPS整体考核中占50%以上，车间在35%以上。要保证在6S管理中，实现提高员工技术素质、改进员工精神面貌、改善企业工作环境，6S管理各项工作有效开展，要靠组织管理、规章制度以及持续有效的检查、评估考核来保证，并将开展6S前后产生的效益对比统计出来，制定各阶段更高的目标。要让企业经营者和职工看到变化和效益，真正调动干部职工的积极性，变“要我开展‘6S管理’”为“我要开展‘6S管理’”。

经过近三年的推进，铜辉矿业共计制订办公现场及设备现场6S标准126条，做到处处有标准，收集6S改善案例268条，形成6S改善精品案例120个；制订可视定置化标准146条，做到事事有人管，处处有标准，件件能落实，打造具有铜辉特色的管理模式。

六、试点单位之六：甘肃招冶全员参与，众志成城，车间班组竞赛结硕果

为进一步巩固提高TOPS推进和激发公司职工的推进热情，充分调动部室和车间创先争优、比学赶超的积极性、主动性和创造性，促进TOPS各项工作创一流、上台阶、上水平，进一步在甘肃招冶培育职工“干就干一流、争就争第一、扛就扛红旗、创就创标兵”的浓厚氛围，做到有红旗就扛，有困难就上，甘肃招冶开展推行TOPS“优胜车间、优胜班组”对抗竞赛。

通过开展“扛红旗、争标兵”对抗竞赛，最大限度地调动全体职工的积极性，激励干部职工在TOPS推进中奋发向上，比贡献、比智慧、争先进、争第一，比学赶帮超，努力提高车间、班组的管理水平，竞赛主要包括车间月份TOPS现场管理推进情况和维修班组的综合能力，不仅要看车间、班组的“面子”情况，也要比拼车间、班组“里子”状况。

（1）成立竞赛组织管理机构，确保活动顺利开展。组建了由总经理担任领

导小组组长的对抗竞赛领导小组，下设竞赛考评小组和竞赛推进小组，做到“组织领导、活动内容、活动主题、方法步骤、分类指导”五个明确，在此基础上，竞赛小组审定竞赛实施方案，确定竞赛组织管理责任，做好考评标准制定，明确竞赛实施目标等，为竞赛组织实施提供了组织保障。

（2）明确责任，规范制度，制订标准，公平竞争。在此基础上，竞赛工作小组明确责任，制订标准，规范管理。根据现场环境的相似性及竞赛管理目标、内容、标准，认真制订了生产车间、辅助车间、维修班组的竞赛评分标准。重点对车间、班组的降本增效、安全环保、小改小革与 TOPS 现场管理竞赛相结合，与安全管理、生产管理、设备管理、质量标准相融合。车间考评（分为 19 大指标，计 100 分）评分标准，即地面可视化标识、工器具定置、设备零部件、工作角、看板指标、厂房内空间、现场区、工艺文件和上报资料、设备、库房、班组建设、水电、气等各种线管、人员素养等。维修班组考评（分为 10 大指标，计 100 分）评分标准，即设备月度故障率、产量达标率、维修费用、专业知识和技术能力、设备效率、设备日常巡检、维修室内、工具箱、对操作人员使用和保养设备建议或指导、设备合理化建议，每项指标又细划分为若干项，并一一赋予评分标准数值。竞赛责任明确、有标可循、各负其责，通过对抗竞赛，进一步提升管理水平，创造效益，增加技能，培育职工的创新意识、团队精神、荣誉感和归属感。

（3）竞争结硕果，竞技提素质。竞赛开展以来，车间与车间、班组与班组立即投入到竞赛热潮中去。车间之间进行激烈的竞争，竞争内容从点到面。班组之间竞技，在强化现场管理的基础上，大力开展岗位培训，加强维修班技术练兵，技术指标实现、竞技宣传等。竞争结硕果，竞技提素质。竞赛中，发现和处理大小缺陷、安全隐患 89 项，小改小革 251 项，TOPS 微信群分享改善照片 8975 张。目前，竞赛评选出 5 个优胜车间、3 个优胜维修班组。

竞赛焕发了甘肃招冶人推行创新管理的极大热情和无限动力。在以后的工作中，不仅要以 TOPS 推进为基础，更要大力倡导降本增效为契机、安全生产为导向的长效机制，在推进工作中继续勇于探索，比贡献、争先进，为把甘肃招冶建设成为绿色、环保、安全、科技的现代化冶炼企业目标而奋斗。

要真正将TOPS体系深植于招金矿业，促进招金矿业大发展、快发展，创新驱动、强基固本是努力方向；选点示范，扬点立先，试点单位引领辐射至关重要。招金矿业通过试点单位的推进，成效显著。TOPS体系在招金矿业的推行，促进了企业综合管理水平的极大提升，标杆企业的引领示范作用显著，TOPS体系已经在招金矿业范围内生根、开花并结出丰硕成果。但TOPS体系只有起点，没有终点，永远在路上。

第十二章　TOPS 实践百花齐放

第一节　金翅岭精金百炼展翅高飞

“好风凭借力，送我上青云”是金翅岭金矿 TOPS 工作推进成果的真实体现。招金矿业 2015 年 4 月启动全优生产保障（TOPS）体系建设以来，金翅岭金矿大胆实践，勇于创新，走出了一条自我改变、自我突破、创新发展的新路子。以“制度建设助力、宣传教育助推、以点带面助进、持续创新助变”的“四大亮点”，使 TOPS 体系建设在金翅岭金矿硕果累累，实现了企业内部管理和生产组织优化工作的跨越升级。图 12-1 为金翅岭金矿厂区。

图 12-1　金翅岭金矿厂区

一、建设篇

（一）以制度建设为抓手，强化过程监督考核

为保证 TOPS 体系推进工作顺利进行，在起步阶段，金翅岭金矿结合企业实际，制订了详细的 TOPS 推进实施计划，明确创建工作目标，形成了领导挂帅、分层管理、部门联动、全员参与的全矿“一盘棋”的推进格局。成立了由矿长任组长的 TOPS 推进委员会，由分管副矿长亲自带队，严抓督导落实，推进委员会下设 TOPS 推进办公室，抽调相关科室负责人担任成员，并根据职责范围划分出专项督导组，加大工作力度。同时，在各科室车间成立推进小组，设立联络员；各推进办成员按专业分工，成立了 10 个专业支柱小组，并包干车间区分管理，形成上下联动机制，保证推进工作的有序进行。目前，金翅岭金矿共设立 TOPS 推进小组 27 个，从矿部，到车间，到班组，到岗位，做到人人都有一块责任区域，建立了比较完备的推进管理网络，使推进工作实现了全覆盖、无盲区。

为了激励职工的工作热情，金翅岭金矿制定了相关的激励政策，将各单位的工作情况与工资直接挂钩，对超前完成计划或者完成效果好的单位给予奖金奖励，对工作拖拉、不能按时完成推进工作的给予同等处罚，通过经济杠杆撬动工作活力。同时对推进效果好、创新亮点多的单位或职工评选出优秀车间和推进明星，给予奖励，不断激发职工的参与热情。

（二）加强宣传教育，营造全员共建氛围

为了使 TOPS 体系推进工作深入人心，内化于行，金翅岭金矿层层组织召开专题会议，并聘请专家授课，让职工进一步了解掌握先进的管理理念，从而转变自身观念。在 TOPS 推进工作期间，全矿共开展班组长以上管理人员培训学习 25 场次（见图 12-2），参与人数达 3000 多人次，车间级培训达 50 多次。同时，矿部加大宣传组织力度，利用企业网站、LED 电子屏、公开栏、管理看板等宣传平台，加强舆论造势，进行知识培训、意识引导，不断强化职工对 TOPS 的理解和认知。对每一阶段的进展情况，及时宣传报道，使职工在创建过程中逐步改变陈规陋习，主动发现和弥补不足，形成了人人创优、人人争先的共建氛围。

图 12-2　TOPS 体系培训学习

在组织沟通方面，金翅岭金矿充分借助网络优势，在企业内部建立了微信群（见图 12-3）、钉钉群，把各单位负责人、联系员、推进骨干以及指导专家、公司职能科室领导全部纳入群内。推进办将各阶段的创建要求、工作亮点、指导意见及时通过平台发布，对表现突出的优秀员工、创新成果及时发红包给予奖励。各生产车间、科室以及班组都建立了 TOPS 微信群，通过平台助力，对金翅岭金矿 TOPS 体系的推动工作起到了很好的凝聚共识、宣传指导作用。

（三）以点带面突破，通过树立标杆加快推进

为迅速打开 TOPS 推进局面，在工作初期，金翅岭金矿根据专家指导意见，同时不断学习兄弟单位的先进做法，因地制宜、层层改进、点面试行，并多次组织推进工作组深入现场与员工交流互动，凝聚智慧，对 TOPS 的理论精髓一点点理解消化，不断增强推进工作的主动性。在前期的推进过程中，金翅岭金矿的创新成果得到了公司领导的认可，并吸引了多家兄弟单位到矿参观学习，召开现场交流会（见图 12-4），由此，也为招金矿业全面启动 TOPS 工作开启了一个良好开端，树立了体系建设典范。

图 12-3 生产车间 TOPS 微信群

图 12-4 招金矿业组织其他兄弟单位到金翅岭金矿现场交流

在推进工作中，金翅岭金矿率先推行了6S管理办法，从“整理”开始，范围覆盖全矿各个岗位。通过6S的全面开展，一个干净有序、职责明确、文明整洁的生产工作环境呈现在职工眼前。在6S的带动下，增强了员工的主动参与性，教会了员工在整理中学会判断，在整顿中学会节约，在清扫中学会标准，在规范中学会定置，在素养中形成习惯，在操作中学会安全。从而实现了“现场管理规范化、物资摆放定置化、设备管理标准化、安全管理常态化”的良好局面，提高了企业内部管理水平。

为了突出推进效果，金翅岭金矿坚持“先树典型、突出重点”的原则，前期确定了几个生产单位作为推进重点单位，并分别在选矿二车间、氰化三车间、实验中心、仓库、车队等五个单位进行试点创建，其他单位同期跟进。实践证明，以点带面的做法对全面推广起到了关键性作用。不仅减少了后期的盲目投入，而且也给其他部门提供了借鉴经验。比如，仓库管理提出“规划、规整、规范”三步计划及完成最终目标，特别是将四号库（化验用品库）定为6S样板库，根据仓库长远存储规划和现存物资的实际情况，结合仓储物资必须达到“三定原则”“五五摆放”的要求，对于库存物资设立（红、黄、蓝）安全库存标识线，达到库存每项物资安全储备一目了然。这一方法在全矿其他车间得到了很好应用。试验中心在此基础上根据自身情况提出设备定置可视化、物品摆放标准化、玻璃器皿数量化也取得良好效果。车队工作环境大大改善，由脏乱差变为高大上，让人眼前一亮。办公6S也取得很大成效，我们以办公室的标签设计为样板，在全矿推广，实现办公标准化。经过一段时间的运行，各个车间、科室可视化定置化，管理看板，遍地开花，现场管理成效显著。

(四) 逐步完善，持续改进，阶段成果不断巩固

为提高推进工作质量，金翅岭金矿多次组织开展检查评比活动，推进办每周一检查，每月一通报，及时总结经验，查找不足。在每次召开的全矿通报会上以幻灯片的形式展示检查情况，让各单位通过优劣对比，主动发现问题，改正不足。在持续推进过程中，各单位的工作面貌发生了根本改变。对规范员工的行为、培养良好的工作习惯也起到了促进作用。

在全矿开展的“6S”“6H”“双氧活动”“班组建设”活动中，持续开展检

查、验收、评比工作。推进办成员不定期深入一线，跟进现场抓管理、抓监督，对各单位存在的问题及时提出整改意见。在六源查找活动中，累计收集员工查找六源 2780 项，归类整理采纳 1080 项，已经整改完善的 980 项。为了及时跟进整改落实，充分利用各单位管理看板，进行亮点展示，以激励员工，并及时抓好整改落实进度。通过多措并举，推动了工作稳步进行。

为了快速推动设备自主点检维修工作，推进办策划了维保工具开发大赛，促进了员工维护技能的提升。各车间设立自主维护管理三大目标，制定自主维护管理办法，完善样板机台三大规程，编写重点设备点检基准书，优化设备运行点检记录，补充设备故障统计记录等，如图 12-5 所示。通过一系列的整理、整改、更新活动，各个车间的自主维护工作已经初具雏形。各推进小组将这些设备基准、维护管理办法等图表化、可视化，在车间、班组的管理看板上展示，在重点设备的旁边悬挂，让员工操作设备更直观、更方便，并出版了系列手册、规程、成果集等书刊，发放给员工持续不断地改进学习。

图 12-5　金翅岭金矿制定的规程和标准

（五）坚持创新推进，实现精益管理

在 TOPS 推进中，金翅岭金矿积极引入创新元素，鼓励职工小发明、小创造、金点子，利用 OPS、OPL、六项改善案例以及赛车式抢维修等提升 TOPS 创建水平，实现设备管理精益化，取得了明显成效。在TOPS创新工作中，全矿职工共提交创新改进成果98项。在创新工作带动下，内部管理工作更趋完善，实现了人人有标准，事事有标准，处处有标准，使精益化管理工作有了进一步提升。

二、成果篇

(一) 全员思想观念逐步转变，员工素质不断提升

随着创建工作的强力推进和全员培训的不断开展，员工思想观念的转变、素质的提升也逐步从口头落实到了行动上。参与意识也从以前的“被动”接受到现在的“主动”思考。观念的转变，让职工对待工作的态度也有了更多的积极性和主动性。现场能够做到自觉保持环境干净整洁，自主管理、自我约束的工作习惯初步养成，形成了互相促进、共同提高的共建氛围。

(二) 现场管理更加规范，推进工作成效显著

通过TOPS工作的不断推进，金翅岭金矿各单位实现了对区域和空间内各类物品有效分类，清理回收多年积压的资料物品，减少了库存，扩大了空间，节约了资金。各种材料在规定区域内统一规格、规范堆放，标牌清晰、责任明确。围绕设备正常运行和保障设备正常运行两大系统，金翅岭金矿初步建立设备管理工作流程和工作标准等规范性文件，创建一套既适合设备状况又适应员工技术水平和劳动强度的操作、维护保养规范，把操作、清扫、点检、保养、安全、设备润滑和小故障的处理融合一起，连贯起来，形成规范标准。结合公司开展的“星级设备评价”，金翅岭金矿从软件、硬件管理着手，创建各自的样板设备，并组织推进办成员对样板设备进行评比和推广。车间内部各类管理看板、设备铭牌、物资标识完整齐全，建立了完整的理念识别系统、行为识别系统和视觉识别系统。通过这些看得见、摸得着的工作，无形中提高了员工的工作效率。全矿生产环境焕然一新，设备现场管理也发生了翻天覆地的变化。随着TOPS体系的持续开展，设备自主维护、检维修体系运行以及设备润滑管理的不断推进，并逐步常态化、日常化，设备管理水平逐步提升。设备故障率同比下降1/3，设备运转率同比提高了2%，各类生产技术指标均有

不同程度提高，跑、冒、滴、漏问题得到有效治理，员工的劳动生产率明显提高。

（三）大力开展“有氧”活动，深层挖掘员工潜质，激发职工聪明才智

金翅岭金矿通过广泛开展“合理化建议（OPS）”“一点课（OPL）”以及六项改善等活动（见图 12-6），通过活动的引导，开展各种培训，进一步增强团队意识，增强企业的凝聚力，使 TOPS 确实体现了“全员参与”的精神。通过“有氧”活动挖掘当前工作中存在的缺陷和不足，为提高工作质量和改善作业环境等方面发挥了积极作用。

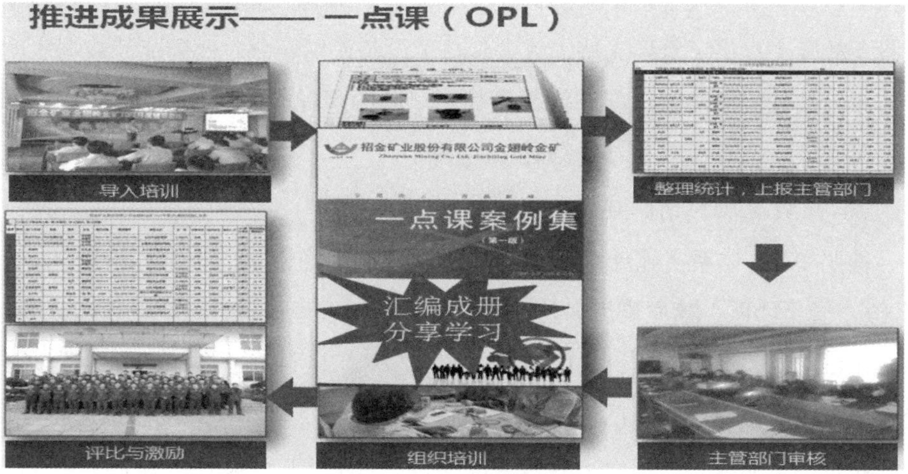

图 12-6　推进成果展示

三、发展篇

（一）创办员工成长技能学堂，提高员工维护技能

金翅岭金矿各生产车间通过开展以师带徒、以老带新、以高技能传授新菜鸟等一系列的活动，重点加强了现场自主维护保养培训，通过现场演示、视频讲解等方式对员工进行不定期培训，不断提高员工的维护技能。为了促进技能提升，金翅岭金矿结合生产实际特点，在全矿范围内开展维保工具大赛，通过表彰奖励，激发员工自主设计、改进维护保养工具的热情，提高员工现场维护的技能。

（二）开展设备润滑评估，进行润滑油优化选型

设备的良好运行是生产高效、高速的保证，而润滑管理工作至关重要。在这项工作中，金翅岭金矿借力 TOPS 体系建设，在专家的指导下，对矿内各类油样进行了全部取样化验，对不合格油样进行了有效处理，并对样板机台设备的润滑点进行了详细统计，同时对各类润滑油进行了优化选型，将全矿原有的 62 种润滑油优化为 18 种，按照优化后的品种进行润滑油采购，大大降低了生产成本。生产车间对样板机台编制了图文并茂的设备润滑标准，现场建立标准润滑站，设备加油口注明润滑标识，操作工只需按照润滑标准、标识操作即可。润滑可视化、定置化管理不仅提高了工作效率，确保设备安全用油，而且对降低设备故障率提供了重要支持，大大延长了设备使用寿命。根据统计数据表明，全年累计消耗润滑油大幅度降低，尤其是车队的降耗幅度最为明显，润滑油消耗下降 32%，真正达到了节能降耗。

（三）打造班组团队建设，日常工作闭环管理

按照 TOPS 体系实施计划，金翅岭金矿通过优中选优，选定标准班组确定了 10 个骨干团队，建立班组名片，以一种全新的管理模式进行现场四要素及设备自主维护、检维修工作，其中氰化二车间、一采区打造了高标准班组活动室，充实了班组建设内容。车队、选厂、氰一、机电维修车间、二采区班组活动室及时跟进。从而在全矿形成了以班组建设为主的团队建设模式，大家比学赶超，学习热情空前高涨，员工技能也在班组建设中不断得到提升。

（四）TOPS 管理持续改善，交流经验全面提升

金翅岭金矿 TOPS 体系推进工作自开展以来，在全公司范围内一直处于领跑位置，并以优秀的创建质量先后通过了山东省设备管理协会颁发的三星级、四星级、五星级评价，并因贡献突出获得 TOPS 特别贡献奖。政府职能部门、公司及其他企业领导干部多次到矿现场交流学习 TOPS 体系推进工作经验。2017 年是金翅岭金矿 TOPS 推进工作的收获之年，先后有淄博市经济和信息化委员会相关领导带领有关企业董事长、总经理及黄金同行业人士来矿参观交流，并得到了业内外人士的一致好评，对金翅岭金矿 TOPS 工作的建设成果给予了高度评价。2017 年 6 月份，中国设备管理协会会长王金祥等相关领导专家 50 多

人到金翅岭金矿参观，对金翅岭金矿的 TOPS 工作给予高度赞扬，并提出宝贵意见，如图 12-7 所示。

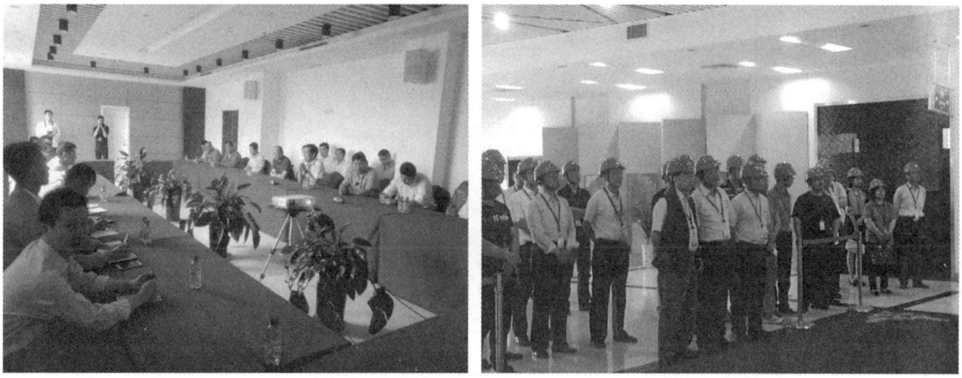

图 12-7　外部其他单位和领导到金翅岭金矿参观交流

成绩只能代表过去，发展尚需继续努力。在未来的发展过程中，金翅岭金矿将继续沿着高效创新的方向指引，信念如一、不断进取，在创建现代化、智慧化矿山之路上，奋勇当先，展翅高飞！

第二节　夏甸积淀不止厚积薄发

一、企业简介

夏甸金矿地处招远、莱西、平度三市交界；东临黄水公路，交通便利，山清水秀，主要从事金矿石采选，最终产品为金精矿，如图 12-8 所示。夏甸金矿于 1981 年开始筹建，1984 年建成投产，经过一代代黄金人 30 余年的艰苦创业，企业从一个名不见经传的小企业，不断发展壮大为全国十大黄金矿山之一。

近年来，夏甸金矿精于创新，业绩斐然，走上了“井下生产机械化、选矿生产数字化、安全管理信息化”的科技兴金之路。企业连续四年被中国黄金协会评为“中国黄金经济效益十佳矿山”和“中国黄金生产十大矿山”，并曾先后荣获“非煤矿山安全标准化一级企业”“全国矿产资源开发利用先进矿山企

图 12-8　夏甸金矿外围风貌

业”“国家级绿色矿山”和“中国专利山东明星企业”等荣誉称号，引领了业内安全高产高效发展的新模式。

二、TOPS 推进历程

2015 年 5 月份夏甸金矿正式导入 TOPS 体系，陆续推行了 6S 改善、六源治理、可视化定置化、有氧活动、班组建设等内容。2016 年夏甸金矿在三星级基础上继续深化，自主维护、润滑管理、专业点检、检维修等专业领域模块相继开展。2017 年伴随着深耕班组建设、六项改善和赛车式抢修等新内容的拓展，夏甸金矿对 TOPS 体系推进提出更高的要求。随着一个个新模块的推进，TOPS 体系已经深深地扎根于夏甸金矿，不断推动着企业的改革创新与生产发展。

三、TOPS 推进特色

（一）推进组织管理积淀

领导重视是体系推进的重中之重，夏甸金矿历来工作开展都秉持“领导带头，以上率下，层层立标杆、做示范”的优良传统。在 TOPS 体系推进过程中成立了以一把手挂帅的推进委员会，各单位负责人作为推进第一责任人，上行下效，令行一致，为 TOPS 体系的推行创造了良好氛围。

定制度，抓落实。TOPS 体系推进靠各项制度来支撑，而体系建设能否顺利进行需要各级推进者层层落实。夏甸金矿自体系推行以来，各个模块都会制定相关的制度文件作为支撑，各级推进委员会成员就是制度的执行者，每月按照制度内容进行成果收集和相关考核。

形成闭环，规范推进。TOPS 体系建设需要遵循 PDCA 循环，每个不同的单位需要根据自身状况制订自己的推进计划。夏甸金矿根据企业实际情况，将每项工作开展形成规定、制订计划、进行检查、执行改善、成果巩固的模式。每个模块推行都会制定相关规定，各单位根据规定形成详细的推进计划，推进办依据推进计划时间节点进行工作情况落实，各单位对落实期间存在的问题及时整改，最后评价整改情况并对前期成果进行巩固。

严格考核，多样激励。在 TOPS 推进过程中，考核与激励是非常重要的一个环节，没有考核就没有约束，没有激励就缺乏动力。夏甸金矿一直秉持考核只是一种管理的手段而不是管理的目的，对于重复问题、屡教不改、原则性失误等问题一经发现严肃处理。对于积极改善、踊跃表现、改革创新等行为则进行褒奖并积极推广。奖励并不局限于金钱、物质方面，更多的与荣誉、表彰等相结合，能够最大化地鼓舞士气，挖掘员工潜能，为企业带来更多的效益。

随着 TOPS 体系工作的持续深入开展，夏甸金矿逐渐积淀形成了领导重视、制度先行、狠抓落实、形成标准、严格考核、持续进步的夏甸独特推进模式。

（二）推进知识文化积淀

夏甸金矿作为招金矿业 TOPS 体系推进先行者，在自主维护、润滑管理、检维修体系的推进过程中，根据不同作业区域关键设备，汇编了三大规程、操作规范、点检基准书、维修标准共 8 台套，设备故障案例汇总 89 篇，编辑设备故障字典 1600 多条，如图 12-9 所示。

后期又陆续新增完善各项规程，把相关成果进行进一步提炼，形成岗位用员工手册。手册中不仅仅包含各项规程标准，还与现场四要素内容相结合，将设备现场 6S 规范、6H 整改、OPL 课件、安全规范、故障案例和故障字典全部归纳其中。手册在现场的推广使形成的知识成果能够真正落地，指导员工的日常操作与行为规范。成套的员工手册还能够作为新员工培训课件，新员工通过学习手册内容，大大缩短成长时间，为夏甸金矿人才培养奠定基础，形成夏甸金矿真正的知识文化积淀。

图 12-9　三大规程、精品案例、故障字典与案例

(三) 推进案例成果积淀

夏甸金矿在 TOPS 体系推进过程中涌现出很多成功案例，其中包含点巡检创造效益、故障分析根除问题、车间指标量化分解、设备维修费用降低等。

其中北耩车间通过故障分析发现，水泵存在的故障绝大部分是由于点检不到位引起的。2015 年维修次数 21 次，维修费用 22000 元。2016 年 TOPS 体系二期推进以来，针对点检不到位问题，车间逐步强化管理体系，更新设备点检基准书，细化点巡检部位，利用班前会对员工讲解培训，提升员工的技能水平与责任心，设备使用以维护为主，维修为辅。2016 年水泵维修次数仅有 1 次，维修费用降至 2800 元。

选矿车间利用数据统计分析，发现 2016 年 HP500 圆锥破碎机故障次数共 21 次，故障的原因分别为液压故障、电器故障、机械故障 3 种，其中液压故障 17 次、电器故障 2 次、机械故障 2 次。发生最多的液压故障中，10 次为锁紧缸故障，5 次为液压站故障，2 次为释放缸故障。通过问题分析查找，发现出现锁紧缸频繁故障的主要原因是物料太湿，颗粒太小导致圆磨跳动频繁，造成座衬板磨损严重，未能及时发现和停车维护，引起调整环断裂。通过采用物料过湿时及时调整排矿口，减少排矿量来降低设备跳动频率。周期检查各部位磨损情况，发现问题及整改。对易磨损部位加强检查与维护后，再未出现过因锁紧缸故障停机现象，从而大大降低了 HP500 圆锥破碎机的设备故障率。

采矿车间在 TOPS 体系推进过程中，利用指标考核手段，改善以前车间班组大目标、大任务的生产现象。通过问题查找发现由于提升机操作工操作技能和各种人为因素会对提升任务造成极大影响，以前没有进行过指标分解与分析，各个班组之间存在“吃大锅饭”现象，任务未完成也不知道问题存在原因。自从将全年生产指标细算到每天完成的工作量，再将工作任务下分至每个班组，并将影响产量目标达成的原因进行详细记录，每月进行分析改善。经过量化考核后，每月的指标情况逐步改善，影响提升达标的原因也清楚明了，给指标提升提供了改善方向。

（四）员工成长积淀

深耕班组，扎根基层。班组建设是 TOPS 体系的载体，所有推进内容能够在班组落地是 TOPS 体系建设的终极目标。TOPS 体系建设前期是自上而下的落实贯彻，后期就需要自下而上的成果反馈。夏甸金矿在班组建设过程中，首先确立三大推进班组：采矿卓越班、选矿野狼班、北耩争优创新班。通过对班组活动内容的完善和问题清单的合理利用，以班组为单位，将 TOPS 体系一期、二期和三期内容在基层落地，后期其他班组纷纷学习先进班组的成功经验并进行改进吸收，真正使 TOPS 体系推进工作能够持续优化、覆盖全面。

丰富活动，积累沉淀。夏甸金矿每年都组织一次全矿范围的自制维保工具竞赛活动，各单位在规定期限内进行工具开发和竞赛材料准备。评审由分管副矿长组织，经过 PPT 解说、现场观摩等环节，然后由各单位派出的代表进行评分。最后由推进办将评分结果统计公布，共评选出一等奖一名，二等奖两名，三等奖三名，优秀奖五名，分别给予奖励，如图 12-10 所示。对于实用性强的工具，各单位后期进行相互学习和推广。通过各种活动的开展，例如：每月的

6S 检查，6H 治理精品案例，有氧活动优秀作品，金牌员工选拔，六项改善课题研究，赛车式抢修细节改善等积累了很多知识资料，形成企业独有的文化沉淀。

图 12-10　夏甸金矿自制维保工具大赛获奖作品

注重培训，讲究方法。培训是提升员工各种素质和技能的重要途径，是增强企业竞争力的有效手段，能够增强企业凝聚力和激励员工的工作积极性。TOPS 体系推进过程中对员工的培训必不可少，但培训需要有创新。夏甸金矿采用分级培训的方式，矿级联络员培训车间级联络员，车间级联络员培训班组长，班组长培训班组员工，每位员工既是学员，又是讲师，每个人都有走上讲台的机会。日常培训与单点课相结合，谁编制谁培训，并且理论培训与现场实操相结合，既加深了学习印象，又使培训课程不显得枯燥乏味。通过这种方式，能够使员工更快地理解培训内容，极大地调动他们的学习积极性，又能使他们尽快地将学到的知识应用到实际工作中去。

夏甸金矿通过班组建设、丰富的员工活动的开展、多元化的培训方式等各种形式来促进员工的成长，企业一直宣扬以人为本的科学发展理念，将企业的发展与员工培养紧密结合，最大化地激发员工的企业责任感与主人翁精神，将员工的成长积淀作为企业发展的不竭动力。

（五）总结学习积淀

及时总结，横向推广。总结是提高工作能力的重要途径，是寻找工作规律的重要手段，是下一步工作的基础。无论什么工作只有通过总结才会有进步、有提高。夏甸金矿在推行 TOPS 体系的过程中善于总结经验，改进不足，推进初期就建立了企业微信群，将推进过程中的优秀案例及时在群内分享，大家互相学习，营造出了良好的推进环境。推进办定期总结 TOPS 体系推进过程中的工作亮点制作成推进简报（见图 12-11），在全矿下发，受到企业员工的一致好评，得到了各级领导的肯定与支持。

图 12-11　夏甸金矿 TOPS 推进简报

多方交流，共同进步。企业管理新理论、新方法层出不穷，尺有所短寸有所长，故步自封与别人的差距只能越来越大。只有组织企业间相互沟通学习，不断吸取别人的先进经验才能够保证企业在竞争中立于不败之地，TOPS 体系推进也是如此。夏甸金矿经常组织推进人员到推进好的兄弟单位进行沟通交流，学习对方的亮点，弥补自身不足。总结对方在推进过程中产生的问题，对照自身，引以为戒，在沟通交流中不断进步。

四、TOPS 推进展望

经过多年的 TOPS 体系推进，夏甸金矿取得了一定的亮点和成就，但 TOPS 体系推进工作永远在路上，只有起点，没有终点，今天的最高推进标准只不过是明天的最低工作要求。

感谢 TOPS 体系的推进给企业带来的收获和提升，夏甸金矿会持续努力，聚焦 6S 改善、六源治理、可视化定置化、有氧活动等基础工作；深耕自主维护、润滑管理、专业点检、检维修等专业领域；攻坚班组建设、六项改善、赛车式抢修等创新内容。自下而上夯实管理基础，让 TOPS 体系能够更好地服务于生产和指标管理。

夏甸金矿会继续做好总结和分享，将推进过程中突出的亮点与先进经验及时进行总结和记录，好的方面在全公司范围推广。多组织参观学习活动，到先进单位进行沟通交流，走出去，向别的单位学习先进经验和做法，取长补短，才能够在 TOPS 体系推进过程中取得更大的进步。

雄关漫道真如铁，而今迈步从头越，夏甸金矿将会在 TOPS 体系的推行过程中积淀不休，提升不止。

第三节　大尹格庄格物穷理探索不断

明·方孝孺《答郑仲辨》："其无待于处，近之于复性正心，广之于格物穷理。"

"格物穷理"之说最早见于儒家经典之一《礼记·大学》篇，此篇居于南宋朱熹编定的《四书》之首，与《中庸》《论语》《孟子》并列。所谓"格物穷理"就是要真正明白道理，是悟性在某个问题的具体思考，而不是纸上谈兵，闭门造车的假明白。"纸上得来终觉浅，绝知此事要躬行。"

格物穷理之现场四要素的巨大意义——现场四要素是推行 TOPS 体系导入的第一个模块。通过近三年的推行，应该意识到，不能搞形式上的现场四要素管理，应该把它切实融入到日常管理中去，形成一种企业文化，从而提高企业的市场竞争力。推行现场四要素必须深入到成本、质量、效率、安全、士气这个层次。企业在表面光彩照人的背后，却存在着巨大的浪费。这种现场四要素管理只是一种增加成本的管理，它不仅会给企业带来沉重的负担，更会给员工带来负面的影响，员工痛恨这种花大钱做面子、不讲究实效、带有官僚主义作风色彩的现场四要素管理。开展现场 6S 管理工作推行的是一种理念，强化的是一种态度，追求的是实际的效果，决不能把推行 6S 工作当成是走过场，上有政策、下有对策地应付，导致 6S 变成只是搞卫生、大扫除、划线一样，走入形式主义的误区。我们希望看到的是 6S 管理就像一个穿着时尚外衣的身体强壮的男子，不仅要看到他时尚的外衣，更要看到他强健的体魄。6S 不仅给企业带来阳光的外表，更是企业业绩强有力的支撑，身体是一切工作的本钱。

阶段性的总结告诉我们“没有最好，只有更好”是现场四要素工作的精髓，随着时间的推移和现场四要素工作深入持久的开展，我们定会对这项工作有更为深刻的认识，那时会有新阶段的经验总结。

大尹格庄金矿在整个 TOPS 体系工作中始终坚持以现场生产为依据开展现场四要素工作，各个车间有序地按照整理、整顿、清扫、清洁开展，杜绝“急功近利”的思想左右，为了追求视觉上的效果而一味的划线、刷漆，甚至出现个别一些单位流传出“现场管理就是油漆大战”的错误观点。“谋定而动”是大尹格庄金矿推进工作的基本思想，严格按照辅导老师的计划实施，另外根据现场推进视进度实施定置和可视化，避免由于盲目地追赶进度而导致错误的定置管理，出现二次返工的情况，在广大员工中形成错误的初期意识，影响后续整个体系的推进工作。所以四要素的有效推行大大鼓舞全矿广大员工的士气，现场有了飞跃的发展，员工的工作环境得到了改观，为后续的深入推进工作奠定了坚实的基础。图 12-12 为机电车间机加工一角。

图 12-12 机电车间机加工一角

格物穷理之自主维护在招金落地生根——对于 TOPS 体系推行试点单位来说，自主维护模块并不陌生，但是对于刚刚起步的单位来说，还是在认识上有一定差距的。通过参加各种的培训班及实际工作中的经验总结逐步意识到设备故障只是“冰山的一角”，其中故障设备隐藏的油污、应力、微裂纹、腐蚀、松动、振动、短路、老化、变质、位移、磨损等一系列问题，这就需要以生产现场设备操作人员为主，对设备按照人的五感进行检查，对润滑、紧固、清洁等各项技能进行训练，不断培训和掌握设备构造和性能，培养“会操作、会保养、会诊断、会处理”的四会操作人员，真正做到“自主”，让操作人员成为一种自觉行为。开展好自主维护员工的技能提升是必不可少的环节，重点在润滑管理、点检手段、机械电气自主维护的方法，理论知识的提升方面。举例来说看似简单的清扫、清洁工作，如果方法不正确也会对设备造成损伤，例如：清洁用的溶剂不正确可能对设备造成腐蚀；电气线路如果用水冲刷可能造成人员受伤。所以，正确的方法至关重要。

当然设备的自主维护不是解决设备管理问题的唯一办法，因为必定个人的能力有限，设备在突飞猛进的发展，任何一个人都不是万能的，也不可能是万能的。这样 TOPS 体系提供了三闭环设计理念，即自主维护+专业维护+维修预防。但是有一点要清醒地认识到，自主维护是基础，必定是设备操作人员每天接触自己操作的这些设备，对其声音的变化、油温、油压、电信号、振动的强弱、气味的异常等非常清楚，最易判断出设备初期存在的潜在隐患，也就是消灭前面讲到的“冰山的一角”下面巨大的那部分，而冰山则是由专业维修来给予解决。所以，切实做到让自主维护落地生根是消除潜在故障的最佳方式，也是最经济的方式。具体应该做到：强化初期清扫，巩固后再开始后续活动；开展班组互评、互检和评比，车间抽检相结合；简化工作流程和表格，减少形式化；制定相应的激励措施，调动一线员工的积极性；加强培训，提升员工技能；采取可视化的手段，减轻工作量；开展示范性岗位、示范线和样板机台活动；完善设备点检标准、润滑标准、检修标准、规范各项作业流程；尽量减少工人的多余作业量。图 12-13 为成果汇编手册。

大尹格庄金矿属于“大深贫”型矿山，机械化开采程度非常高，相比较其他矿山来说，运行费用投入最高的设备并非提升机和球磨机，而是全进口的机械化开采设备，这些设备有别于其他大型设备的最大特点就是：设备操作人员相对集中，基本上是掌握在两个关键的操作手上，自主维护的意义尤为巨大。针对这一特点，大尹格庄金矿重点对这类设备加强自主维护管理工作，完善设

图 12-13 成果汇编手册

备点检总基准书的制定、设备点检表的规范、点巡检线路的制定、润滑管理的把握、检维修标准的确定等，形成完善的设备自主维护管理制度，这是做自主维护管理工作重点方向。

格物穷理之“超级班组”建设在矿山TOPS体系推进中的突出作用——矿山由于其工作环境恶劣，高危工种较多，人员知识水平较低，其与钢铁、化工等行业显著的特点是相对独立作业项目较多，各生产环节间紧密联系程度相对较低，班组内部协作较为突出。车间生产的好与坏与班组内部生产工作的组织密切相关，TOPS体系推进工作一个基本的要求就是全员、全方位、全过程对生产提供“科学规范优质高效”的可靠保障，为企业打造一流的精益管理模式，使企业软实力得到进一步提升，最终实现企业全要素生产率和竞争力的不断提升，经济效益和社会总效益综合最大化为终极目标。

矿山基本构成框架为矿级、车间级、班组级三个层次，班组是最小单元，所以要做到全员参与首先做到班组成员全员参与，这样就可以做到全车间参与，最终达到全矿参与的格局。TOPS体系提出“超级班组”的概念，也就是针对黄金矿山特定的条件，特别是人力资源结构的实际情况而提出的。在不断探索、研究和实践过程中结合现代企业管理的最新理论和实践而不断完善，最终形成的企业班组自主管理模式，在整个 TOPS 体系推进中，担当体系之重心基石的重要作用。图 12-14 为各车间优秀班组活动展示。

图 12-14 各车间优秀班组活动展示

建设“超级班组”对 TOPS 体系推进工作具有以下几个方面的重要意义：

（1）充分利用人力资源，对于传统的制造业，特别是矿山行业，各类“高精尖”人才仍是稀缺资源，把各类专业技术尖子，项目管理高手等各类专业专家，配备到一线基层班组是有很大难度的。但是通过“超级班组”的自主管理模式，可以让这类人才利用“碎片时间”参与到班组的创新性项目中，创造出更多、更大、更具有实效性的创新课题，可以让有效的资源得到更大的发挥价值。

（2）有利于人才的成长。一般性的基础员工，所获得的培训和训练的机会十分有限且集中在本职基本作业方面，成长空间不足，而“超级班组”自主管理模式可以让普通员工和“高精尖”人才都有更多的课题挑战；不断提升完善自我业务能力。

（3）打破行政壁垒，组织管理矩阵化。TOPS 体系强调“常规重过程，创新看结果”，实质上是在组织形式上强调过程管理和结果价值权重的管理，在不同任务上分立，在尽可能不干扰传统的直线职能制组织架构基础上，通过 TOPS 推进组织的激励创新。

格物穷理之"改善"工作的巨大意义——作为企业的设备管理者，大家都知道设备管理的日常工作最多的关注两方面的问题：第一是"维持"现有设备的良好运转；第二就是如何改进提升现有设备的效能。我们更多的是关注第一点：维持设备现有的状况，排除不安全因素，保证生产的需要，因为只有具备维持的实力，改善工作才相对容易。其实一天的70%以上的时间都放在了维持和安定上面，TOPS体系是"维持"的实力，并注入"改进"的动力，可以说维持是基础，改善才具有其更重要的意义。NDCA是"维持"的循环管理——规范化、稳定现有水准；PDCA是表示改善的循环——提高现有的水准。我们平时对戴明环（PDCA）比较了解，就是更多地突出了改善工作的重要性，而当改善工作达到一定的水准，形成一定的规范的时候，那么就可以将其改善的内容固化，走NDCA的循环，实现从PDCA向NDCA的转换。图12-15为不断改善提升的润滑油库。

图12-15 不断改善提升的润滑油库

传统的改善技巧主要包括消除、合并、重排、简化四个方面的手段，通过5W2H分析的方法。李葆文教授通过分析，总结创新性地提出了"工匠革新36技"改善技法，而且每一项技法都采用一个成语给予高度概括，例如海纳百川、偷梁换柱、草船借箭、天罗地网等。下面就以海纳百川为例说明一技。"海纳百川，有容乃大，壁立千仞，无欲则刚"，其实"海纳百川"就是整合、凝聚的思维，引导工匠们将资源、项目、成果、事物集合和整合，就是要发挥"集成体”的规模效应、乘数效应和放大效应，以此创造出意想不到的功效和价值。我们身边许多的工具、设备、用品就是采用这种革新技术研发出来的，例如瑞士军刀、集成电路、三合一洗漱液、航空母舰、体育场馆等都是来自于这一思路。

TOPS体系提出了六项改善模块，通过对生产现场的实际调研，采取一系列方法改善工作（设备）效率、改善成本、改善员工疲劳程度、改善产品质量、改善安全与环境、改善工作与服务态度六个方面。可以看出这六个方面也是企业最为关注的六个点，是企业持续、稳定、高效、长久发展的基本点，针对在工作中发现的问题，确定改善题目、制订相应的活动计划、进行现状分析、设定改善目标、分析存在原因、制定相应的对策、根据制定的对策稳步实施、确认效果，继续巩固措施，最后总结回顾及制定后期的打算，这是一套系统的改善方法，另外可以根据改善项目的大小，也可以采用一页式的改善方法，还有PDCA—8步式改善法，都可以运用起来。其核心的目的都是发动最广泛的员工参与到生产的每一个环节改善工作中，收集最广泛的改善意见，追求企业更高的管理目标。

格物穷理之精益管理思想的逻辑传递——TOPS体系推行的核心思想，就是精益管理。精益思想目标就是降低成本、改善质量、缩短周期。在产量、质量、成本、货期、安全、士气六个方面追求极致，精益源于精准、精准源于精细、精细依靠的是过程规范和持续改进，TOPS体系的精益管理包含三个重要的因素，称为“886”模式，即控制以人为中心的八大浪费、削减广义和狭义设备六大损失和追求极限要素六个零。图12-16为精益管理模式下的技能培训室。

格物穷理之TOPS体系安全管理理念——TOPS体系认为：安全是各级设备管理者的第一责任，安全需要挑剔和过敏式的管理；安全管理无边界，不分内外，不分彼此；全员参与是安全的基本保障；安全事故防范和隐患消除——只有想不到的，没有做不到的；清醒地认识到安全1%法则——1%的不到位会导致100%的安全事故发生；时刻准备周围的人不按照安全规则行事，准备周围环境有不安全意外发生，让大家都明白，对于安全而言，“禁止”是最神圣的指令，不容违反，严格的安全培训不可或缺，即使最聪明、敏捷且训练有素的人，

图 12-16　精益管理模式下的技能培训室

也可能犯低级愚蠢的错误，绝大多数的人具有马虎、侥幸、逆反、鲁莽、投机、逞能、浮躁、懒散、疲惫、盲从、急功近利的人性弱点，因此必须加以强迫、监督控制、约束惩戒，才能减弱其影响——这是事故倾向型人群假设。还有一种叫做安全倾向性假设——一般人都具有很强的生理安全欲和安全责任心，并尽最大的努力来保证个人的安全和组织安全，因此不应该应用惩戒方式来达到安全目标，要更多引导和释放人的安全潜能和主观安全意识。TOPS 体系引导的是安全文化牵引下基于安全人性的“X-Y 理论”制度设计，强化对人不安全行为的约束、惩戒的同时，强化安全文化的牵引作用，让不遵守安全规则人的行为得到控制，让更多的人具有安全文化意识和素养——引导大多数人向安全倾向型人群转移。

实践经验告诉我们，TOPS 体系是干出来的理论，需要广大干部职工深入现场，掌握各类设备多项数据，向精益化管理逐步推进，祝愿 TOPS 体系的明天更美好。

第四节　铜辉辉光日新再铸辉煌

伽师县铜辉矿业有限责任公司（以下简称“铜辉矿业”）坚持依靠科技促

发展、精细管理增效益的发展理念，连续九年实现了安全生产无事故；“十二五”期间稳居喀什地区工矿行业利税贡献第一的位置。2015 年引进 TOPS 体系，通过聚焦现场四要素、深耕自主检维护，对公司的生产、设备管理、员工技能提升进行了规范，将公司的发展推上了一个新的台阶。

一、公司简介

铜辉矿业是集铜矿石的开采、选矿于一体的中型有色矿山企业，年采选矿石能力 50 万吨，主要产品为铜精粉，资产总额 10.9 亿元，矿业权面积 47.05 平方公里，矿山现保有铜矿石资源储量 600 万吨以上。铜辉矿业隶属于招金矿业股份有限公司（股票代号：HK1818），如图 12-17 所示。

图 12-17　铜辉矿业

公司始终贯彻“先要绿水青山、再要金山银山”的环保理念，已通过 ISO9001 质量管理体系、ISO14001 环境管理体系、OHS18001 职业健康安全管理体系及 ISO50001 能源管理体系的认证。

二、推进特点

（一）全面推进，全员参与

为了使 TOPS 体系能够更好地推行，成立推进委和推进办，总经理亲自挂帅，担任推进委主任，分管副总为推进委副主任兼推进办主任，运行以 TOPS

推进委为组织决策层、推进办及支柱小组为指导层、车间为实践层的推行组织，体现了“组织决策统一，业务指导多管齐下”的管理方法。通过组织、指导、实践三层次的组织机构建立，形成了协调运转，齐抓共管的 TOPS 体系推行机制。在 TOPS 体系推行中，重点打造跨专业的专业骨干团队推进，分别成立了宣传策划支柱小组、6S 办公现场管理支柱小组、6S 设备现场管理支柱小组、库房、现场材料管理支柱小组、6H 查找支柱小组、合理化建议支柱小组、OPL 支柱小组、星级班组验收支柱小组、自主维护指导小组 9 个组，由办公室、机动供应部、物流仓储部、安环部、生技部、企审部等作为模块支柱部门，每个部门重点负责一个支柱小组。

（二）五级检查促推进

（1）推进委将 TOPS 体系推进工作纳入经济责任制考核，考核权重占责任制百分考核的 30%，突出“考核管理人员，奖励基层员工”的思路，制定合理的 TOPS 体系考核分数分配机制。

（2）推进办实行与支柱小组错位检查，一般在支柱小组检查完的第二天，如推进办检查出存在问题而支柱小组未检查出将同时考核支柱小组和车间。

（3）支柱小组 TOPS 体系检查由原来的每月两次变为每月三次，与安全设备联合大检查互为补充，TOPS 体系检查落实安全设备联合大检查的整改情况，同时安全设备联合大检查落实 TOPS 体系检查的整改情况，支柱小组侧重于标准的执行、成果积累。

（4）车间每周对各小组进行检查。铜辉矿业车间人员构成比较简单，以车间为单位进行班组建设，根据工作性质分为三个活动小组，由于工作岗位的不同无法进行横向比较，采取每个小组与年度指标、去年同期指标进行评比。车间负责人、联络员与技术骨干组成的领导小组每周进行一次检查，重点检查各支柱小组检查问题的整改情况和指标完成情况，将检查评比情况在车间管理看板中用绿、黄、红三色展示出来。

（5）小组内每天自检。小组成员根据自主维护基准书设计出巡检路线图上墙，并在设备现场进行可视定置化，小组长重点检查成员的自检执行情况和现场卫生。

（6）推进流程。通过月初各车间部室围绕前期工作中不足以及后期工作安排，拟定工作计划如下：

1）月中，各支柱小组按照管理要求及标准自行组织现场检查，同时辅导车间部室完成工作。

2）月末，推进办组织支柱小组全公司范围内 TOPS 体系工作检查总结。

3）各支柱小组对当月车间部室工作开展情况进行总结汇报并提出指导建议，评分结果报送推进办汇总考核。

4）PDCA 的闭环模式高效推进 TOPS 体系。

三、成果概述

（一）以 TOPS 四要素为基础打造令人感动的生产现场

制定办公现场及设备现场 6S 标准 126 条，做到处处有标准，收集 6S 改善案例 268 条，形成 6S 改善精品案例 120 个。在 6H 治理方面，2015 年至今共收集 6H 改善案例 1526 件，采纳 1297 件，实施 1196 件，整改完成率 96%，人均改善 9.1 件，参与率 100%。同时归集整理采纳 OPL612 篇，其中个人工作技巧类 479 篇，改善作业经验类 61 篇，故障事例处理类 59 篇，其他类别 13 篇，培训 3057 人次，培训率达 100%。现场制订可视定置化标准 146 条，做到事事有人管，处处有标准，件件能落实。

（二）建立三闭环维保体系提高设备运行效率

依照 PDCA 原则，首先明确自主维护职责、目标，制定自主维护管理办法、确定维修流程，通过对样板机台制定自主维护基准书，形成操作工、维修工、TOPS 专业点巡检记录，开展维保工具制作比赛，通过三高一长分析定期修订自主维护基准书，样板机台的故障停机率下降了 40%、突发故障减少了 72%。目前推广制作自主维护基准书 25 份，自主维护记录表单 24 个，自制维保工具 45 件；修订自主维护基准书 32 条，修订点巡检记录 32 条，设备管理水平得到极大的提升。

设备检维修依照导入—故障识别分析—制定维修策略—设备信息采集—制订三大标准—效果追踪为主线进行开展，形成故障字典 1000 余条，涵盖所有主要设备，编写典型故障案例 90 余份，主要设备形成检修技术标准、作业标准及验收标准。

（三）润滑管理走向标准化

将润滑油品由 28 种优化为 19 种，根据换油费用将润滑点进行了分级，确定视情润滑 7 处，定期润滑 65 处，制定润滑六定表 72 份。

（四）提升员工技能保障体系运行

依照培训需求调查—制订目标计划—编制培训教材—培训—考核评级主线，通过以师带徒、一点课、视频资料播放等方式，对员工进行技能培训。

经过技能比武大赛、笔试、现场问答等方式对员工进行考核评级，二类以上员工比例由 17.90%提高到 92.86%，技能达标率由 40.20%达到 80.40%。

四、寄望未来

回眸过往，铜辉矿业有了长足的跨越发展。展望未来，铜辉矿业将继续秉承 TOPS 理念，发扬工匠精神，在 TOPS 体系推进、设备管理标准中打头阵、当先锋，争当招金矿业守正进化、创新发展的排头兵。征旗猎猎、号角声声，要继续奋斗、拼搏苦干，用心血、汗水、智慧、勇气和担当书写铜辉矿业更加壮丽的新篇章！

第五节　早子沟早有行动不甘落后

在青藏高原东北部念青唐古拉山和横断山以北的甘肃省甘南藏族自治州合作市区西面的早子沟上游，有一处采天地之灵气的富金宝地，甘肃省合作早子沟金矿有限责任公司就镶嵌在群山之间，如图 12-18 所示。矿区面积 2.5311 平方公里，平均海拔 3270 米。2009 年早子沟金矿改制重组后，由招金矿业股份有限公司、甘肃省地矿局第三勘查院、合作市矿产资源管理站、甘南州国资委四家股东组成，属招金控股企业。早子沟金矿黄金资源储量 120 余吨，年黄金产量 10 万多两，属大型岩金矿山。目前共有藏汉职工 450 余人，下设 11 个职能科室及生产部门。早子沟金矿积极引入 TOPS 体系这一先进的管理工具，以最快的速度迅速展开，提前策划，以最短的时间取得实效。

图 12-18 厂区全貌

一、早打算，率先在埠外推行 TOPS 体系

2015 年招金矿业在面临矿业寒冬的市场条件下破冰前行，4 月在埠内夏甸金矿、大尹格庄金矿、金翅岭金矿率先推行 TOPS 体系，埠内企业推行之初，早子沟金矿本着积极学习的态度，派人到埠内企业进行学习交流，并通过学习在早子沟金矿进行摸索规划。为改变早子沟金矿专业管理薄弱和现场管理差的现状，同年 8 月早子沟金矿响应公司号召，率先成为推行 TOPS 体系的埠外试点单位。

二、早谋划，注重 TOPS 体系推进过程管理

早子沟金矿在体系推进过程中，注重发挥各级领导的模范带头作用，以全员参与为基点，以脚踏实地为准则，谋划 TOPS 体系推进过程五闭环管理。

（1）领导重视，全面推进 TOPS 体系。在 TOPS 体系推进过程中，公司相关领导到早子沟金矿进行现场指导部署，甘南州等地方领导对早子沟金矿 TOPS 体系工作也高度重视，要求打造成甘南州标杆企业。早子沟金矿总经理高度重视此项工作，2017 年 3 月，在公司组织的 TOPS 推进工作大会上，就

明确表态，将精细化管理与体系建设相结合，要不遗余力、全力以赴地把工作做好，并将降本增效、安全环保、小改小革与 TOPS 管理理念相结合进行常态化管理。

（2）精心策划，合理安排，建立健全各级 TOPS 推进组织机构。在充分保证人力、物力和财力的同时，脚踏实地，不急不躁，结合企业自身实际，克服时间短、任务重等困难，一步一步地构建 TOPS 体系。在机电供应科设立 TOPS 体系推进办公室，由一名总经理助理亲自协调调度，并抽调有责任心、素质高、能力强、具有实际工作经验的同志从事 TOPS 体系的专职工作。由于各级组织机构健全，保证了体系建设扎实有效地向纵深方向开展。

（3）创新推进模式，以建立改善文化为切入点。早子沟金矿在 TOPS 体系推进过程中创新交流模式，为了搭建一个便于沟通交流平台，建立公司级综合微信交流群和 7 个车间级 TOPS 建设微信交流群。通过思想宣传、知识学习、图片展示及心得交流，使干部职工都能行动起来，积极想事、勤于做事的工作氛围蔚然成风。利用八卦图的思想理念与 TOPS 推进理念相融合，象征民族大家庭的融合环环相扣，争先创优、比学赶帮超的正能量已成为早子沟金矿文化建设的新常态。

（4）以完善管理闭环为标志，建立长效机制。早子沟金矿结合实际每月制订推进计划，将每项工作落实到各个支柱小组，同时将施工单位的管理纳入到 TOPS 体系中，按照计划的时间、内容进行监督落实，确保 TOPS 体系有序推行。推进办每月组织一次 TOPS 现场评比，根据综合得分进行排名，奖优罚劣；每月组织一次 TOPS 基础资料评比，各车间针对 6S、6H、OPL、OPS 等资料进行优中选优，上报到各支柱小组参与评比，由推进办组织相关人员进行逐项点评和分享，并进行排名，对获奖单位进行奖励，如图 12-19 所示。通过各种评比，使 TOPS 管理工具逐渐融入到日常管理工作中，使其成为员工的日常思维和行为习惯，形成长效管理机制。

（5）不断学习，全员创新。TOPS 体系推进以来，早子沟金矿召开公司级、车间级、班组级培训会议 100 余次，安排人员到潍柴动力、广州学府、上海宝钢集团学习先进经验理念并进行内部传授，建立创新工作室，通过不断学习，

图 12-19　TOPS 表彰会

涌现出一大批优秀班组长和优秀员工，为早子沟金矿的后续发展提供了人才储备。

三、班组文化建设早实践，降本增效显成就

俗话说“没有完美的个人，只有完美的团队”。班组建设活动依然是早子沟金矿 TOPS 推进中的重点，如图 12-20 所示。通过班组会议、班组野外拓展活动、优秀班组评选、班组之星、班组改善能手等内容进行展示的方式培养团队精神，逐步形成“发现问题、分析问题、解决问题”的集体思维意识，创新员工“自主管理，自我约束”的管理模式，实现了 TOPS 体系工作与日常工作

的无缝对接，通过班组建设活动的开展，早子沟金矿的 14 个班组，达标率达到 100%。

图 12-20　班组多样化活动

车间中各班组、各工种进行竞争，形成了良性机制，例如球磨工负责选矿细度和浓度控制，浮选工负责精矿品位与回收率。车间将每个班组的成绩进行月底评比，第一名班组操作工每人奖励 500~2000 元不等，第二名每人奖励 200~1000 元不等，第三名班组不予奖励。并将每月结果进行张榜公布，体现在工资上面。形成这一工作模式后，员工争先恐后创效益。缺氧不缺精神、失眠不失干劲的工作热情向纵深传递。

四、不甘落后，持续改进，硕果累累

（一）现场改善

早子沟金矿针对现场推进的难点、死角，召开现场办公会，研究解决对策，对出现的问题进行根治，确保推进取得实效。

选矿车间根据车间实际情况，针对设备种类繁多、现场清理困难、藏汉文化差异大等问题，加强 TOPS 体系推进，积极落实班组建设、责任考核和交接班制度的执行，充分调动职工的积极性，挖掘潜力，自主管理的模式已逐渐成熟，特别是主要设备、死角管理、设备一尘不染等方面做出了超越 TOPS 体系的标准，设备现场改善效果显著。

采矿车间根据提升机、空压机特殊作业环境，对现场 6S 管理保持成果显著，井下巷道风水管路吊挂标准化操作，井下环境整洁美观。

辅助生产单位根据实际情况对现场进行有效改善，作业场所明显改观，如图 12-21 所示。

图 12-21　现场改善

（二）成果改善

早子沟金矿修订编写 6S 精品成果 57 项、6S 标准 38 个、可视化标准 55 项、6 源精品 100 个、OPL 精品 100 份、OPS 精品 90 份、完善重点设备三大规程 18 套、制定点检标准 42 套、润滑标准 24 套、维修技术标准 21 份、维修作业标准 11 份，如图 12-22 所示。

图 12-22　成果手册汇编

（三）指标改善

旱子沟金矿完成重大改善 21 项，节约资金 280 万元。润滑油品费用从 2016 年 123 万元降低至 2017 年 90 万元，节省润滑费用 33 万元。设备停机台时从 2016 年同期的 253 小时降低至 103 小时，设备运转率从同期 98.1% 提高至 98.6%。

（四）创新改善

自推行 TOPS 体系以来，旱子沟金矿先后实施科研创新、应用四新技术 16 项，创造经济效益 900 万元。其中对 3113 皮带运输系统进行自动化改造，使主竖井、一号井、措施井、东风井等井口的矿石不再由地表卡车运输，直接由 3113 皮带运输系统运输至选矿原矿仓，有效降低运输成本，减少了外部安防压力。通过对矿浆改质机的试验应用，浮选精矿的回收率提高 2 个基准点，药剂用量减少 20%以上，年节约药剂费用 600 万元以上。

五、TOPS 推进，永远在路上

TOPS 体系推进只有起点没有终点，在公司“聚焦、深耕、攻坚”的指导思想指引下，旱子沟金矿全体干部员工正在形成一支虎狼之师，用双手和智慧创造出更大的经济效益，为旱子沟的明天奉献更大的力量。

相信，在未来的日子里，旱子沟金矿一定会按照公司的统一部署，不断深化 TOPS 推进，百尺竿头，更进一步，铸就旱子沟金矿新的辉煌。

第六节　甘肃招冶陶冶情操铸就厂魂

一个民族要发展，必须有一种民族精神的支撑，依靠的是一个民族的灵魂。而一个企业辉煌闪烁、锻造蓬勃，企业员工也要体现一种精神，这种精神是企业理念的浓缩，是企业厂魂的集中体现，是企业发展的必然产物和支柱，是企业精神和企业文化集中的体现。甘肃招冶人正是以这种铸就厂魂的信念，积极主动地推进 TOPS 体系，推进工作中兢兢业业、务实创新，诚信奉献，工作中勇往直前，敢为人先，百折不挠，在公司发展的道路上铸就了新篇章。

一、推进总体策划

（一）千里之行，始于足下

2015 年 8 月甘肃招冶召开了 TOPS 体系推进启动大会，确定了甘肃招冶全面推进 TOPS 体系工作。

（二）以标准化管理为核心

TOPS 体系提倡以标准化管理为核心，不断深化企业的精细化管理，全面提升甘肃招冶运营的规范化水平，通过保持设备的良好状态，不断提高设备对公司安全运营的保障能力，打造最具特色的黄金冶炼标杆企业。

为了有效地推进、实施 TOPS 体系，甘肃招冶优先贯彻执行现有管理标准，按照《TOPS 200 分星级评优标准》《招金矿业股份有限公司 TOPS 手册》《招金矿业股份有限公司 TOPS 标准手册指南》《点检润滑管理标准手册》等要求，结合公司实际情况对 TOPS 推进实施标准化管理，量化考核指标，坚持标准，不断改进。通过全员参与、持续改善，从基础管理做起，不断优化，形成常态化管理。改变了企业原有的传统管理模式，给甘肃招冶带来了全方位的进步。推进中，形成了《甘肃招冶 TOPS 成果汇编》《可视化定置化管理手册》《OPL 汇编》《OPS 汇编》《TOPS 润滑管理手册》《六源管理手册》《六项改善手册》《精品故障案例》，修订了 108 种主体设备的《六定标准》和 36 个现行有效文件，实现了企业标准化管理水平的快速提升，达到了前所未有的高度。

（三）建立支柱，扎实推进

为有效推进 TOPS 体系，企业首先建立、并不断完善推进组织。公司成立了总经理挂帅的推进组织，体现了一把手工程。成立了六个推进支柱小组，主持企业日常推进业务。各车间、部室建立了完善的组织，明确职责分工。通过充分发挥各专业支柱小组和各单位推进小组的职能作用，形成了从经营层、管理层、基层的全方位 TOPS 推进体系，营造了全员参与的浓厚氛围。各级推进组织都设定了年度的推进目标和任务。通过 TOPS 体系的推进，改变了公司以往的设备管理模式。各车间对油品优化、油品管理、点检润滑管理、检维修管理、自主维护管理等，严格按照闭环管理模式运行。以设备全寿命周期费用最经济和设备效能最高为目的，制定符合设备实际情况的维修策略，建立全员参与的设备预防维护体系，利用信息化的手段对设备进行精细化管理。全员参与已成为一种常态化。大家都认识到，TOPS体系是一种让全体员工养成好行为、好习惯的管理模式，是一种有效的管理工具。

（四）全员参与，全员改善

在推进工作中，推进办实施动态管理，以点带面全面提升。公司制作、安装了一大批推进看板和小组活动看板，制作了各类可视化图板、标牌、现场定置牌，对厂房、生产设备、办公室和更衣室等进行了重新粉刷，班组环境得到了极大的改善。“甘肃招冶是我家，人人都要爱护它”的理念进一步升华，小组、作业区、部门之间广泛开展交流，岗位操作技能稳步提升，六源查找方面成效显著。

二、推进工作更上一层楼

（一）认知认同　内化于心

要把TOPS推进的各项工作大力宣传，落到实处，各车间、工段、班组全力打造甘肃招冶TOPS管理理念，创新活力，公司上下积极探索和创新企业TOPS宣传，不断丰富和开辟新的宣传载体，使单一的改善变为潜移默化的全员渗透，使公司全员对TOPS理念由认知变为认同，逐渐转化为共识，成为共同的信念和追求，大大增强了企业对TOPS管理归属感和认同感，形成了强大的全优生产保障链，从而发动了员工众志成城、攻坚克难、拼搏奋进的良好氛围。

（二）融合融入　固化于制

TOPS体系是理念，企业制度管理是保障，只有将先进TOPS管理理念固化于科学规范的管理制度中，才能和公司同频共振。

为了使TOPS理念实施落地，甘肃招冶领导班子积极探索，不断进取，不断修订完善TOPS推进管理制度，公司总经理亲自牵头成立TOPS推进小组，对符合TOPS管理理念的坚持推广创新，不符合要求的进行修订完善，为力求公司全优生产保障规范化和常态化，并结合“三个体系”完善健全了公司各项管理制度60多项。为实现基础管理提升，强化了管理的严、准、细、精，实现了管理从粗放向精细化迈进。信息化建设也借助 TOPS 管理理念，采用了网上财务、采购、人力、法务、审计一体化，提高了工作效率，节约了成本，为“工作运行高效，部门协同一致”的组织理念注入了新的活力。与此同时公司不断加强和改进公司的党群建设，坚持把党的思想建设与 TOPS 推进结合起来，并渗透到生产和管理经营当中，相得益彰，合力推进，成为托起公司全优生产的又一支柱。在各项制度的引导下，公司内部的执行力也明显提升，近年来各项指标的达标率明显提升，实现了新的突破。

（三）落实落地　外化于行

TOPS 管理理念不仅要入脑入心，更重要的是落实在行动上，并养成良好的习惯，这才能落地生根，产生核心竞争力。

古人云：“其身正，不令而行，其身不正，虽令而不从。”在 TOPS 推进中，领导干部既是 TOPS 建设倡导者，又是 TOPS 建设的探索者和实践者，管人先带人、抓落实、抓执行、关键得抓好领头人，给予这样的认识，甘肃招冶首先从提高中层干部的责任意识入手，多次组织中层干部进行基础管理理念培训，学习 TOPS 相关知识，组建了一支具有甘肃招冶特色的 TOPS 推进小组。

（四）攻坚克难　成效显著

甘肃招冶始终坚持技术创新无止境，永远在路上，管理创新永远当好好学生的管理理念，把科技创新放在生产最前沿，并取得了喜人战果。为进一步降低能源消耗，甘肃招冶紧紧围绕降本增效组织了多项技术革新，取得了显著的效果。

（五）强化文化魂

如今的甘肃招冶，经过不断锤炼，人的好品格不断提升，到处充满浓郁的以 TOPS 为载体的企业文化氛围。“诚实做人、踏实做事”“合规创效、合智创新”“黄金有价、生命无价”的文化宣传栏，固定在厂区的每一个角落，每一块文化管理理念都承载着每一个甘肃招冶人智慧的结晶。

三、持续提升的策划

（一）认清形势

当前甘肃招冶生产经营持续快速增长，经济效益大幅提高，各板块呈现良好的发展态势。为提高公司的创新能力，加强知识产权的积累工作，为企业的持续发展提供永恒的动力是一项十分艰巨和重要的长期任务，工作上与兄弟单位相比还存在较大的差距。

（二）发挥优势

要保持清醒的认识，勇于正视自己的差距，进一步增强紧迫感和责任感，下定决心，迎头赶上。人们常说：狭路相逢勇者胜。何谓勇者，勇者不仅仅是那些勇敢面对困难的英雄们，也包含那些企业最基层的员工们。如果每次遇到困难就逃避，那么只能远观胜利，只能在通往胜利的道路上徘徊。实际上，有的时候困难并没有我们想象的那么可怕，只要我们敢于抽出宝剑拼搏，必能砍开一个突破口，冲出重围。甘肃招冶人正是因为依靠这种精神，才战胜了过去的种种困难，在遇到强大苦难的时候，敢于亮剑，一搏生死。如今，经过进一步的锤炼，这种敢干、想干、干漂亮的意志，“首战用我，用我必胜”的企业价值观，更进一步深入人心，力量变得越来越强大。回顾公司这三年 TOPS 体系的推进经验，从无到有、从不认可到实现全员主动参与改善，TOPS 体系的推进和企业标准化体系建设，起到了最关键的作用。

（三）砥砺前行

企业的竞争越来越严酷，责任依然重大，甘肃招冶的装备不断升级，有些装备处于国内领先水平，这些装备的维护保养要求比过去的也更高，只有企业拥有一支战无不胜、攻坚克难的团队，员工才能成为最有战斗力的员工，才能立于不败之地。追求卓越、敢于挑战的甘肃招冶人正在以更加奋发有力的精神，更加精益求精的姿态、坚定的信念，创造性的持续深化推进 TOPS 体系，以提升公司的治理体系和治理能力现代化为目标，打造一个全新的现代化冶炼企业。

第七节　蚕庄学春蚕吐丝孜孜不倦

蚕，是弱小的。蚕尽管一生短暂却演绎出出神入化的神奇。从子到蚕，从蚕到蛹，从蛹到蛾，四种状态，三个过程，一次又一次地超越自我，最终化蝶实现了理想的腾飞，更是一种生命历练的过程。蚕庄金矿 TOPS 体系的推进之路正像是蚕的一生。TOPS 使蚕庄金矿这座老矿山焕发出新的生机，迎来了第二个春天；又像为企业注入了一剂强心剂，推动企业向更高、更远的目标前进。

一、推进单位介绍

招金矿业股份有限公司蚕庄金矿（见图 12-23）位于美丽富饶的中国金都——招远市蚕庄镇。始建于 1970 年 10 月，前身为“招远县石英厂”。一代伟人毛主席的水晶棺和“东方红”人造卫星上的永磁材料就是用该矿当年的石英产品制作的。2010 年 1 月 1 日，蚕庄金矿并入招金矿业股份有限公司。目前，全矿下辖六个机关科室、两个生产矿区、两个选矿厂、两个尾矿库以及车队和机修两个辅助车间。2013 年，上庄矿区新建 297 竖井，该竖井井塔高 82.5m，为当时全国第二大、胶东第一高井塔。

图 12-23　蚕庄金矿

二、推进背景介绍

作为一个有着 40 余年悠久历史的老矿山，面对国际市场的快速变化，企业内部设备如何精细化管理，生产工艺如何优化，如何提升企业与职工的融合力和凝聚力，如何利用企业文化来管理企业是摆在企业面前的难题。因此，除了要有正确的战略部署外，强化内部管理是当务之急。于此之下，“调结构、转方式、促创新、降成本”等一系列内控举措显得尤为突出和重要。正在企业寻求出路一筹莫展时，TOPS 体系来了。

2015 年 9 月，蚕庄金矿开始全面自主推行 TOPS 体系。尽管目前尚处于初级阶段，但企业仍然非常欣喜地看到推进 TOPS 以来无论是办公、后勤还是生产设备现场都发生了巨大变化，设备操作维护更加规范，设备综合效率稳步上升，生产成本逐渐降低，更为可贵的是全矿上下凝心聚力、工作热情高涨，精神面貌焕然一新。

三、推进情况介绍

蚕庄金矿作为传统老矿山，矿区车间多、较为分散，各生产单位实际情况不同，不能一味地按照统一模式、统一套路进行 TOPS 推进。由于各生产单位推进难易程度不同、推进进度参差不齐，按照统一标准考核往往不切实际，各生产单位做的大量工作得不到很好的体现，这将直接影响各生产单位的工作积极性。在 TOPS 工作准备阶段，蚕庄金矿按照一切从实际出发的原则并根据现场分散的特殊性，具体问题具体分析，根据总体运行特征，进行了现场考察及工作实施前的准备。为了避免“纸上谈兵”和“说空话”现象的发生，推进办到亟须开展 TOPS 工作的现场，实地考察，真实记录存在的问题，最终制订详细的工作计划。各推进小组按照自己的实际情况，制订切合自身实际的月计划、周计划。比如，在蚕庄金矿的众多推进单元中，办公机关与生产车间相比，基础条件优越；而在诸多生产车间中，上庄矿区人力、物力、基础设施条件最好；选矿厂中，西山选厂由于是多年的传统老选厂，设备及基础设施相对较差。制订工作计划和开展工作的侧重点不同。图 12-24 为上庄矿区维修车间平面图。

基于此情况，蚕庄金矿推进办转变思路和方法，依据实际情况修改考核标准，按照每月上报的作业计划和计划完成情况进行评比和考核，使每个生产单位心服口服，更好地促进了 TOPS 工作。

（一）团结凝聚、积沙成金

蚕庄金矿是一个团结而极具凝聚力、向心力和执行力的团队。在 TOPS 推

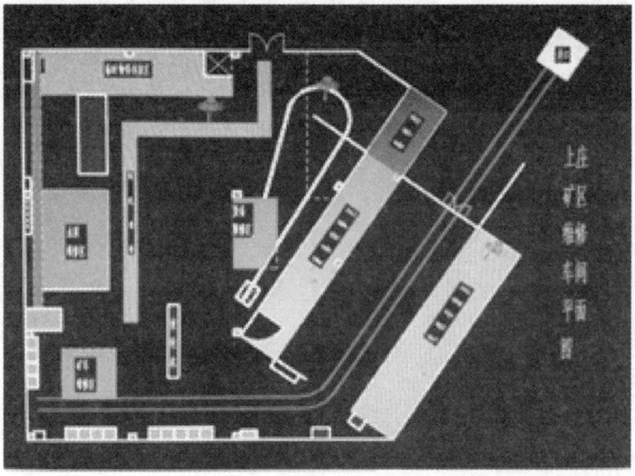

图 12-24　上庄矿区维修车间平面图

进过程中，蚕庄金矿成立了以推进办为首、分工明确的各级 TOPS 推进领导小组，上至管理层、下至班组级，各级团队对 TOPS 工作高度重视。正是由于团队作用的发挥，促使了各小组责任落实充分、计划贴合实际、考核针对性强、任务执行到位。

在矿级领导团队的高度重视和亲切关怀下，蚕庄金矿定期、不定期地召开 TOPS 专题会议，及时反馈、解决推进过程中存在的各种问题。“把 TOPS 工作当成和安全、生产同等重要的工作来做”，正是在这种理念的指导下，蚕庄金矿 TOPS 学习和工作氛围浓厚，TOPS 工作得以如火如荼地进行。也正是由于团队的力量，蚕庄金矿在没有专业辅导老师的情况下，从“摸着石头过河”的情况下一路走来，不怕吃苦、不怕挫折，走出了“蚕庄特色”的 TOPS 模式。

(二) 加强全员参与，设立样板区域、样板车间

蚕庄金矿在推进过程中，曾经一度出现 TOPS 工作停滞不前、整体进度缓慢，甚至出现倒退的现象。问题反复出现、反复整改，工作毫无头绪。在山东设协指导下，蚕庄金矿及时在全矿圈定了 40 多个样板区域和车间，并根据实际情况先后进一步增加、扩大样板范围。随着具有统一标准、具有模范榜样作用的样板车间建成，蚕庄金矿找到了工作的目标和方向。在推进样板区域和样板

车间后，标准区域明显增多，TOPS 工作进度明显加快。目前，样板区域和样板车间已经在蚕庄金矿遍地开花，取得了不错的效果。推进 TOPS 工作的重点是全员参与、全矿动员，点燃全矿员工推进 TOPS 的热情，要让每一个职工都参与进来，发挥出每位员工的积极性和智慧。蚕庄金矿特别成立矿部一级的支柱小组，将推进工作进行分解，由专业的人做专业的事，专业的人负责各自的专业，支柱小组出台各自的推进制度，交由推进办进行审议，通过后下发实施。支柱小组负责各自专业的日常检查、总结和汇报。检查工作由各支柱小组共同进行，使 TOPS 工作全方位、无死角、全机动、无落后。

TOPS 实施过程中，充分进行实践。同时，抓住主要矛盾，着力解决存在的主要问题，最终通过量变的积累实现质变。蚕庄金矿推进办牵头，总体推进“现场四要素”“OPL”“OPS”有序开展。另外，组织各单位相互参观、相互学习，总体打分、总体评比，并优先解决存在的突出问题。蚕庄金矿推进办充分利用 TOPS 活动群，大力推进各单位活动开展。同时，联合政工科，将每周卫生检查融入 TOPS 管理。目前，推进办成功组织了各单位联合评比、联合大检查，有效促进了 TOPS 开展落实。

随着 TOPS 推进的深入，相关的推进制度已经不再适应，需要作出适当的修订。推进办总结推进中的问题，针对问题提出各项推进制度的修改措施，保障了 TOPS 的顺利推进。

（三）活动形式多样，以活动促推进，以推进带活动

（1）创意工具、看板美文大赛——创新不止，创意无限。为将 TOPS 推进工作与蚕庄金矿各项工作的深入融合，进一步提升现场管理水平，鼓励全矿员工参与 TOPS 推进工作的积极性和创新性，在全矿范围内开展了两项 TOPS 推进活动，随着活动热烈的开展，迅速在全矿形成了积极动手和比学赶超帮的浓厚推进氛围。

这两项活动分别是以“自主创新，激发活力”为主题的自制维保工具竞赛活动和以“创新不止，创意无限”为主题的 TOPS 看板及美文竞赛活动。自制维保工具竞赛活动的开展是针对设备、区域的不同特性，自行设计、加工清洁清扫工具参与比赛。活动旨在引导员工从日常工作的小处着手，关注工作方法

的改善和提升，强调自主创新，紧密结合工作实际需要，增强动手动脑能力的培养和工作习惯的养成。参赛的工具立题广泛，涵盖了设备专业维修工具，设施、物资的维护、吊装、储运等便捷的自制工具，办公、宿舍及厂区各类定置工具等，有效地促进了工作效率的提升。

开展的 TOPS 看板及美文竞赛活动，是为了更好地推行 TOPS 活动的班组建设，强化班组内部的融合和合作，鼓励分工协作机制的建立。看板内容一是机关、车间或班组 TOPS 及相关工作内容的体现，展现风格和形式可根据个人创意进行创新性设计和制作，突出个人动手、班组协作共同完成，更加注重实施的过程。看板内容二是必须体现生产现场的相关信息、小组活动进展情况、推进风采、各种宣贯知识等方面。参赛美文的内容主要展现了开展的所有生产、生活方方面面的活动，着重于活动带来的提升和改善，突出展现先进人物或班组的先进事迹和先进经验，展现蚕庄金矿各条战线的风采。

活动的顺利开展，得到了矿部领导和各级单位的大力支持和积极参与，尤其是此次的活动是全矿范围内的活动，各单位充分发动职工利用工余时间准备作品进行参与，充分体现了创新不止、创意无限的参赛精神。比赛计划的参赛作品为 41 项，但最后的参赛作品 98 件远远超过了既定的参赛数量。为此成立了专项评选小组，经过现场观摩和会议室 PPT 演示，结合各项参赛要求最终评选了各单项的前三名和优秀参与单位 3 名。尤其是自制维保工具经过评定，以作者的名字进行了作品命名，并在全矿范围内推广使用。

通过开展这两项 TOPS 推进活动，将隐藏于基层职工的丰富经验进行了挖掘，通过学习和宣传，大大提高了工作积极性和对各项工作的参与热情，将班组建设活动推向了高潮。

（2）微信群——全矿融合的纽带。经过不断摸索，将蚕庄金矿的 TOPS 工作采用月计划、周考核的模式，按照推进方案的要求，每天将推进工作进行微信群分享。自 2015 年底建立的推进微信群，是蚕庄金矿上下联系的纽带和桥梁。从建立之日起的几十人发展到现在的二百多人，更多地人自发地加入到 TOPS 推进大潮中来，每月分享的图片平均在 500 张左右。各单位竞相将工作风采和心得体会发在群里面进行分享和比拼，极大地促进了相互间的交流和融合。

同时各分管领导对自己所管的专业部门进行评判，表扬或提出不足之处，形成了众人拾柴火焰高的浓厚氛围。

每天大家将自己改善的点点滴滴通过微信群分享，是对更多人的促进和激励。微信图片分享是展现风采的平台，相互竞技学习的舞台，也是比拼能力和水平的擂台，图片更是特色和个性的烽火台，最后的落脚是为蚕庄金矿增添记忆的驿台。

(3) 效率 & 特色——关注效率、突出特色。为推动 TOPS 管理工作的持续开展，鼓励基层班组成员动手动脑的能力，提升班组作业人员日常工作的效率，培养对工作精益求精的态度，充分认识到目前车间存在的问题，更是为了进一步提升全员参与的热情，决定在全矿范围内进行星级优秀个人工具箱评选活动，以期通过“从小处着手、从小事做起”来培养提升全矿维保队伍的综合素养，开展了以“效率 & 特色”为主题的推进活动。

本次活动突出工作效率的时效性，以易于拿取、快速回放定置为基本要求，能够少维护长久保持，方便日常工作，强调个人特色和风格，凸显个人的思维拓展和动手精细化。一切整改活动利用休息、工余、值班没有工作安排时间进行，任何与活动初衷相违背或放弃正常工作进行整改的单位和个人进行通报批评。评选为星级工具箱的将进行拍照，入选蚕庄金矿 TOPS 标准手册，成为特色标准。

四、推进成果

蚕庄金矿推行 TOPS 体系两年多的时间，成本指标、各项单耗指标有了较大程度的降低，而设备管理指标的故障率的减少使设备利用率有了进一步的提高。通过宣传看板、知识培训、管理座谈等多种形式，帮助员工建立对自主维护工作的正确认识，实现从“要我做”到“我要做”的观念转变。

随着 TOPS 的推进，在将现场打造成整洁有序的同时，更加注重员工综合能力的提升，完善和规范现场设备管理及操作的程序，陆续建立和编制了主要设备的点巡检路线图 10 份，点检标准总基准书 12 份，清扫点检记录表 12 份，编制有氧活动的 OPL 优秀案例 96 份，OPS 优秀案例 60 份，极大调动了职工工作的积极性和创造性，更是向班组建设深层次的推进。

五、结语

蚕庄金矿推行 TOPS 以来，现场环境有了极大的改善，提高了工作效率，降低了生产成本，职工面貌焕然一新，工作热情高涨、干劲十足。TOPS 工作体现了招金精准的眼光和对国内外设备管理新形势、新常态的判断，是招金大胆尝试、大胆探索高水平设备管理工作的产物。而推行 TOPS 体系的目的，就是达到人、机、物的和谐统一，提高工作效率、降低工作成本，最终实现企业效益的最大化。寄希望于 TOPS 在招金生根发芽，根植于每个企业，根植于每名员工的心中，最终在招金的沃土上开花结果。

第八节　北疆星塔摘星揽月壮志凌云

一、公司介绍

托里县招金北疆矿业有限公司，坐落于新疆塔城地区托里县庙尔沟镇，成立于 2004 年 4 月，注册资金 3000 万元，黄金采选能力 1000 吨/日，是北疆地区规模最大的黄金采、选、冶、回收一体的综合性矿山企业之一，年自产黄金 1 吨。公司目前拥有员工 390 人，总资产 15.3 亿元，7 个职能部（室），2 个辅助生产单位，5 个生产厂矿，拥有冶炼、采矿、选矿等各专业中高级工程技术人员 34 人，大专以上学历 115 人。

新疆星塔矿业有限公司（见图 12-25）注册资金 1.6 亿元，建有日加工冶炼 200 吨金精矿的冶炼厂及配套 200 吨/日氯化挥发提金工艺，是新疆地区第一家、西北地区最大的专业处理高含砷、含碳、低硫复杂金银精矿的黄金冶炼企业。公司建有自治区级“企业技术中心”和“产学研联合开发基地”，拥有“氯化挥发”和“流化床”两项世界行业首创黄金冶炼工艺。工艺技术世界先进，国内领先，可综合回收金、银、铜等有价金属，环保无污染，既实现了资源的综合利用，又兼顾了经济效益和社会效益，填补了新疆冶炼加工复杂金精矿领域的空白。

图 12-25　新疆星塔矿业有限公司

近年来，凭借公司雄厚的资金优势、技术优势和管理优势，在驻地各级党委政府的关心支持下，招金北疆和星塔矿业获得了迅猛的发展。特别是 2010 年初招金北疆兼并星塔矿业以后，新的招金北疆规模迅速膨胀，综合实力跃居塔城地区前茅，成为区、县龙头矿山企业，为繁荣地方经济、稳疆兴疆、富民固边做出了突出贡献，连年受到各级各部门的表彰和奖励，成为北疆黄金行业一颗璀璨的明星。公司先后被县、地区、自治区、国家授予“县域经济发展突出贡献企业”“地区十强企业”“优秀纳税企业”“劳动关系和谐企业”“自治区重点黄金生产企业”“自治区安全标准化二级企业”“‘十一五’‘十二五’期间全国黄金行业先进集体”等荣誉称号。

二、TOPS 体系推进历程

招金北疆（星塔）矿业自 2016 年 3 月 25 日 TOPS 体系启动以来，成立了以总经理为推进委员会主任的领导小组，下设 TOPS 推进办公室，9 个支柱小组，各车间下设推进小组。各个小组明确分工，各负其责，各司其职，相互配合共同推进 TOPS 体系。

三、TOPS 体系推进的困难与问题

TOPS 体系推进的困难与问题如下：

（1）环境差。招金北疆（星塔）矿业是集采选冶、综合回收为一体的大型综合性企业，车间相对比较分散，作业环境差异较大，设备陈旧且腐蚀严重，给设备管理带来极大的压力。

（2）生产任务重。随着井下开采的不断延伸，井下通风系统紊乱，再加上井下矿脉厚度小，给生产带来极大的压力。

（3）地理位置偏。招金北疆（星塔）矿业位于塔城市托里县境内，周围是茫茫的戈壁滩，距离克拉玛依市、托里县、奎屯市都较远，给职工的生产生活都带来极大的麻烦。

（4）物资材料供应困难。由于公司位置距离城市较远，物资材料等都需提前备库，造成仓库库存压力较大。

四、解决方案

招金北疆（星塔）矿业在主要领导带领下齐心协力克服种种困难，在 TOPS 体系推进的道路上不断创新，持续完善 TOPS 体系推进方法，使 TOPS 体系在生产中得到广泛推进，真正应用到了生产一线。在推进过程中主要做了以下几方面：

（1）统一思想，提高认识，营造全员开展 TOPS 的浓厚氛围。为了让广大职工接受 TOPS 体系的新理念，在 TOPS 体系启动大会上，招金北疆（星塔）矿业总经理作了重要讲话，对各单位、部门 TOPS 体系主要推进人员及联络员作了实施动员，对实施工作做了具体的安排部署，确定了“全员参与、规范行为、扎实工作、稳中求进”的 16 字方针，统一了思想认识，坚定活动信心。聘请广州学府老师，分批次、分层次、有针对性地对公司职工进行了专题培训，并深入现场对 16 个 TOPS 体系推进单位进行指导，使 TOPS 体系的管理理念入脑入心，而且使公司广大干部、职工进一步认识和了解 TOPS 体系，对后续 TOPS 体系的推进起到了良好的推动作用。

（2）明确策略，找准抓手，积极促进 TOPS 在公司落地生根。TOPS 体系是

一项系统工程，不可能一簇而就，不可能毕全功于一役。为了扎实开展好 TOPS 体系工作，公司采取了先建试点、以点带面、逐步展开的策略，先在各车间建立 15 个试点小组，以 6S 为基础，坚持高标准开展工作，对每台设备建立了 6S 清理标准，对照 6S 清理标准对现场采取地毯式的清扫，达到与设备零距离接触；从细节入手、点滴起步，人人动脑动手，以查找不合理现象和开展小组改善活动为切入点，消除设备“跑、冒、滴、漏”现象，保证了活动程序和方法不失真，使 TOPS 体系既能全面铺开、迅速推进，又不至于盲目上马、流于形式。这种策略保证了 TOPS 体系在公司的良性发展。

（3）统一规范，目视管理，全面提升公司设备管理水平。在 TOPS 体系推进的过程中，推进办公室就设备管理工作中实际遇到的问题、困难进行总结、分析，提出设备可视化管理的方法，解决当前设备管理过程中遇到的部分困难问题。推进办结合 TOPS 体系推进标准手册中颜色标准、定置管理制度，充分利用形象直观、简单方便、色彩适宜的各种图片文字，把有关设备可视化的要求、方法、规则等信息，迅速、准确、直观地传达给每位职工。通过清晰的安全标识，使设备变得更加简洁、便于识别和操作，提高了设备使用效率，作业现场更加宽敞明亮、整洁有序、清晰明了。图 12-26 为综合回收车间电工屋热电偶、热电阻分类摆放的照片。

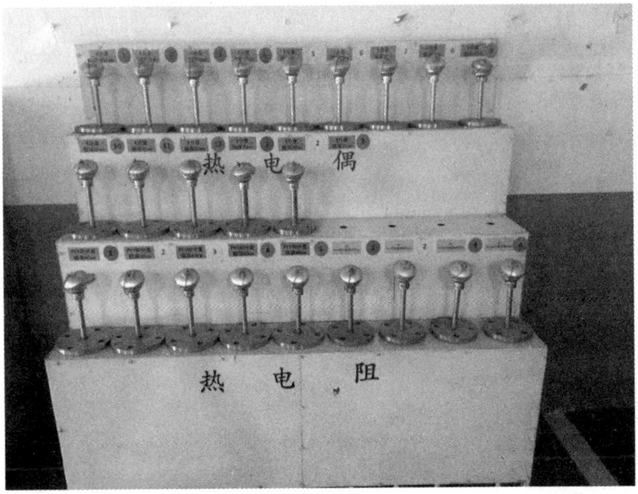

图 12-26　综合回收车间电工屋热电偶、热电阻分类摆放

（4）注重培训，重视推广，不断提高广大职工技术素质。TOPS 体系在推进过程中，为了使职工能够掌握设备原理、工艺流程、应急预案、安全操作规程等，学府老师为各单位 TOPS 体系推进小组开展 OPL、OPS 教育活动，很多职工主动将自己在工作中积累的各方面的经验和知识编制成教材，在每次活动中带领小组成员一起学习。这些教材为提高职工技术素质起到了重要的作用。推进办对优秀教材进行了评比、展示和推广，引导 OPL 教育学习形式在后续 TOPS 体系开展中不断得到推广和应用。

（5）转变观念，强化意识，职工主动自主维护设备。过去传统的设备维护方式是“我操作，你维护”，职工和维修人员向来互不相干。TOPS 体系开展之后，公司设备的维护方式得到了改变，生产车间开展设备责任区域划分，各生产车间职工按照 6S、6H、可视化、定置化彻底查找设备存在的各种缺陷，能自主改善维修的自己主动改善维修，不能自主改善维修的委托相关业务部门进行改善维修。在维修过程中，全体职工都能够积极学习，从设备基础操作维护知识，索根求源，对症下药，制定切实有效的能解决问题的对策，并与维修人员一起对设备弱点进行统计，对设备劣化情况进行分析，查找设备劣化原因，提高了设备利用率，降低设备故障停机时间。

（6）设备点检维修情况。公司自从开展设备点检维修活动后，各单位积极组织培训学习点检维修课件，并由推进组长带领各班组长，各班组长带领各岗位工人逐级培训、讲解的方式进行深入学习，各岗位工人将理论知识与现场生产设备相结合，制作适用于本单位的设备故障统计表、设备操作规范、设备故障报告、自检自修总基准书、点检路线图、维修工单等。目前，各单位正严格按照制定的表格进行统计分析，保证所有设备点检到位，设备故障、维修都有记录。

五、TOPS 体系推进成果展示

（一）活动区域得到彻底改善，面貌焕然一新

发现不合理问题 492 项，改善不合理问题 456 件，改善率达到了 92.68%。恢复设备本质问题 334 处，消除故障发生源、污染发生源 329 处，改善点检、

清扫、作业困难部位 236 处，实施设备可视化 374 处，实施现场定置 356 处，消除安全隐患 705 处。自从开展 TOPS 体系工作以来，不完全统计创造的直接或间接效益高达 200 余万元，设备完好率提高到 98.65%，维修费用下降 16%，活动区域面貌焕然一新。干净整洁的作业场地、一尘不染的设备、一目了然的标识、井然有序的定置摆放、宽敞明亮的作业通道，令人赏心悦目。职工在这样的环境中工作，心情愉快，精神振奋，效率提高。同时也为后续 TOPS 体系的开展奠定了坚实的基础。

（二）现场改善成效显著

无论何时，只要走进车队，就会使你的眼前顿时一亮。这里的职工宿舍、维修车间，车辆摆放，整齐有序。企审部的办公室内，抽屉内的文件整齐放置，分门别类，想要拿取什么文件，只要打开柜子即可拿到你想要的文件。生产车间现场职工就餐用的餐盒、水杯现场定置摆放，整齐有序。配电室内每一面配电柜标识仪表指示、配电柜用电设备功率标识、所属车间标识，现场可视化一目了然、维修车间现场清晰地区分待修区与维修区、加工区的分类，并画上了定置线，有效地使现场物品放置达到定置状态。这一系列的改善都能体现出招金北疆（星塔）矿业全体人员对 TOPS 体系推进的热情，坚信通过全体员工的努力与付出，必定会给招金北疆（星塔）矿业一个崭新的面貌与姿态。

（三）职工自主改善，大幅提高工作效率

职工的聪明才智正在 TOPS 体系推进中不断地转换为企业的财富。各 TOPS 体系推进小组进行了 30 多次极具特色的实用改善，如：车队维修工和驾驶员利用 40 多天的加班加点设计、改装、制作洒水车（见图 12-27），该车共拼接旧铁板 18 张、焊接废旧工字钢 4.5 吨，并自行设计、安装高压喷枪和水炮，有效缓解了公司洒水车用车紧张的局面，同时省去购车环节，创造直接经济效益 30 余万元；一分矿 12 中水泵房水泵填料室在运行过程中漏水严重，车间维修工自制锥形漏斗把水直接回流到水仓，保证水泵房内地面干净无积水，消除了电缆沟内电缆接头因浸水造成的安全隐患；综合回收车间回转窑出矿口矿尘最严重，造成整个厂区及周边设备严重腐蚀，为了解决矿尘污染及对周边设备腐蚀情况在球团堆场架设雾化喷淋降尘设施，减少冒尘对整个厂区的污染，降尘率达到

90%以上，循环喷淋降温水资源利用率高；机修车间利用废旧焊管加工制作清洁工具、保卫器材存放支架，对清洁工具、保卫器材进行可视化定置，节省购买成本10万余元。这些改善不仅提高了工作效率，更重要的是打开了职工发明创造的思想源泉。

图12-27　车队自制加工洒水车

（四）TOPS体系理念深入人心，对职工意识产生了较大影响

"人造环境、环境育人"，TOPS体系一路走来就像随风入夜的春雨，对职工的思想观念、言行举止起到了潜移默化的作用。企业职工深深感到，TOPS体系首先改变了人的习惯，提高了职工的整体素质，设备综合效率得到显著提高，企业精神面貌得到明显的提升。

为了使公司干部职工进一步明确TOPS体系推行的目的、意义和推行方法与步骤，推进办组织各单位主要负责人和联络员进行培训学习，利用微信平台、宣传栏及灵活多样的TOPS体系例会等多种形式不断宣贯TOPS体系的管理理念，确保人人都知道TOPS体系管理的目的和意义，都知道TOPS体系管理的流程和方法，让TOPS体系深入人心。

第九节　河东乘体系东风重铸基业

30年前，河东金矿投产伊始。在高度机械化作业尚未普及的年代，勤奋敬业的河东人依靠肩扛手抬，完成了一个个生产项目建设；用飞旋的钢钎和舞动的大锤开凿了一方方的矿石，凭借原始的人力推动着黄金事业的发展。

30 年后，看世间沧桑巨变。河东金矿栉风沐雨，经历了半甲子的岁月变幻，已经成为招金矿业发展链条上不可或缺的一环。井上井下，机械化、自动化装备为企业发展插上了腾飞的双翼，精细化、标准化管理为产业发展拓宽了空间。

纵览 30 多年的发展历程，河东金矿如同一艘航船，在企业发展、市场博弈的大潮中奋力前行，穿激流，渡险滩，到达一个个胜利的彼岸。在当前新的发展时期，企业面临着新的发展形势和机遇挑战，TOPS 体系在企业的全面推行如同及时而至的东风，为河东这艘航船增添了新的动力，不断催动着企业驶向又一个充满辉煌的新彼岸。图 12-28 为河东金矿的照片。

图 12-28 河东金矿

一、河东金矿 TOPS 体系整体情况概述

河东金矿现有 3 个生产车间，2 个辅助车间，6 个职能科室，另下设食堂、卫生室、化验室等 7 个二级单位。为实现 TOPS 体系推进的全局、全员、全方位覆盖，矿部成立河东金矿 TOPS 体系推进委员会，作为全矿体系推进工作的决策指挥机构。推进委员会下设矿推进办公室，负责体系推进的规划、督促、指导、考核等具体工作实施。推进办下属设立办公 6S、生产 6S、6H 等 7 个支

柱小组；各单位内部建立体系推进小组，全矿共设有 16 个推进小组。在体系推进工作中，各推进单位各司其职、各负其责，以点带面，将体系建设层层推进，为企业 TOPS 体系推进工作顺利实施提供了坚实组织保障。

河东金矿 TOPS 体系推进在巩固成果的基础上，总结经验、查找不足、持续改进、不断进步，实现了新的飞跃。在山东设协的指导和招金矿业的领导下，全矿体系建设成果层出不穷，亮点纷呈。在全优生产体系平台申报成果项目 238 项，矿区项目改善 724 项。可以说随着 TOPS 体系的深入全面推进，体系建设各项理念和习惯已经融入企业生产建设和员工生产生活的方方面面。从 6S 管理、可视化、定置化和清除六源（6H）等，各科室、车间现场管理发生着翻天覆地的变化，工作效率稳步提高，精细化、科学化、系统化管理体系日益成熟。

二、TOPS 体系推进以来的具体措施

在矿部的大力支持下，TOPS 体系推进委员会统筹规划，谋篇布局，从机制建设、宣传发动、教育培训、措施落地四大战略层面着手，抓过程、抓成效、抓持续，使体系建设在全矿生根落地，开枝散叶。

（一）完善各项体系制度建设

通过制度的建立、执行与改善，促进 TOPS 体系更深入的推行，保障企业持续有效的改善，促进快速转型发展。

通过建立推进支柱小组，协助推进办在全矿范围内深入推进体系制度，及时制订并跟踪、落实推进计划，明确推进责任，确保体系各项推进高效、持续有效的开展。支柱小组由推进办、综合办公室、安全环保科、审计科、生产科、机电供应科等六大职能科室构成，分别针对 6S、6H、有氧活动、班组建设等展开独立跟踪，服从统一推进计划、定时检查分管单位现场改善情况、汇总分管单位推进成果、考核及评审成果汇总；通过调动支柱小组职能，对各支柱小组建立管理办法，明确各支柱小组责任，确保推进项目的落实。不仅促进了全员参与，多科室的加入，更加确保了 TOPS 体系的持续有效开展。

建立现场管理月度检查机制，每月推进办组织相关支柱小组对各单位进行 6S、6H 等检查，并汇总成检查清单在推进例会上通报，形成岗位互查，提高全

体职工对现场推进及成果保持的意识。促进各单位相互学习、交流、借鉴，总结推进经验，针对不足之处下步采取的改进措施，制订下步推进任务计划，落实奖惩制度，组织学习相关推进内容，为下步工作推进奠定基础。

制定 TOPS 月例会工作制度，严格 TOPS 例会管理机制，汇总推进成果，找出各自推进亮点和不足之处，相互学习、借鉴，总结推进经验，及时快速地掌握推进成果；会后反馈总结，保证例会制度的实施收到具体成效。不仅将体系推进工作全面纳入机制建设中，各单位对体系推进的重视程度进一步提高；而且结合实际工作，对体系相关概念和标准及时传达解读，使各单位准确把握工作要求，推进成果的质量进一步提高。通过学习交流，有效解决工作中的难点和重点，体系推进工作的顺畅性有了进一步提高。实施月例会工作制度是持续全面深入推进 TOPS 体系，进一步提高 TOPS 体系推进整体管理水平，最终实现依托 TOPS 体系有效推动企业安全生产，继而实现企业健康持续发展而采取的一项积极举措。不仅促进了体系推进的认知程度，更进一步强化了 TOPS 体系推进力度，促进全员参与，取长补短、共同进步！

建立 TOPS 体系推进组织机构框架，明确推进人员的推进职责。依据推进任务制订推进年度计划、月份计划。建立相关项目推进检查考核管理办法，其中包括考核各支柱小组制度、支柱小组考核车间制度、车间推进内部考核制度等，考核参照《河东金矿 TOPS 支柱小组管理办法》。如建立的考核各支柱小组制度，主要考核各支柱小组是否结合每月推进办下发的任务制订各单位负责项目成果的推进计划，制订的推进计划是否合理，是否监督各单位依照计划执行推进；各支柱小组是否针对各单位实际情况建立考核制度并落实责任；各支柱小组每月是否按时保质、保量将各自所负责的推进成果提报推进办。严格落实考核责任，从而促进全员参与，保证成果质量，使推进进度快速有效地进行。

（二）加强宣传发动

推进专刊及时宣传。要想将体系的推进宣传到全矿的每一个角落，单单只靠看板是远远不够的。推进办及各支柱小组会定期撰写 TOPS 体系推进专刊及新闻稿等文件，将河东金矿 TOPS 体系推进情况及时全面的宣传出去，让全员意识到体系推进的进度、成效及所带来的益处，逐步实现体系推进的全员参与。

组织推进评比活动，增强员工积极性。如看板评比活动，通过观察看板的设计、内容、布局、特色亮点，集思广益、各抒己见，找出各自的亮点及不足，并加以改善，极大地促进了体系推进的全员参与性。各单位的看板推进也有了较大层次的提高，不仅内容及时更新，丰富不单调，看板的布局也逐渐合理清晰，美观大方，赏心悦目。进一步提高了全员对看板的认识，充分发挥出看板对 TOPS 体系推进的宣传作用。且带动全矿职工形成比学赶帮超，撸起袖子加油干的良好氛围。

精品解读，学习交流。通过对各单位上报的各种精品案例、纪实美文、现场精品图片、标准规程编制等进行评优选劣，如 TOPS 体系推进纪实美文，6H、OPS、OPL 精品案例分析等，将好的作品作为精品典范，来让员工学习，间接促进 TOPS 体系的宣传推进。一方面，让员工更好地掌握 TOPS 体系推进知识，意识到标准和规范的重要性，在提升他们专业基础的同时，让 TOPS 体系的重要性更加深入人心。

组建 TOPS 微信群、钉钉工作交流群等。通过网络平台的宣传及相互交流，分享推进经验，展示推进成果亮点，让推进工作更得心应手，方便员工随时掌握最新 TOPS 知识，更好地参与推进活动，也直接体现了河东金矿职工在工作、学习和生活上积极进取的精神面貌。并定期组织相关人员对推进项目形成互查机制，将推进死角展现出来，并限定在规定时间内完成整改，确保体系持续有效推进。

（三）教育培训提升理论与现场管理水平

为确保体系推进持续有效推进，强大的理论支撑必不可少。河东金矿通过专家组现场调研，对企业生产保障管理进行全面诊断，提炼管理亮点，识别公司及车间的生产保障管理薄弱环节。与此同时，河东金矿还特邀广州学府老师莅临现场进行阶段性推进指导，通过详细把握推进办和各矿区现场 TOPS 体系推进情况，诊断推进存在的问题和不足之处，提出改进建议。老师的专业辅导使全矿上下认识到了推进过程中的问题和不足之处，针对辅导建议，及时查漏补缺，做到举一反三，及时改善，极大地促进了 TOPS 体系的深入推进，为河东金矿 TOPS 体系推进工作指明了方向。

公司多次组织培训，讲解 TOPS 体系相关内容及评价标准，如 TOPS 推进师、TnPM 弟子班的培训学习。推进办在外出学习后，第一时间组织矿部相关人员进行 TOPS 体系新知识的学习培训，及时更新掌握最新动态，更好地进行推进完善。通过对理论知识的学习，员工有了主动发现问题、思考问题、解决问题的能力，促进员工思想的活跃性，增强他们的创新能力，让他们的理论知识与推进现场实际相结合，促使推进工作变得游刃有余。

（四）推进体系建设，让成果实实在在

加大自主维护推进力度。目前河东金矿体系建设已经推进至自主维护模块，对全员进行自主维护模块的培训，建立自主维护推进责任机制，明确各车间自主维护工作负责人和负责小组的人选和职责，明确自主维护三大目标，建立跟踪机制，制定自主维护管理办法。选定样板机台，组织编写样板机台的自主维护总基准书，其中对清扫、点检、保养标准进行细化和明确，并依据自主维护总基准书点检模块建立操作工及维修工的点检记录，完善优化点检路线。在平时的工作中，广大员工时刻遵照体系标准，养成自主管理的良好习惯。工具在用完后及时归位，工作场所的工作完毕后及时清扫，所有设备按定置化要求定置摆放。此外，利用微信群和办公平台，及时交流体系推进工作情况，相互取长补短，并积极听取推进办和兄弟单位提出的建议和意见，认真落实好各项改进措施。通过全员参与、自主维护，车间全体员工自身素质和职业修养得到进一步提升，有效保障了车间各项生产工作安全、环保、高效、经济。

加强班组建设。以综合办公室为例，班组建设促进推进效果，综合办公室下设招待所和食堂两个二级单位，因此，综合办在胜任自身行政管理工作的同时，还要兼顾好二级单位的外部服务与内部管理，特别是 6S 在班组的推进工作，更是班组建设的一项重点。为此，根据食堂班组划分设立了内部推进小组，将公共就餐区域、面食操作加工间、炒菜操作加工间、后厨仓库等设定了相应的责任班组，负责每天进行整理整顿，确保在完全符合食品卫生标准的前提下，达到 6S 标准。

开展有氧活动，提升效益。OPL 和 OPS 是 TOPS 推进的两个重要环节，它充分将员工隐形的工作经验和技巧，通过一点课的方式成为显性知识与工友一同分享，共同学习，取长补短，鼓励广大员工积极进行工艺改进，发明创造。

采二车间开展有氧活动以来，从现场管理、设备改进、安全生产等多方面分享单点课教材和一点建议 50 多项，通过其他单位分享的单点课教材中学习 20 多项，为矿区的成本节约、隐患排除、设备管理做出了巨大贡献。例如在矿车维修方面，由于井下环境导致矿车轮锈蚀不转，在更换矿车轮时需要人工用大锤将矿车轮敲下，工人劳动强度大，且工作效率低，每班只能维修四套矿车轮，为此全体维修人员集思广益，制作出一个利用液压装置将矿车轮顶出来的维修装置，大大减小了维修工的劳动强度，且每班维修八套矿车轮也很轻松。再比如，利用兄弟矿山分享的专用拆卸联轴器工具制作了一台拆卸水泵联轴器工具，节约了维修时间，提高了劳动生产率。

推进全员参与，自主维护改善。从一台陈年老旧的提升机到一台点检可视化并茂的提升机，采矿一车间主竖井卷扬机在 TOPS 体系推进过程中得到了翻天覆地的变化，设备润滑点检次数增加了，设备故障率降低了，这就是最明显的改观。156 主井提升机作为采矿一车间的样板机台，为推进 TOPS 体系做出了榜样，通过自主维护活动开展，查找工作中存在的六源，降低设备故障率，增加有效功率，通过完善设备三大规程（见图 12-29）、编制设备总基准书，来引导日常设备管理，真正做到以点带面，最终确保全面推进的总思路。

图 12-29 设备三大规程封面

三、TOPS 体系推进目前的状况

回顾 TOPS 体系推进一路的历程，河东金矿全员献计献策，让推进工作取得了优异的成绩，矿区也收到明显的效果。从单纯的现场展示，到不断展现员工创意，逐步意识到源头治理的重要性，不仅让员工在计划、学习和文化意识上得到加强，员工思想更加活跃，创新能力增强，对减轻员工工作量、节约成本起了帮助作用，更体现出踏实肯干的工作作风和良好的管理素养。

当然，无论是体系推进机构的建设、推进各项制度的制定，还是员工从对体系的认识到全员参与，体系的推进都需要一个漫长的过程，不是一日之功，而且在推进过程中肯定也会存在这样或那样的问题，如个别员工意识淡薄，认为短期效果不明显，不够重视，只注重生产而忽视推进工作等，但是在面对这些困难和挫折时，企业没有退缩，而是正视问题、解决问题，让员工看到 TOPS 体系带给企业和职工的巨大福利，普及理论知识，俯下身子、脚踏实地坚持，一步一个脚印，确保 TOPS 体系稳步地推进下去。

6S 推进改善现场 118 项；6H 方面查找并改善 6 源 126 项，设备故障率下降 30%；有氧活动方面，通过 OPL 员工总结提炼工作经验和技能，分享成果 72 份，通过 OPS 员工积极主动的发明创新，建言献策，实现可行性的小改小革 48 项；通过点检维修，及时发现并处理，做到预防性维修，合理配置维修资源，车间维修率下降 30%。

四、结语

展望未来，河东金矿将继续再接再厉，稳步持续推进 TOPS 体系。在巩固和保持好前期推进成果的前提下，进一步完善推进组织及各项推进机制。深入一线，找出各单位的推进需求，不盲目实施推进政策；进一步加强员工培训，将相关理论知识掌握扎实，进而通过理论结合实际，带动全员深入开展推进工作；加大宣传力度，将 TOPS 体系实施的价值宣传出去，确保全矿重视度，为更好地推行 TOPS 新政策，不断创新管理方式，打下坚实基础。接下来，TOPS

体系建设仍会大刀阔斧地走向持续优化、深耕细作、覆盖全面、提升穿透的新格局。乘着体系建设的东风，河东金矿将踏上企业发展的新台阶，实现再一次的腾飞！

第十节　鑫慧慧心巧思改善不止

TOPS 体系在鑫慧铜业推行已近两年，在公司全体员工共同努力下，成效显著。通过项目实施，改变了传统的思想理念，打通了全员参与设备管理的通道，企业的设备设施、生产现场管理逐步纳入规范化、流程化、制度化轨道，设备设施和作业现场的管理水平不断提高，为企业生产提供了有效保障。

同时鑫慧人开展全员热潮参与，为了克服当地回族员工语言沟通困难的问题，企业内部大范围组织学习回、汉两民族的文字与语言，厂区内看板、画报和标识等多形式的宣传教育全部采用双民族文字进行展示，让民族文化和企业经营实现共融发展。

氛围造就环境、环境感染人心，打破传统立足新时代的发展就需要汇集多方的智慧、激发全员的潜能，为此鑫慧人在激情与智慧的碰撞当中不断踊跃出丰厚的成果。

勇于克服困难、善于开发创新、强于推广应用、乐于维持提升是鑫慧人建设推进 TOPS 体系四部曲的重要节奏。

一、开展“头脑风暴”，思想引领行动

TOPS 体系的核心理念是通过“全规范”提升全员参与的设备人机系统精细化管理水平，以现场四要素和有氧改善活动为基础，以自主维护管理为重点，以“五星六维”评价为标准，建立起覆盖全员、全过程的现场管理体系，打造“整洁、有序、高效、安全”的生产作业现场，核心理念重点强调了全员参与、全面规范化、全系统化、全效率，其中人的因素占据关键地位。图 12-30 为仓库的高标准管理现场。

图 12-30 仓库的高标准管理现场

鑫慧铜业地处新疆偏远地区，有技术、有能力的人员相对匮乏，并且干部职工长期在外，与先进管理理念接触较少，久而久之，思想方面就出现了较多问题，主要表现在思想僵化保守、满足于现状、故步自封、工作主动性差、责任心差等。

2016 年，根据黄金企业面临的严峻形势，招金矿业把当年的主旋律定为“改革创新，守正进化”。借此机会，为进一步促进 TOPS 体系的有效推进，鑫慧铜业在公司全体干部职工范围内开展了“头脑风暴”活动。活动号召广大员工解放思想，发散思维，创新灵感，找问题，找方向，多思考，聚集体智慧，多方面多角度去激发创造力，想别人不敢想，做别人不敢做，敢于否定，破而后立，大兴创新开拓之风，开创“百家争鸣、百花齐放”的局面。

活动中，公司每月组织征集一次课题，由专业口进行课题初评价，将合理且具有可操作性的课题经综合评定后每月选出不少于三项优秀课题，纳入月份重点工作予以实施；并建立了动态管理机制，根据课题实施情况，适时完善、调整，甚至否定。

通过“头脑风暴”活动的开展，员工创新意识极大提高，有效促进了 TOPS 体系的推进，成效明显。两年来，共实施重大课题 9 项，一般课题 37 项，治理了多项长期存在难以治理的六源隐患，规范了现场，极大改善了现场作业环境和员工劳动强度。

二、注重全员参与，“合智”迸发动力

在TOPS推进前期，发现一部分人仅仅是以旁观者或者看客的心态“参加”，却没有行动；而另一部分人则通过具体付出智慧和行动积极“参与”改善活动。时间长了，慢慢发现“参加”和“参与”的巨大区别，也深深地体会到“促进全员参与”在推进过程中是何等重要的一个大命题，但怎样才能让员工积极主动参与进来，实践经验是：

（1）遵循员工自主管理的原则。贯彻“以人为本”的人性化管理理念，在不断完善制度管理的前提下，管理者要强化“辅导和服务”职能，为员工营造便于执行和维护的管理环境，并引导基层管理者和员工学会自主创新和自主改善，为其提供充分的指导和服务。

（2）遵循科学的奖惩原则。TOPS体系的实施关键在于基层员工的全面参与，员工的能力有高低之分但其自主积极性和执行力是可以改变的，前期为不断强化自主意识和执行力必须严守制度的执行，对完成效果评价做到公平公正、及时有效，同时不断创新奖惩政策的落实方法，切实为员工营造一个敢于暴露问题和积极解决问题的良好氛围。

（3）遵循员工成长的原则。任何的改善活动，如果员工得不到回报，是难以持续的。这里所指的回报包括两部分，一是工资所得和福利待遇，二是员工个人意识和能力的成长。绝大多数员工都是有理想的，他们相信，只有个人能力的提升才可以保障自己拥有面对未来的竞争力，才有可能在未来获得更高的位置和所得。因此，要把广大一线员工视为现场管理的主体，通过导入改善机制，搭建员工展现自我的平台，发掘员工的智慧，并给予员工更多的指导和帮助，促进员工快速成长。

正是基于上述原则，在TOPS体系推进过程中，坚持贯彻“以人为本”的人性化管理理念，推进机构的主要职责就是引导与服务，制定制度和管理办法时注重规范和奖励；同时，公司建立了员工管理和技能提升的双向通道，积极为员工搭建展示平台，拓宽发展空间。这些措施的实施，极大调动了广大员工的积极性和主动性，新点子、新建议、新方法层出不穷，为企业发展和经济效

益的提升起到了积极促进作用。

在 TOPS 体系推进中，各单位部门围绕 TOPS 目标，建立全员参与模式，对问题进行深入分析，寻找解决问题的措施和对策，通过有明确目的、全员参与的专题活动，不断改进和提高效率等以完成目标。一线员工在日常工作中，树立“我的设备我保养”“我的区域我清扫”意识，通过对设备基本条件（清扫、加油、紧固等）的整备和维持，对使用条件的遵守，零部件的更换、劣化的复原与改善，循序渐进展开现场自主维护保养活动，有效提升了设备利用率，故障率大幅降低。

三、加强员工培训，提升全员素质

人才是企业的第一资源，有了一流的人才，才能创造一流的业绩，企业就可以在市场竞争中立于不败之地。积极进行员工培训、提升全员素质是企业能够持续发展的保证。培训不仅可以提高职工的技能和综合素质，提高工作效率和服务水平，而且提高了职工对自身价值的认识，增强主人翁意识、质量意识、创新意识，从而培养大家的敬业精神、创新精神；同时能促进企业与员工、管理层与员工层的双向沟通，增强企业向心力和凝聚力，塑造优秀的企业文化。

员工培训一直是公司全员设备管理工作的一项重点，特别是针对车间民族员工占多数、技能水平较差的情况，公司审时度势，多措并举。

一是以师带徒，汉族员工带民族员工、技能熟练的老民族员工带新民族员工，师徒结对，成功一对奖励 1000 元。二是技术教学引进培训，聘请民族老师到公司现场培训，手把手教学，已成功培训民族维修工两名，均能在岗位独立工作。三是培养民族基层管理干部，并赋予其相应职权，形成领头羊效应，从而带动民族员工整体积极性。现熔炼车间已有民族班长 4 名，均能带班独立操作。

四、推动“双创”竞赛，创新提升效益

近几年，铜冶炼行业市场形势严峻，竞争愈加激烈，鑫慧铜业作为行业新军，冶炼规模小，成本相对更高。企业要生存发展，就必须有自己的创新点来

实现降本增效。

TOPS 体系实施的根本目的是改善设备状况，保障生产，创造价值。要改善，就必须有创新。面对复杂多变的市场形势，鑫慧铜业以我为主，秉持“双创”理念，持续加大技术创新和管理创新力度。企业的管理创新点和广大员工在生产实践中不断探索出的技术创新点不仅很好地解决了设备管理和安全生产中遇到的瓶颈问题，而且创造了客观的经济效益和社会价值，为企业的可持续发展提供了动力源泉。

2015 年以来，公司围绕 TOPS 体系推进，以技术改造为切入点，本着小投入、大收益的原则，实施了多项技术创新举措。共完成小改小革、四新技术 42 项，治理了多项长期存在的六源隐患，极大改善了设备状况、现场作业环境和员工劳动强度，提高了系统产能，降低了生产成本。

在现有基础上通过小规模改造扩大熔炼炉容积，实现了粗铜月产量由 550 吨到 700 吨的产能突破，铜回收率由 96. 13%到 97. 8%的效能突破；通过制酸系统改造，提升转化率，硫酸月产量由 2000 吨提高到 2700 吨，同时实现了尾气达标排放；通过提高熔炼炉混氧浓度，冶炼能耗下降 20%。产能的提高，能耗的降低，带来的是成本的大幅下降，生产效益的大幅提升，为公司持续稳定向前迈进铸就了稳固的基石。

在管理创新上，公司推行“每周例会制度”，及时协调、解决生产过程中和 TOPS 体系推进中的问题，保证了生产组织的高效和 TOPS 体系有序推进。先后推广实施了 TOPS 体系推进目标管理制、员工双通道薪酬制、设备费用承包制、员工创新特殊奖惩办法等一系列创新举措，员工薪酬与工作量挂钩、与技能挂钩、与成本挂钩、与积极性挂钩，强化员工主动干事的责任心、会干事的上进心，保证了员工工作的高效率。

五、智慧创造价值，汗水结就硕果

（一）员工技能逐步提高

公司以“员工双通道薪酬机制”为基石，充分调动广大员工学习技能的积极性；以师带徒、专家教学、内部培养、OPL 一点课分享等多种培训方式为抓手，多措并举提升员工技能。

通过技能考核，二级技能员工比例由 32.7%提高至 45.2%，三级技能员工比例由 19.6%提高至 29.5%（员工技能水平共分三级，三级为最高，每级又设初、中、高三个小级）；培养了 5 名民族员工班长，3 名民族维修工，民族员工在岗位上发挥着日益重要的作用。

（二）现场管理有效改善

制订办公现场及设备现场 6S 标准 52 条，形成 6S 改善精品案例 80 个；收集 6H 改善案例 667 件，采纳 516 件，实施 492 件，整改完成率 98%，人均改善 2.7 件，参与率 100%；归集整理采纳 OPL80 篇，培训 427 人次，培训率到达 100%；制订可视定置化标准 70 条。做到了事事有人管，处处有标准，件件能落实。实现了现场物资定置定位，设备完好无损，标识齐全清晰，环境整洁一新。

（三）设备效能大幅提升

设备自主维护基准书、操作工点检记录、维修工巡检记录的全面完善，6H 的系统查找解决，故障诊断、润滑油分析等手段的充分应用，大幅提升了设备效能。

（四）成果效益日益凸显

2015 年以来，六项改善课题小组完成的项目在国家、省、市及招金矿业各项评比中多次获奖，企业经济效益也连年提升。其中，《连续吹炼炉技术改造》项目获得 2015 年度中国黄金协会一线职工科技成果二等奖。

下一步，公司将继续以“聚焦、深耕、攻坚”为主题，全力深化推行 TOPS 体系，将 TOPS 体系作为全面提升管理水平的抓手，依靠科技创新、管理创新，加大机械化、自动化、信息化、智能化应用的四化融合，强化员工培训和全员参与设备管理，推动基础工作和现场管理上台阶，不断提高现场管理水平，实现企业跨越发展。

第十一节　圆通智圆行方守正进化

额济纳旗圆通矿业有限责任公司（以下简称圆通矿业）（见图 12-31）位

于内蒙古自治区额济纳旗南西 210°方位，距离约 170km 处，地处沙漠戈壁滩，属内陆干燥气候，长年伴有高温、干旱、大风、寒潮、沙尘暴。矿区东南 30km 处为东风航天城，有便道衔接。距酒泉市 250km，有额济纳旗省级 S312、甘肃省金塔县省级 S214 公路连接。恶劣的气候，没有让圆通人退缩，锻造了圆通人坚忍不拔、拼搏进取的精神。“工作环境差，管理不能差”，这是圆通人的思想境界。

图 12-31　圆通矿业有限责任公司

面对企业迅速发展所隐含的一系列问题，圆通矿业以“基础管理提升年”为契机，以大道合行文化为推动力，以推进 TOPS 体系为抓手，全面落实“持续优化、深耕细作、覆盖全面、提升穿透”的 TOPS 推进工作方针，保障企业各方面良性运转。

一、坚持守正进化之源——技改创新

企业的发展，离不开创新。TOPS 体系推进工作追求一种整洁、安全、高效的工作环境，其根本目的是改善设备状况，保障安全生产。企业的管理创新和员工在生产实践中不断探索出的技术创新，不仅很好地解决了设备管理和安全生产中遇到的瓶颈问题，而且创造了客观的经济效益。

（一）抓设备技改，增发展后劲

圆通矿业收购时，采矿设备特别是提升设备均属于淘汰落后产品，设备安全性能远不能保障企业的安全生产。通过推进 TOPS 体系，圆通矿业对淘汰设备进行更新改造，为企业的安全发展提供了保障。

一是提升绞车改造。公司投资 478 万元，相继调拨、购进 9 台套提升绞车，先后对老硐沟、索索井 9 台提升绞车进行更新改造，淘汰了 JTK 系列的提升绞车。改造后，不仅提升了机械化作业水平，而且减少设备运行能耗，保障了企业的安全生产。图 12-32 为提升机标准化管理现场。

二是制砖机改造。公司投资 28 万元，购进一台全自动液压制砖机，淘汰产能落后的转盘式制砖机。全自动液压制砖机具有生产能力强、节能环保的优点，且减少员工的二次搬运，降低了员工的劳动强度，工作效率提高至原来的 2 倍以上。

图 12-32 提升机标准化管理现场

（二）应用新技术，提高企业效益

在 TOPS 推进过程中，公司注重新技术的应用，注重员工有氧活动，提升全员的创新力。通过小改小革、新技术应用等手段，有效改善了设备工艺，消除了现场六源隐患，节支降耗效果明显。

（1）项目部冶炼配料工艺调整。通过员工的有氧活动，采纳合理化建议，不断探索改变辅料添加的工艺配方，减少铅泥、铁粉等辅料的用量，冶炼综合成本由2015年的1051.5元/吨降为现在的750.2元/吨。同时，通过在冶炼炉出渣口安装水渣沉淀锅，每月可多回收金0.95千克、银43.5千克。工艺配方的改变，年增加效益386万元。

（2）堆浸实现半自动化喷淋。通过安装液位声光报警装置及流量计，对所有贵液及贫液进行有效的检测和控制，使喷淋工艺得到完善，金属平衡有了数据支持，减轻了员工的劳动强度。

（3）应用节能新技术。如风机时控开关、提升机电控变频调速控制、水泵变频调速技术、LED照明灯等技术的应用，取得明显的节能效果。

（4）提升机过卷开关改造。提升机室外过卷开关以往采用防爆式开关，成本高且抗机械触碰性能低。通过改用防坠绳行程开关，不仅过卷动作灵敏，且成本节省60%。

二、坚持守正进化之本——文化建设

企业文化建设成为圆通矿业TOPS推进的一大特色。公司健康、持续发展，需要员工思想意识、文化素养做支撑。圆通矿业十分注重员工的成长，每年都聘请专家强化员工的知识培训。

（一）成本管理培训

节支降耗、降本增效是企业健康发展的一项举措。圆通矿业在稳健发展中力求人的文化素养同步提高，不断为员工提供丰富的精神食粮，为企业TOPS体系的推进工作添加了催化剂。

公司聘请专家对公司全体管理人员进行《企业成本管理与控制》培训。成本管理是利润的核心。培训工作调动的是员工的积极性、主动性和创造性，目的是提高工作效率，降低生产成本，与公司自主推进TOPS体系最终目的一脉相承。

成本管理支柱小组，在细化仓储管理和现场管理中，严格物资质量把关和跟踪管理，强化修旧利废工作。

（二）传统文化培训

文化素养也是企业TOPS推进工作的精神体现。圆通矿业在企业整体快速发展的大环境下，力求弘扬国学传承的基础之上不断融合现代科学理论发展观，为企业 TOPS 体系的建设工作添加了独有的风采，形成了植根企业文化建设与生产经营的同步拓展的推进模式，充分展示了企业文化当中“大道合行”源于历史、立足现在、引领未来的科学发展观。

为传承和弘扬中国传统文化，提高员工的文化素养，公司聘请国学修养专家围绕见道、行德、修道三个方面阐述了如何做一个“见道行德，做有道有德之人”，如图 12-33 所示。

图 12-33　传承道德文化培训

从不断强化素养、严格要求规范执行，到与现场推行技巧相结合，让每个人都能积极参与进来，相互帮助，相互学习，在关爱、理解的和谐氛围中不断净化心灵，消除陋习，创建高素质的团队，最终实现企业全员参与、自主推动 TOPS 体系的发展过程，正是圆通矿业守正进化之路的清晰体现。

“我是圆通矿业的一员，从来到圆通矿业的第一天起，只有为你增光的义务，没有为你抹黑的权利，我要用青春和热血，让圆通矿业的明天更加辉煌。”铿锵有力的誓言，体现出圆通人的责任，也体现圆通矿业 TOPS 建设守正进化的使命感。

（三）军事化管理

军事化管理是圆通矿业 TOPS 体系推进工作的又一特色。为打造“守规矩，规范行为；讲担当，落实责任”纪律严明的队伍，圆通矿业从军事化管理入手，每日清晨员工通过宣誓、唱招金之歌、晨练等形式，锤炼员工的精神意志，打造令行禁止工作作风，增强员工的向心力和凝聚力，也正是 TOPS 推进工作的精神体现。图 12-34 为员工军事化管理风采。

图 12-34 员工军事化管理风采

三、坚持守正进化之内涵——全优生产保障体系建设

（一）确立目标，明确方向

《关于深化推进 TOPS 体系的实施方案》为继续深入开展全优生产保障体系打下了夯实的基础，明确 TOPS 推进目标、工作重点。

为了使 TOPS 推进工作落到实处，形成齐抓共管的良好局面，成立了以总经理为主任的 TOPS 推进组织机构。

每月在推进办组织下各分管领导牵头相应，引导各支柱小组成员参加 TOPS 专项检查。根据检查情况，由各支柱小组评先树优，并按规定给予奖惩。同时，为调动员工对 TOPS 推进工作的积极性，对月份上报资料凡被招金矿业总部认可的，给予奖励。

（二）加强员工培训，提高全员意识

为确保 TOPS 体系更好、更深入地推进，达到全员参与的目的，公司采取走出去、请进来相结合的学习与培训模式，有效促进 TOPS 体系的推进。

一是安排员工外出培训学习。通过集中培训、现场学习、相互交流，吸收

示范单位的工作经验，有效促进公司 TOPS 推进工作。

二是聘请老师现场培训辅导。特邀广州学府专业老师来矿进行现场培训辅导。辅导老师结合现场 TOPS 推进工作存在的不足进行剖析，对现场四要素整改完善工作提出了许多宝贵的建议，同时通过现场对答、思路解析和问题排查方法的对应教学，进一步提高了现场管理人员自主发现问题、自主分析问题、自主解决问题、自主实施改善的全面能动性。

（三）众志成城，智慧的结晶

通过专业的辅导培训和内部的不断贯彻落实，使得全员改善意识不断强化，同时公司也搭建了良性的竞争机制，制定了月份检查严格奖惩制度，调动了各单位对推进工作的积极性。各部室、车间从办公室 6S 入手，到车间现场 6 源的治理，再到定置化、可视化的打造，全员参与现场改善，抓重点、带全面，改善成果不断涌现，体现全体员工的智慧，也没有辜负辅导老师的辛勤付出。

（1）仓储定置化打造（见图 12-35）。利用原有货架进行完善，通过辅导老师的规划指导，对仓储物资、备品备件进行归类划分，并严格按照物资摆放规范。同时，为实现快速盘点、精准查找，对仓库进行可视化打造，提高了查找速度，提升了账目精准度。

图 12-35　仓储的标准化管理

（2）润滑油库的打造。为真正从源头上抓好设备润滑管理，确保润滑效果，在辅导老师的指导下，对油库进行重新规划布局，达到油品储存定置化、可视化，并与取油器具标识一一对应。有效保障油品的存放标准化、支领精确化，有效保障了油品质量和设备润滑效果。

（3）车队汽修间标准的打造。为营造一个清洁、舒心的工作环境，通过辅导老师现场精心规划，汽修车间从现场 6S 入手，以维修工具定置化为突破点，并对维修器具分区域定置存放，对车辆维修、巡检图例可视化。

（4）工具柜的创新打造。如何让工具摆放美观、取存便捷，车间汽修工、维修工有独特的创新。利用不同规格的螺母固定存放相应的梅花扳手，利用 PVC 管自制加工工具存放架，不仅实用，且美观。

（5）现场的通道规划/定置的打造。根据辅导老师的现场指导，对厂区人行通道、车间人行通道进行合理规划、布局，特别是设备机房，根据机房规格，因地制宜，精心规划，既适用美观，又彰显设备定置化。

（6）化验室打造。圆通矿业化验室厂房是一座老旧房屋，厂房设计布局不合理。如何在陈旧厂房打造，体现 TOPS 特色，根据辅导老师的现场规划、指导，对车间仪器、设备布局进行优化，认真落实现场四要素，车间现场整体面貌发生较大的变化。

（7）办公区标准化管理的打造。办公区是公司的形象窗口，如何保持办公区域的良好风貌，办公管理支柱小组从办公室现场 6S 入手，按照辅导老师现场指导要求，从桌面物品的定置存放、到抽屉内的用具的定置存储，再到档案柜资料的定置化、可视化等，办公现场面貌焕然一新。

（8）TOPS 推进氛围的营造。一是从制度上约束，形成一种激励机制，体现在月份的检查考核上；二是做好内部培训，在辅导老师培训基础上，将工作标准传达到一线员工，形成全员学习、全员参入的氛围；三是做好月份的专项检查，通过自查，查找不足，再整改再学习再提高；四是月份管理看板的打造，通过管理看板将车间、班组优秀案例、工作亮点展示给大家，通过互帮、互学，提升 TOPS 推进工作节奏；五是标语宣传，通过在车间、走廊布局宣传栏板，凸显 TOPS 推进的重要意义，深入一线员工，提升自身意识。

通过深入推进、员工的消化吸收，涌现出了不少精品素材。突出亮点：一是推进工作重视提高，反应在微信群中和车间 TOPS 现场；二是创新意识提高，如车队汽修工具定置化打造，实用美观；矿区润滑室的打造，净洁明亮；仓库定置化打造，焕然一新；三是上报题材质量不断提高。

为确保 TOPS 推进工作的有效推广，推进办对月份推进成果汇编成册。同时，在辅导老师的指点下，建立了办公室 6S 标准，并着手落实 6S、6H、可视化与定置化成果汇编工作。

（四）落实六源改善，实现标本兼治

TOPS 推进工作的最终目的，是达到安全、高效的作业环境，提升员工自主维护的能力。

圆通矿业将六源查找与安全管理有机结合在一起，作为安全管理日常工作举措。在"六源"查找与改善活动管理过程中，全面引入 PDCA 方法，形成闭环管理。各单位在查找与改善全过程开展"六源"统计分析，全面提升"六源"查找与改善的数量与质量，现场隐患治理得到明显改善。六源查找支柱小组共查处各类"六源"隐患 286 件，问题解决率达 97%。

同时，为查找清除六源，对单点提案实施修正管理机制。在原有提案表格设计的基础上，引入改善手法、改善效果、改善评价等项目，提高单点提案的撰写质量，并要求各单点提案与车间"六源"查找和改善表中的详细内容一一对应，同时进行培训，提升单点提案评审的准确度。

（五）想办法，定措施，全力推进 TOPS 工作

如何把 TOPS 工作向深一步开展，圆通矿业推进办主任有深刻的见解：

（1）抓宣传、调氛围。通过管理看板、图板等形式在全公司营造 TOPS 推进工作氛围。同时，通过班前班后会、月份检查通报会等形式，向员工灌输 TOPS 推进工作方式，形成全员参与的一种氛围。

（2）抓培训、细策划。培训必须要符合各个工种的实际情况，根据工作的种类制定 TOPS 的实施方案；细策划，从小事抓起，不能注重表面工程，要从工作中的一点小事抓起。

（3）重团体、明分工。公司 TOPS 支柱小组应该做些什么，负责哪些方面，要知道自己和团队应该做些什么，做到什么程度。

（4）全员参与、抓细节。TOPS 工作不单是推进办的工作，也不是部门负责人的工作，而是公司所有员工的工作，最根本的还是基层的工作，根据基层员工的工作性质，制订合理的 TOPS 工作计划。在全公司营造推进 TOPS 的工作

氛围，要全员参与。细节决定成败，TOPS 工作不能只注重表面工程，要细致入微到工作生活中的一点一滴。

(5) 重过程、看结果。TOPS 工作不是一蹴而就的，是平时一点一滴的积累，慢慢地自我完善、自我改进的过程。

(六) 辛勤耕耘，结硕果

圆通矿业 TOPS 推进工作经历了由自主推进向辅导推进的历程。2016 年，在学习试点单位的基础上摸索前行，自主推进，历经了不少弯路；2017 年，通过老师的现场精心辅导，找准目标、精准定位、重点打造，TOPS 推进工作有了质的飞跃。月份上报管理看板、美图、OPS 单点提案、六源改善等质量明显提高，并且在工具定置化、仓储定置化及润滑室打造等方面取得了诸多亮点。

(七) 深思虑，谋发展，TOPS 工作更上一层楼

为使圆通矿业的 TOPS 体系迈入一个新的台阶，公司将继续以“改革创新，守正进化”为主题，紧紧围绕“守规矩，规范行为；有担当，落实责任”，全力深化推行 TOPS 体系。

四、结语

路漫漫其修远兮，吾将上下而求索。企业在发展，TOPS 推进永远在路上。守正进化，不断进步，为实现美好的目标持续优化改进，前进的步伐永不停歇。

第十二节　金亭岭金风玉露脚步不停

招远市金亭岭矿业有限公司成立于 2002 年，2003 年 9 月，500 吨选矿厂建成投产。同年，选矿厂扩建至 3000 吨。至今为止，企业设备的新度系数不到 0.2，从设备整个寿命周期来讲，设备普遍都处于故障频发期。如何让老设备焕发新青春，如何降低设备的运行成本，如何提高设备的运转率成为金亭岭矿业设备管理的头等大事。

2015 年，招金矿业推行 TOPS 体系，埠内三家试点企业取得了显著的成绩。

TOPS 宛如春风吹遍了招金矿业埠内外各企业，吹响了招金矿业设备管理改革的号角。TOPS 体系的目标主要是打造人机系统精细化管理，通过开展各项活动，调动员工的积极性，培养员工的改善意识，做好自主维护及设备专业管理，使设备引进、运行和维护、维修与技术改造等设备全寿命周期过程的各个环节的行为规范化、流程闭环化，使公司的设备运行、管理和现场管理走向科学化、系统化。

一、不断推进、不断学习

金亭岭矿业 TOPS 推进从 2015 年 8 月中旬开始。开始之初从各科室、车间抽调人员 20 余人参加公司组织的 TOPS 体系知识学习。学习内容涵盖从中外设备管理评价标准异同、发展脉络及各自特点到 TOPS 体系标准解读、人机系统精细化管理要点等，开阔了每位参与学习人员的视野，对设备管理工作有了深刻的认识，让每位参与学习人员能有效了解 TOPS 推进的意义以及针对公司设备现状需改进的方面、TOPS 推进的各种方法等。同时，各生产单位也利用班前、班后会、安全例会等宣传 TOPS 相关知识，从而由点带面来推进全矿对 TOPS 体系的认知，为公司 TOPS 体系建设运行奠定了坚实的知识基础。通过不断地参加公司组织的各类 TOPS 培训，涌现出一批 TOPS 体系专业人才，其中 TOPS 体系评价师 6 名、TOPS 推进师 7 名、招金弟子班成员两名。

二、先易后难、逐步推进

根据 TOPS 推进要求结合公司实际情况，建立健全了 TOPS 推进组织机构，分别成立了领导小组及工作小组；对 TOPS 推进的各项职责进行了明确，划分责任区域，并初步制定了公司 TOPS 推进路线图；明确了公司 TOPS 工作重点，先对办公场所进行 6S 治理，然后对各生产场所、车间现场进行 6S 治理；针对各行政科室、车间办公室内部 6S 整理、整顿工作，采用由各单位提报工作计划，推进办对推进计划补充完善并督促落实的方式进行开展。同时，分管副总经理每月组织 TOPS 推进小组成员对各单位 TOPS 推进情况进行检查、总结、评比，明确奖罚措施，以此来提高工人的积极主动性，保证各项工作高效开展。

针对在检查过程中发现的问题，不断完善自身，同时借鉴学习兄弟单位 TOPS 推进的优秀经验。在分管副总经理带领下，TOPS 推进办组织相关人员有针对性地到金翅岭金矿、夏甸金矿等兄弟单位进行现场观摩学习，在保证 TOPS 稳步推进的前提下，尽量减少投入成本，少走弯路，保证投资收益最大化。

三、攻坚克难，清理死角

金亭岭矿业在不断巩固办公室推进效果的同时，再对生产车间重点部位进行推进。公司从 2003 年筹建以来，设备以及基础设施基本没有太大改变，设备陈旧、基础设施落后。针对这一现象，公司领导层给予了大力支持，针对现场推进的难点、死角，总经理召开现场办公会，研究解决对策，对出现的问题进行根治。如对谢家沟维修屋前空地进行水泥固化，方便了物料运输；对选矿厂皮带廊下空闲土地进行水泥固化来存放大型备品、备件等。谢家沟矿区、选矿厂作为公司主要生产部门，生产任务繁重，在保证正常生产的同时，由车间主任带领、组织人员加班加点开展水泥固化、环境清理工作；仓库虽然女职工较多，面临笨重材料堆放杂乱、种类多、空间小的诸多困难下，毫不退缩积极进行清理、整顿工作。经过广大职工的共同努力，谢家沟矿区空压机房、提升机房、-230 水泵房、维修屋、车队、仓储等 TOPS 推进工作成效显著。

在清理、整顿的基础上对设备本体及环境进行油漆工作，尤其是井下各机房，因油漆井下不易扩散的特点，实施难度较大。矿区在保证生产正常的情况下，采取调整油漆、稀料比例、加强通风、劳动防护等措施，利用设备停车空隙完成了设备本体、地面的油漆工作。选矿厂工人也利用空余时间对泵房、磨浮车间、破碎车间等进行了油漆。通过清理、整顿，摆脱了各项物资杂乱无章、找取困难的现象，设备、设施的整体面貌给人耳目一新的感觉。工人的心态也从原来的被动接受，转变为主动改变，工人的工作效率明显提高。

四、坚持固化、星级管理

公司在抓硬件投入的同时，加强软件管理，从管理上要效益。通过召开仓储现场会，仓储人员的现场练兵——“蒙眼取物”，一方面对公司现场 6S 管理提出了更高的要求，现场 6S 管理不仅要做到好看，更重要的是既要有面子更要有里子，让“好看”的摆放更“好用”的服务生产。通过仓储现场会加强了对职工工作作风、工作态度的教育；另一方面，对员工的技能水平提出了更好的要求，要求对各工种的岗位职责进行重新梳理、审定，开展“岗位大练兵”活动，提高员工的岗位技能水平。

针对班组建设制定并下发了《关于开展“六型之星”班组建设竞赛评选活动的通知》，以开展“六型”班组创建、选树“六型之星”竞赛活动为载体，增强员工队伍凝聚力、战斗力和执行力，融合班组“五个体系”管理手段，全面提升班组建设的层次和水平，最大限度地组织员工立足本职、学习知识、提高技能、凝心聚力、共克时艰，逐步建立班组建设的长效机制，使班组达到安全型、生产型、清洁型、降本型、创新型、技能型相统一的“六型”班组水平。

面对公司设备陈旧的问题，在提高操作工技能水平的同时，还要求维修工提高工作效率，注重工作质量，维修作业标准化，坚决不允许出现返工活，创新性地提出“保质期”的概念，要求维修工做到谁整改谁负责，对维修的设备必须能够承诺不再出现相同故障的时间。

TOPS 体系永远在路上，没有终点，随着 TOPS 工作的不断推进，金亭岭矿业有信心创造新的辉煌。

第十三节　梨园投桃报李独领风骚

“深山僻处创风雅，满载黄金拓新路。”梨园金矿地处深山、矿产丰富，为打开宝藏地带梨园人开疆辟土入住深山，让企业发展与员工生活环境提升相结合，打造企业大家庭的世外桃源。

梨园金矿有限责任公司前身是民营企业，2012 年成为招金矿业股份有限公司合资子公司。公司自成立之日起，一直以求实、高效、创新、奉献作为企业宗旨，经过十几年的奋斗，从当初小作坊式的经营，成长为当地的利税大户，为发展县域经济做出了突出贡献。合资以来，按照招金矿业总部“改革创新、守正进化”的经营总基调，紧紧围绕“创新、提质、增效”这一经营主题，进一步实现了跨越式发展。公司累计缴纳各项税费上亿元，成为灵丘县纳税大户，获得“纳税信用 A 级单位”荣誉称号，多次受到市、县表彰。

梨园人开拓创新、精于学习的精神使 TOPS 体系快速融入企业发展，并于 2016 年开始自主学习、自主推进。为确保 TOPS 体系的探索和发展提升的有效落地，梨园金矿于 2017 年开始了专业辅导推进，促进了全员参与的动力，为梨园金矿全面科学管理发展再次掀起了热潮。通过管理的内容、实施要领以及精神实质已深入广大员工的心中，并通过小试牛刀已初获战果，各车间、科室现场管理，呈现了翻天覆地的变化，整个 TOPS 体系推进取得了有目共睹的成绩。

一、领导班子打先锋

在公司领导班子会议上总经理对 TOPS 体系推进工作做出了重要指示，并强调导入全优生产保障体系是公司做出的重要决定，是公司不断规范运营管理、全面提升运营效率的重要举措。

同时通过对公司设备管理和现场管理现状的客观点评指出了现存在的问题，并指出了改善重点，要求公司各级管理人员，各部门要认真学习并贯彻落实 TOPS 体系有关要求，推进办要严格按照实施方案要求，切实做好推进工作，真正让 TOPS 体系融入生产管理的每一个细节，打造标杆现场，实现生产设备的最优管理；各项工作的开展要以 TOPS 推进为总抓手，按照总部提出的“持续优化，深耕细作、覆盖全面、提升穿透”的要求，做好 TOPS 培训学习，提高设备运转率。

与此同时在分管副总主持召开的 TOPS 会议上强调企业成本的核心是作业现场的管理，作业现场管理的好坏直接影响到生产成本，而 TOPS 体系就是一项专注于作业现场的精细化管理手段。TOPS 目的就是：提高综合效率，降低成本，全面提升企业的综合管理水平与市场竞争力。

二、梨园金矿 TOPS 推进步步为营、稳扎落实

为深入贯彻落实“基础管理提升年”活动要求，全面提升公司规范化管理水平，梨园金矿下发了《灵丘县梨园金矿有限责任公司 TOPS 体系推进方案》，对公司继续深入开展 TOPS 体系打下了夯实的基础。同时为了保障 TOPS 体系推进有效落地和方向性指引，公司 TOPS 体系推进重点归类总结了以 TOPS 星级评价为目标、以现场四要素管理为抓手、以发动全员改善为手段的重要推进思路，形成齐抓共管的良好局面。

全面规划公司内部有效资源的调配，切实为 TOPS 推进增加动力源，梨园金矿成立了 TOPS 机构组织管理小组，并将车间、科室、技术、运输等多方面职能进行了充分调配。

（一）组织 TOPS 体系理念领先时效培训

通过培训使员工们对公司的 TOPS 标准有了基本的了解，熟悉了 TOPS 的主要工作内容及具体整改办法。同时为保障培训学习的质量，公司上下进行了多轮次全面考试测试，考核成绩合格率达到了 100%。在日后的 TOPS 活动开展中，全矿职工会更加积极推进 TOPS，将 TOPS 深耕工作做得更好。

为拓展专业化推进工作特邀广州学府辅导专家老师到梨园金矿进行 TOPS 知识理念培训和现场的辅导，为保障充分吸收专家老师的先进理念和思路，公司分管副总与推进办和各支柱小组组长一行 20 余人陪同老师对全公司范围内进行了地毯式实地问题排查和现场改善思路解读。辅导老师对各车间、办公区、生活区的 TOPS 开展情况做了详细点评，并结合目前梨园金矿自主推进情况，与推进办和各小组成员进行深入的探讨，总结出九大亮点打造，以此来进一步为现场管理的大步提升指明了方向，同时也为梨园金矿 TOPS 推进管理人员进一步拓展了思路。

（二）各项 TOPS 成果提炼总结应用实际

为巩固 TOPS 管理现有成果，促进 TOPS 工作更好地实施开展，形成常态化，梨园金矿组建 TOPS 微信群、钉钉工作交流群、举办“魅力梨金，我与 TOPS”演讲活动，实施 OPS 征集提案活动，定期出台 TOPS 宣传专刊等多种

多样的活动和宣传方式，极大地加强了 TOPS 工作在梨园金矿的推进氛围，也体现了梨园金矿职工在生活、工作、学习上的积极向上、锐意进取的精神面貌。

同时，在 TOPS 推进中，梨园金矿也涌现出许多先进人物和事迹，多样化的先进改善理念和接地气的改善办法层出不穷。例如：仓储的大院本是现场管理改善当中的一大难点，由于长期堆积无人处理的原因造成仓储大院形成了一个巨大的垃圾场，全矿所有的废旧物资、闲置材料、报废设备等，全部堆积到了仓储大院中，同时可回收利用的废旧管材、锈迹斑斑的铁管、井下施工材料、破损的旧设备也全部在院中随意堆放，杂乱无章，混乱无序，无法入手分拣、无力规范管理的现状越来越严重。但自 TOPS 体系推进以来现场管理理念不断地深入员工思维，同时从基层到中高层也意识到了问题发展的严重性，为此进行了全面的集中整改，在整改当中各阶层管理人员和基层员工融入一体深入现场进行为期 20 余天的整改，并在清理地面上浇筑 500 多平方米水泥地面，后续又架设棚架并划分区域，对各项物资进行分类存放，仓储大院不但恢复有序的管理面貌，同时也使所有人员的现场维护意识得到了极大的提高。

借助现场改善的热潮，选矿车间的润滑库也同时开展了标准化管理的打造，将浮选油、机械油划区分类、制作支架、标明油品型号等，不断地拓展目视管理的应用，不仅提高员工取用加油的工作效率和精确度，保障了油品质量的管理，又减少了使用中出现的跑、冒、滴、漏引起的污染和浪费现象，全员的改善从细微处使员工养成好的工作习惯，同时在公司 TOPS 推进的进程中学会了用自己的方式去学习、探索、实践，为公司的整洁有序、文明高效、安全生产积极献计献策，努力向高标准的现场管理目标不断迈进。

三、打造作业现场核心亮点，以点带面拓展推进手段

推进办根据广州学府专家老师建议，同时结合梨园金矿现状以及推进难点进行了针对性的分析研讨，最终决定利用以点带面的推进手法，树立矿区标杆改善带动全员参与推进，为此确定了九大标杆亮点的打造计划，同时推进办已下发相关文件，并对改善的具体措施和责任进行了分解划分，要求车间班组纳

入月份 TOPS 推进计划，保障每项改善点分工明确，责任到人。

为更有利保障 TOPS 工作的有效快速推进，推进办出台了相关考核办法以此作为推进动力，矿推进办和支柱小组每月按照车间和班组上报的推进计划完成情况进行现场检查、核实，对未完成或未按照标准完成的，纳入经济责任制考核，对推进好的、优秀的进行重点奖励。

四、TOPS 推进工作思路总结

（一）全员参与，全面推进

充分调动全员的积极性和主动性，通过各种方式调动员工的工作热情，明确自己的职责，懂得自主推进 TOPS，并懂得如何去保持成果。例如：组织举办 TOPS 演讲比赛、OPS 提案征集这样的活动，鼓励全员参与，让大家讲述自己在开展 TOPS 活动以来的点滴变化和切身体会，并能形成建议进行上报，公司对好的建议进行奖励，员工得实惠，公司能改善，生产能高效，一举多得。

（二）点滴渐进，持续改善

TOPS 工作并不是追求一朝一夕的突变，而是从一点一滴的细节入手，通过车间班组中最基础、最简单的日常工作改善入手，倡导每个员工每天要“捡一粒芝麻”，集中精力先把“该解决，也能解决”的小事儿做好，形成良好习惯。积沙成塔，集腋成裘，随着时间的推移，每天、每月、每年的工作效率就会在这些看似不起眼的小改变和新习惯上得到质的飞跃。图 12-36 为维修工具的标准化管理照片。

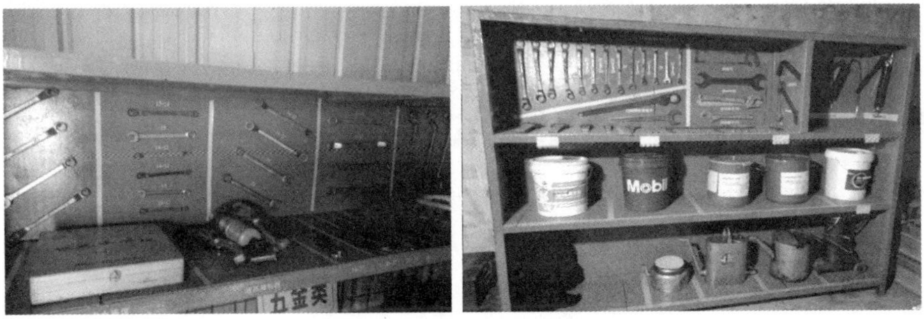

图 12-36　维修工具的标准化管理

(三) 沟通及时，共同讨论

在 TOPS 工作推进过程中，各车间班组要多进行沟通交流，集思广益。有一种很好的形式，就是网络平台，建立 TOPS 微信群、钉钉 TOPS 交流群，并鼓励员工在工作中将遇到的难题，在群里共同讨论、协商解决。有好的建议和亮点改善，也在群里进行分享，让大家共同学习。从这种直观的改变去引导员工，让员工发现工作环境确实在改变，工作效率切实在提升。一个亮点，扩散开来，变成一片光辉；一个难题，分散开来，就没有难题，也正是这种良好沟通和讨论，让 TOPS 活动更深入梨园的每一个车间班组，形成良好的宣传。

(四) 注重过程，日积月累

TOPS 的推进，不是一劳永逸的一次性活动，而是注重过程，日积月累的常态化改善。同时，各部门车间要学会不断地照镜子，要能及时发现差距，弥补不足。对于 TOPS，要勤学、要全面领会，常行动，并循序渐进，持之以恒，不断规范自己的日常工作，使 TOPS 工作由形式化到行事化，直至习惯化的转变。也让全矿的干部职工在 TOPS 推进的过程中，逐渐地了解它、熟知它、摸透它、驾驭它。同时也能在这个过程中，去改变以往的坏习惯，养成新习惯、好习惯，让这些习惯为梨园金矿管理工作提供更加科学、规范、优质、高效的可靠保障，使得梨园金矿的综合实力得到提升。图 12-37 为维修间的高标准打造。

图 12-37　维修间的高标准打造

五、结语

虽然在今后的 TOPS 推进工作中，会面临更多的困难和挑战，但梨金人会用不畏艰难、刻苦钻研的干劲和韧劲使梨园金矿在全优生产保障体系管理的道路上越走越好，越走越远。

匠心承享，精益竞创。TOPS，梨金在改变中、突破中、卓越中！

第十四节　金鹰鹰击长空翩翩翱翔

祁连山下，丝绸古道。这里有着长城第一雄关嘉峪关、中华民族瑰宝敦煌以及大漠孤烟、长河落日的玉门关，它们像一颗颗璀璨的珍珠，镶嵌在这无垠的大漠戈壁之中，串成了伟大民族生生不息、灿烂悠久的文化根脉。而在这条根脉之上，耸立着一座名不见经传的小山——鹰嘴山，它就像一只栖息山中的雄鹰，用它那犀利的铁嘴驱恶除邪、安护四方，并静候时日展翅翱翔。

坐落于鹰嘴山下肃北县金鹰黄金有限责任公司，正是以响当当的“金鹰”二字而冠名。

一、蓄势待发的“金鹰”

从 20 世纪 90 年代的鹰嘴山金矿到 21 世纪初的肃北县金鹰黄金有限责任公司，虽几经改制、变迁，但由于地处西部经济欠发达地区，思想观念、发展理念及管理模式上的差异，导致企业发展步子迈不开、生产能力上不去、管理水平跟不上。特别是在设备及现场管理方面，与现代化矿山企业的管理模式和管理水平有着巨大差距。

首先是发展理念上的差距。由于受地域经济发展状况影响，原公司从上到下存在小富即安、因循守旧思想，把维持企业现状、养活几十个工人作为企业目标，致使企业生产规模始终徘徊在每日 100 多吨，各种设备设施也处于落后、陈旧、老化状态，根本无法适应现代化生产需要。

其次是思想观念上的差距。大多数干部员工包括个别领导，对“工欲善其事，必先利其器”缺乏真正理解，对设备及现场管理的重要意义缺乏足够认识，对实现设备高效、低耗、安全的必要性不以为然。认为只要设备能转，能把矿石打下来、提上来、选出来就行，搞那么多管理劳民伤财、没必要，从而导致设备管理一直停留在哪里坏了哪里修、哪里缺啥哪里补的原始水平上。

最后是员工素质上的差距。由于原公司大部分员工来自贫困落后地区，文化知识水平较低，专业技术素质较差，特别是公司对员工培训重视程度不够，缺乏系统的专业技术培训和教育，致使员工只能从事简单的设备操作，远远不能适应现代矿山设备管理的需要；员工整体素质偏低及管理人才的匮乏，严重制约了企业管理水平的提升，成为企业强能力、增效益、上水平的一大“瓶颈”。

2012 年，招金对外开发的“触角”伸到这里，为这只“老鹰”注入了强大的活力。重组后的肃北金鹰以前所未有的发展速度，迅速驶入“高速路”：仅用短短 4 年时间，采选生产能力就由 150 吨/日跃升到了 550 吨/日。但是，由于观念的差异、素质的参差、基础的薄弱，企业管理上的顽疾无法在一朝一夕中药到病除。特别在设备及现场管理上，短时期内不能实现根本转变和质的突破，金鹰腾飞尚需时日。

二、大潮中奋起的“金鹰”

2015 年，随着世界各大经济体增长日趋分化，美国经济持续复苏、美元走强和加息预期等因素影响，黄金矿业的寒冬仍在延续。招金矿业面对黄金及大宗商品持续低迷的严峻形势，积极应对市场挑战，以“五阶六维”评价为标准，全面提升设备综合效率及员工精神面貌为根本，“整洁、有序、高效、安全”为目标，决心引进和推行 TOPS，坚持高起点定位、高标准建设、高效率打造 TOPS 体系。

TOPS 像一轮战鼓、似一股大潮，催动着“金鹰”人在迷惘中警醒、在潮涌中奋起。按照招金矿业部署安排，肃北金鹰吹响了 TOPS 推进的冲锋号：

（1）转变。在推行之初，先后召开了经营班子会议、中层以上干部会议和全体员工大会，对 TOPS 推进的重要性和必要性进行了广泛深入的学习贯彻和宣传，让广大干部员工充分认识到：推进 TOPS 是应对经济新常态，顺应经济转型大趋势、转变企业效益增长方式的需要，是企业应对经济形势变化和黄金矿业市场持续低迷的需要，是全面提升管理素质和管理水平的需要。通过 TOPS 推进，可以全面推动管理创新、技术创新；通过 TOPS 推进，可以真正实现“两提两减”：提高设备运转率，提高安全可靠程度，减少物料浪费，减轻劳动强度；通过 TOPS 推进，可以转变企业运营方式，打造绿色低碳循环发展生态矿山；通过 TOPS 推进，可以进一步增强企业抗冲击、抗风浪能力，始终保持企业强大的核心竞争力。

认识上的提高，为 TOPS 推进工作营造了浓厚的氛围、奠定了坚实基础。

（2）蓄能。TOPS 体系，对于广大干部员工来说，是一个全新的概念、一项陌生的工作，6S、6H、可视化、定置化、OPS、OPL 等名词，绝大多数干部员工都是闻所未闻。为此，公司专门举办了 TOPS 推进培训班，上至经营班子，下至普通员工，都参与了全员培训教育。培训方式主要分为三种方式：一是请进来教，聘请山东设协及广州学府等有关专家到公司进行宣讲授课；二是走出去看，组织相关部门及骨干管理人员到活动开展比较早的埠内企业进行观摩学习；三是新媒体学，充分利用公司 QQ 办公群、管理微信群等媒体平台，将 TOPS 有关知识、标准和要求发到群里，让干部员工学习掌握。通过形式多样的学习培训，广大干部员工不仅增长了知识、开阔了眼界，还深层次地认识到什么是更为专业的设备管理以及实行精细化管理会给企业带来什么样的效益，在理论和认知方面都产生了质的飞跃。

（3）启航。在提高认识、加强培训的基础上，TOPS 推进全面启动。启动大会上，一个个表态发言，激情高昂、铿锵有力，充满了对改变企业管理现状的强烈渴望以及搞好 TOPS 推进、完成推进目标任务的坚定信心；一份份责任状，使命清晰、责任明确，签下了企业对责任人的重托以责任人对企业庄严的承诺；一项项实施方案，为推进工作指明了奋斗目标以及具体分工、职责和任务、要求。号声响起，三军齐发。总经理亲自挂帅，担任推进工作领导小组组长；各位副总分兵把口、坐镇一方；各专业部门各负其责、通力协作；全体员工一同上阵、积极参与。从井上到井下，从矿井到选厂，从室内到室外，从生产场所到办公区域，到处都能感觉到 TOPS 的气息，到处都能看到为 TOPS 推进而忙碌的身影。TOPS，以她强大的生命力，为金鹰注入了源源不竭的动力和活力；金鹰，正在TOPS推进的大潮中悄然地奋起、迅速地蜕变……

三、蜕变后翱翔的金鹰

老鹰，在40岁时经过一次生命的抉择，毅然选择了蜕变，5个月后，新的羽毛长出，蜕变重生，重新开始搏击蓝天。

肃北金鹰，在TOPS推进的洗礼和历练中，以“壮士断腕”“刮骨疗毒”的气魄，祛病除疴、革故鼎新，全面推行TOPS体系，全面改革陈旧落后的管理模式，全面提升设备管理、现场管理水平，实现了脱胎换骨的巨变。

由“要我做”到“我要做”。内化于心，外化于行。TOPS带来的不仅是管理模式的变化、管理现状的改善，更重要的是人的观念的转变。过去，清理生产现场、维护保养设备、打扫环境卫生等工作，都要有人安排、有人布置，一支一动，一拨一转，甚至支也不动、拨也不转。通过推行6S、6H及定置化、可视化管理，查找、发现和整改六源成为每个员工的自觉行动，保持生产工作现场整洁规范、保持设备设施清洁无污成为每个员工的良好习惯：井下作业人员作业完毕，主动清理作业现场，将作业工具摆放到指定位置；选厂操作人员下班前，都要习惯地对设备进行一次例行检查，并将设备擦拭一遍，确保设备状态良好；机关人员提前15分钟上班，对办公场所进行打扫整理，确保桌面整整齐齐、地面干干净净。过去，每逢安全大检查、设备大检查、卫生大检查，各车间、各部门都要提前组织清理打扫、忙活一大阵子，现在，平日和检查一样，生产场所和工作场所随时随地都保持最佳状态。

由“将就凑合”到“真刀真枪”。过去，由于观念和素质的制约，企业“三低”（工作标准低、自我要求低、管理水平低）现象严重，将就、凑合、差不多的思想在大多数干部员工中根深蒂固，无论干什么工作，只求过得去，不求过得硬，只求干得快，不求干得好，能应付就应付，能交差就交差，表面看什么都干了，实际上什么都没干好。随着TOPS的推进，随着各种管理制度规定及工作标准的不断完善，这些现象潜移默化地发生改变，现在，工作标准高了，制度规定严了，管理责任大了，敷衍了事过不了关，将就凑合达不了标。

每个干部员工用 TOPS 标准严格要求，一门心思用在如何把设备管得更好、把工作现场整得更美、把工作效率提得更高，干就干一流、争就争第一、扛就扛红旗、创就创标兵。

由“事不关己”到“百舸争流”。TOPS 推进的关键要素是“全员参与，全面推进”，充分调动全体干部员工的积极性和主动性，是推进工作能否顺利开展的决定性因素。然而，在 TOPS 推进以前，一提到设备管理和现场管理，大多数干部员工认为，那是设备能源、安全环保、综合后勤保障部门管的事，与己无关。通过 TOPS 推进，特别是在了解了 TOPS“为全体员工创造‘安全健康、整洁有序、文明高效’的工作环境和文化氛围”的宗旨和 OPL、OPS 等体系方案实施以后，广大干部员工充分认识到：TOPS 关系你我他，人人有责靠大家。现在，在肃北金鹰，TOPS 推进不是设备管理等部门的“独角戏”，而是各个部门、全体员工的“大合唱”，TOPS 的理念已深植每个干部员工心中，TOPS 的氛围浸润到每个部门、每个岗位、每个角落，在 TOPS 推进竞赛活动中，全公司人人参与、个个动手，呈现出百舸争流、千帆竞发的喜人局面。

主矿区维修人员，为实现可视化、定置化管理，针对井下生产作业场所作业器具无固定存放点的问题，主动出主意、想办法，利用废旧材料加工制作物品存放架，使作业场所物品井然有序，既节省了作业准备时间、提高了劳动效率，又确保了安全生产。

选矿厂在六源管理中，针对过滤车间管道泵酸腐蚀严重、空间狭小、更换维修困难等问题，群策群力，将原两台管道泵更换为一台不锈钢管道泵，安装在水箱上方，既节约了成本，又改善了作业环境、降低了劳动强度，同时，消除了安全隐患。TOPS 推进一年多来，选矿厂干部员工人人动手、动脑，积极开展查六源、补缺陷、促完善活动，共完成小改小革 20 余项。

有理由相信，在 TOPS 体系推进的磨砺下，在人—机精细化管理的锤炼下，在改革创新、守正进化大潮的推动下，金鹰，发展的羽翼一定会更加丰满、更加坚实；金鹰，在市场经济的狂风暴雨之中一定会展翅翱翔，飞得更高、更远。

第十五节 丰宁金龙时和岁丰风虎云龙

丰宁金龙黄金工业有限公司前身为丰宁满族自治县黄金局下属的窄岭金矿，始建于1984年5月，2000年7月企业改制。2008年1月1日成为招金矿业股份公司下属的控股子公司，如图12-38所示。公司位于河北省承德市丰宁满族自治县土城镇榆树沟村，隶属于土城镇、小坝子乡管辖。近年来，公司始终坚持“安全第一，效益第一”为主导，坚持科技领先和管理创新，使黄金储量、黄金产量、企业效益年年攀升。现已成为“丰宁县黄金行业龙头企业”，先后获得了“承德市内部单位奥运安全保卫工作先进集体”“承德市22221环境整治工程花园式矿山建设先进单位”“非煤矿山安全生产标准化三级企业”，多次被招金矿业评为“安全管理跨台阶先进单位”“采矿方法研究应用先进单位”。面向未来，公司以做强做大黄金产业为目标，通过不断提升经营业绩，扩大社会就业，达到为社区谋福利、为区域经济发展增活力、回报社会的目的，将公司建设成为国家级绿色矿山。

图12-38 丰宁金龙黄金工业有限公司厂区图

一、丰宁金龙破石开路

“千锤百炼始成金，历经磨难化为龙。”目前企业面临劳动力和技术人员短缺的情况较严峻，同时矿山行业安全前行是重中之重，整体面临的情况是对企业眼下经营的严峻考验。

为突破瓶颈点，企业各级领导经过多方研究思考得出结论，所有劳动力、技术、质量以及安全等关键因素多基于设备之上，为此丰宁金龙抓住突破口，积极研究和学习公司总部引领推行的 TOPS 体系，并于 2015 年下半年开始尝试自主推进，2016 年引入 TOPS 体系的专业学习，不断优化自主推进。2017 年引进专业辅导推进。丰宁金龙从自主尝试推进到专业化全面推广，不断去探索和学习力求量身打造拓展前行之路。

丰宁金龙在不断发展的同时，已经充分认识到公司目前在设备管理、现场管理、小改小革等方面存在很大的差距，引入、运用 TOPS 体系手段，转变以往管理手段，转变职工思想，不断夯实管理基础，以打造一流的精益管理模式、提高员工自主管理意识、形成全员参与的闭环精益改善机制为目标，打造精细化管理平台，实现企业可控化长远发展。最终打造出以“人才培养为根基，生产把控为导航，设备管理提升为途径，安全保障为目标”四点一线之路。

二、强化组织功能，拓展推进力量

为了切实保障 TOPS 的正常推进，巩固 TOPS 现有成果，将 TOPS 推进更上一个台阶，继续提升公司的设备人机系统精细化管理水平，培养员工的改善意识，做好自主维护及设备专业管理，达到“整洁、有序、高效、安全”的目标，更好地保障公司的生产运营，公司成立了推进委员会、推进办公室和支柱小组。总经理亲自挂帅，担任推进委员会主任，分管副总经理担任副主任。支柱小组分为 6I 支柱小组、OPL/OPS 支柱小组、6S（生产）支柱小组、6S（办公）支柱小组、6H 支柱小组和专业管理小组共 6 个支柱小组组成，形成了组织决策、有效分解、协调指挥、全面落实的组织构架。

三、注重学习，营造氛围

为更好推进 TOPS 工作，特邀广州学府专家老师对公司 TOPS 推进进行专业指导，对领导干部进行了为期一周的培训工作和现场实战辅导工作。为了使先进理念的学习能够深入贯彻落地，公司推进办在专家老师辅导之后，及时积极组织分级培训学习老师的资料，将理念学习、现场实战辅导思路和改善意见相结合编制详细的推进计划落实应用于基层工作现场。同时推进办多次组织各部门相互参观、学习，形成固定的现场交流会议模式，并于每月定期召开 TOPS 会议，交流推进工作中存在的问题，分享学习好的经验。

班组建设是各项工作能够有效落地推进的基础，为此公司推进办积极引导班组建设前期的氛围打造工作，各自班组积极响应创建班名、班歌及口号，成立班组会议。为了加强每一位员工的 TOPS 学习氛围，利用班前、班后会及工余时间对一线员工的 TOPS 知识进行培训，将 TOPS 理念灌输给每位员工心中。

四、打造一把手工程

经营层多次参与 TOPS 知识培训和专题会议，并不断给出明确的指示，让员工的思想彻底从过去的工作方式中转变过来，坚决杜绝以前的粗放型工作方式，取而代之的是各项工作要不断形成标准化作业。随着对 TOPS 学习程度的加深，员工们的创新意识得到了大步提高，在公司内部营造起良好的 TOPS 学习氛围，有效促进了 TOPS 体系的推进。

五、推进方向重视基础，强化重点

按照《招金矿业股份有限公司全面推进 TOPS 体系的实施意见》以及对 TOPS 学习后的理解，积极推进 TOPS 体系。从办公区域现场管理、生产区域整理整顿到设备的维护、保养、使用、施工安全、员工内在素质等多方面在原有基础上进行全面突破提升，苦练内功，全面提升公司整体管理水平。

首先，根据先整理、再整顿、清扫清洁来帮忙、安全保障抓“源头”进行系统划分。办公现场干净整洁，物资分类清楚明确，摆放整齐，体现丰宁“文明、整洁、安全”的工作风貌。

其次，进一步加强对设备的维修管理，设备故障率降低，从而消除安全隐患，减少了事故的发生。

再次，定置化、可视化明显。充分体现丰宁金龙特色，具有鲜明的特点，展示丰宁金龙色彩。

最后，明确职责，协调激励机制，针对每个不同的区域制定不同的推进计划。合理进行人力资源分配，提高员工的工作积极性和创新意识。另外，考虑精心设计的团队结构和灵活的管理来支持团队合作，大大降低了生产经营成本。

六、调整推进力量的部署

为了充分利用 TOPS 推进力量资源，根据部门细分信息绘制一张力量需求图，同时将部门员工部署图进行合理优化分析。不仅有效地将区域与员工的责任进行匹配，更能调动起员工真抓、实干的积极性。同时也涌现出了一批优秀的推进人员。

七、改善氛围有激情

TOPS 体系推进的基础工作目标首先是要达到全员参与改善的氛围，为此公司推进办结合辅导老师给出的改善措施和意见，对其改善制度政策进行了不断完善，同时结合不断的创新激励手段和改善活动策划的配合实施，切实将公司内部的改善氛围再次掀起了热潮，在改善热潮当中涌现出了大量的优秀改善策略，为公司的生产效率和设备的安全运行起到了较大的促进作用，其中代表性的优秀改善如下：

（1）选矿厂一号球磨分级机叶片磨损严重，返砂量存在异常，对此现象选厂维修工积极投身现场研究，排查主要问题点对其叶片进行更换加固，确保返砂量正常，稳定磨矿效果。

（2）选厂 PE 弯头极易磨损，每半个月需要更换一次弯头，严重影响了设备运转率。针对这一情况，选厂全体员工群策群力，最终采用在弯头处加设砂箱，并用水泥灌注。这一改善增加了 PE 弯头的使用寿命，半年左右更换一次，大大节约了成本。

（3）金山五号电机车线与电机车集电弓子来回剐蹭，对电机车集电弓子造成磨损，维修工人发现这一情况后，自制铁管连接器，即美观大方，又减少磨损，确保电机车运行安全。

（4）金山五号原有切割作业采用气焊切割，作业是产生明火，容易发生火灾。为了避免这一情况，金山五号引进等离子切割机，取消了明火作业，节约了能源，降低了维修成本。

（5）轴承在设备中起着重要作用，轴承的润滑显得格外重要，加脂量过大，会使摩擦力矩增大，温度升高，漏油污染环境，耗脂量增大，造成浪费；而加脂量过少，则不能获得可靠润滑而发生干摩擦。针对轴承润滑，金山五号推行一个快速估算轴承加油量的方法：

估算公式 $$Q=0.005DB$$

式中 Q——填充量，g；

D——轴承外径，mm；

B——轴承厚度，mm。

以轴承 6313 为例，$D=140\text{mm}$，$B=33\text{mm}$；由公式可得 $Q=0.005\times140\times33=23.1\text{g}$。

高速滚动轴承中加入的润滑脂量不宜过多，不超过轴承空间的 1/3～1/2，否则发热过多。对于低速、不常拆卸的可多加些。

（6）化验室针对样品滴定这一工作，将滴定程序细致化，做成案例，对化验室的每一位员工进行培训，并要求全部熟练掌握。

八、推进成果齐绽放

（一）全员参与六项改善

（1）公司为了提高斜井运输的安全性，在主竖井六中斜井安装 ZDC30-2.5 型跑车防护装置。DC30-2.5 型跑车防护装置由 PLC 控制器、电磁启动器、挡车栏、缓冲器、位置传感器、编码器、语音报警装置等组成，实现手动与自动两种控制方式，具有安装方便，便于维护、动作灵活、安全可靠的优点，是斜井提升运输的重要防护设备。该装置采用矿用本安型位置传感器与绞车同步运行的控制信号，使挡车栏处于“常闭式”防护状态，如因断绳、脱钩等原因而发生跑车事故，可采用柔性缓冲器来实现有效阻拦，当绞车不工作时，跑车防护装置处于锁定状态，有矿车接近跑车防护装置时挡车栏时，本装置也不会启动，确保巷道安全。

(2) 公司在所有矿区推广使用电动阻车器替换传统的老式阻车器，防止矿车、人员坠井事故。新式电动阻车器由执行机构、传动机构、液压系统和控制机构组成，执行机构带有减震弹簧，防撞击能力强。最主要的是，电动阻车器的控制机构与安全门和提升信号联锁在一起，安全门不打开，阻车器也打不开。如果阻车器出现故障不能关闭，就发不出信号，提升机就动不了，只有阻车器关闭、安全门关闭，才能发出提升信号，提升机才能开动。这样一来从根源上解决了使用和安全的问题，达到了本质安全。

(二) 现场改善百花齐放

通过专业的辅导培训和内部的不断贯彻落实，使得全员改善意识不断强化，同时公司也搭建了良性的竞争机制，各部门抓住重点落实全员参与现场改善，在整体的氛围当中改善成果不断涌现。

(1) 仓库物品不仅多，而且杂，由于仓库人员不足，为了打造标准化仓库，公司每周星期一组织义务劳动，后勤人员全部参加，进行仓库的整理、整顿，根据领导建议，物资分类摆放，标识物资种类、数量、型号等，方便物资领取和盘点。仓库现在的面貌与以前有了很大的改进，可视化明显，物资整齐有序，提高了物资盘点的效率，保障了账目的准确，降低了管理难度。

(2) 润滑是减少设备磨损的一个重要措施，为了保障设备正常运转，降低设备故障率，公司决定打造标准润滑站，根据各车间的实际情况进行打造，打造后的润滑站干净整洁，线路整齐划一，油管无跑、冒、滴、漏现象。压力表粘贴标识，区分正常、异常、警告区域，一目了然。

(3) 维修间是各个生产车间的老大难，工具、材料、备件多，为了打造标准化维修间，领导提出一个要求，那就是符合 TOPS 标准，要打造就按照标准来，彻底整理一遍。维修工作繁忙，人员不足，维修工只能利用下班时间进行整理。为了符合标准，各单位将维修间清空，全部打扫一遍，然后进行可视化、定置化，人行通道统一粉刷为绿色，边缘区域为黄色，工具整齐摆放，工具架重新粉刷，切割机、电焊机等固定工具定制摆放。通过打造维修间，工具管理更加规范，现场焕然一新。

（4）公司为了提高各单位的积极性，打造样板车间——选矿车间。为了打造样板车间，公司决定以 TOPS 标准化手册为标杆进行打造。选矿车间的打造完全按照 TOPS 要求进行，现场干净整洁，可视化、定置化明显，相应制度、规范悬挂齐全，管路无跑、冒、滴、漏现象。

（5）为了规范办公区域的标准化，公司根据 TOPS 推进手册要求，制订了一系列的标准：地面每天打扫，保持干净整洁；办公桌进行可视化、定置化，电脑、键盘、办公电话等定置摆放，窗帘定期清洗，玻璃定期擦拭。

（6）为了提高各单位的工作热情，营造良好的 TOPS 氛围，特设立检查小组、奖惩制度和流动红旗。检查小组每月进行 TOPS 大检查活动，根据检查情况进行评比，评比依据：基础资料方面占 20%，现场管理占 80%，根据考评结果排名进行奖惩，并评选出先进单位和先进班组，给予颁发流动红旗。公司每月 7 日、18 日、27 日定期组织员工培训，提高员工的 TOPS 知识，增强员工的 TOPS 意识，使 TOPS 理念深入人心，以达到全员参与的目的。公司领导经常到各单位指导工作，对推进工作中出现的问题进行交流，协商解决方案，对 TOPS 推进工作中需要的人力、物力等提供大力支持。

（7）六源治理是 TOPS 推进管理的一项重要内容。因之前公司从未开展过类似活动，职工对什么是六源、如何查找六源、六源查找后应如何解决等问题一窍不通，六源改善工作一度停滞不前。为改善这一情况，六源推进小组结合辅导老师的指导意见，根据公司实际情况，重新编制了《六源管理制度》《六源查找指引》《六源改善表范例》等资料，利用晚上下班时间，组织生产车间干部职工进行培训学习，从六源的定义到六源的查找，再到六源的改善，一项一项地讲解。通过一个多月的培训，六源改善查找工作有了显著提升。但是新的问题又来了，职工查找六源仅停留在表面，如清扫困难源、危险源，怎么办？广州学府老师建议让我们眼前一亮——将理论培训与现场指导相结合，现场教工人如何查找六源。这一新的教学方式大大提高了工人查找六源的能动性，也提高了职工查找六源改善项的质量，使六源管理工作逐步走上正轨，也为公司 TOPS 管理推进工作提供了有力保障。

公司“6S 管理”活动如火如荼地推进，员工工作效率比以前大幅提高了，环境更加整洁美观了，机器设备定置管理也逐步跟进，物料货架堆放整齐有序，各类工作制度循序渐进编制运行，公司 TOPS 管理发展有了进一步的提升。

公司 OPL、OPS 工作自 2017 年 4 月开始推进，起初各部门对一点课和六源及其他改善成果分不清，感觉两者没有什么区别，且员工工作负荷大，编写一点课的时间少，没有与自身实际工作相结合起来。

通过今年每月的两次 TOPS 培训和广州学府老师的讲解，各推进小组系统地、方向明确地引导具有不同特长的员工开发出系列的单点课，让他们在工作当中善于发现问题的解决渠道。通过评选优秀的教案组织班组成员进行讲解分享，将个人知识放大为团队的智慧。与此同时，OPL 支柱小组为了激励员工的积极性，采取了物质和精神奖励。通过近半年的努力，员工的参与度得到很大提高，教案质量高标准，为公司 TOPS 管理推进工作提供了有力保障。

（三）艰辛的付出，丰硕的果实

经过不断的努力钻研和学习，丰宁金龙黄金工业有限公司在 2017 中国设备管理大会比赛中，取得了优异的成绩，斩获 2017 中国设备管理大会六项改善案例优秀奖。丰宁金龙能有今天的业绩和进步，是各位同事相互协作、共同发展的结果，是公司正确领导与决策的结果，是全体干部员工努力奋斗精诚合作的结果。

九、推进感悟

一分耕耘一分收获，有付出就有回报，TOPS 不是一两天就可以完成的，TOPS 体系的中心就是在于“坚持”，是需要日日做、天天坚持做下去的事情。丰宁金龙将不骄不躁，稳扎稳打，继续发扬吃苦耐劳的精神，从小事做起，从一点一滴做起，从细微之处做起，努力让 TOPS 推进工作迈上新台阶。TOPS 不断为企业导入各种先进的管理理念提供平台，它将激励、引导企业积极改进，并最终促使丰宁金龙成为管理先进、环境优雅、品质一流的现代化公司。“花鸟尚绘春，人生莫虚度”，市场变幻莫测，发展永无止境，展望起点，任重而道远。

第十六节　招金金合同心合力点石成金

真金不怕火炼，亦作“真金不怕火”。比喻正确的事物经得住考验，意志坚定的人经受得住考验本色不变。语出然《艳阳天》第一一五章：“乌云遮不住太阳，真金不怕火炼，东山坞永远会是太阳当空，永远是我们人民的天下！”招金金合亦是如此。

一、企业简介

招远市招金金合科技有限公司是一家以处理黄金冶炼固体废弃物氰化尾渣为主业的循环经济型企业，是招金矿业股份有限公司的全资子公司。招金金合依靠对氰化尾渣资源高效、环保的综合利用工艺技术，秉承安全、质量、技术的企业理念，通过66万吨/年氰化尾渣高效富集选硫装置，20万吨/年氯化焙烧及有色金属回收工程在氰化尾渣综合回收利用方面，实现高硫精矿品位、尾矿硫品位、硫回收率、制酸烧渣铁品位、硫品位和烧渣中的金回收率等多项技术指标全面提升，为减少环境污染、改善生态环境、降低工程投资、促进可持续发展起到推动作用。

二、真金不怕火炼—TOPS体系

（一）不断完善组织机构，明确职责分工，合理制定TOPS体系建设推进方案

为切实TOPS体系的建立与运行，将招金金合打造成一流的现场管理、设备管理、基层团队建设、信息化管理企业，结合招金金合实际情况，特成立了以总经理为推进委员会主任的TOPS体系推进组织机构，由推进办主导公司TOPS体系推进工作、辅配各专业支柱小组及专业支柱小组联络员、车间部室级推进小组及相应联络员、班组级推进小组及班组联络员的立体管理架构。在TOPS体系的推进过程中，由于公司领导组织机构变动多次，为推进

工作带来了不小的阻碍；公司一是采取通过打造样板区，以点带面，结合现场实际情况，明确前期选矿厂打造 6 个样板区、硫酸厂打造 7 个样板区、综合回收厂打造 8 个样板区、原料车间打造 1 个样板区、企管化验室打造 4 个样板区、企管仓库打造 2 个样板区、各机关科室将各自办公场所打造成样板区，车间结合各自样板区建立相应 TOPS 推进自然班组和联合班组，并形成文件下发，进一步明确职责；二是不断完善 TOPS 推进组织机构，最大限度地克服重重困难，使推进工作得以顺利开展。

（二）两个“S”打先锋，逐步引入现场四要素，深化现场管理

TOPS 体系前期推进重点为现场四要素的开展，而现场四要素的前期重点则是 6S、6H；前期对全员进行 6S、6H 概念系统培训。

通过全体员工的积极参与，现场 6S 改善形成标准 30 多项，标准严格执行五定原则，即定清扫对象、定清扫周期、定清扫工具、定清扫人员、定清扫时间；遵循 PDCA 循环管理，及时检查考核反馈整改，随着 6S 活动的不断开展，现场标准不断优化提升。

整改现场为主的 6H 模块，在推进办、6H 支柱小组、TOPS 推进班组、一线员工的四级架构下，开展顺利，员工从 6H 整改消除过程中获得实效。

自 TOPS 体系开展以来，各单位共查找六源 516 项，为了更好地把握上报质量，招金金合规定各单位每月最多可上报至推进办 6H 数量为 6 项，精中选精，其余 6H 整改项根据实际情况各单位自行按 6H 奖惩执行；6H 整改初步精品通过车间级到 TOPS 推进小组级、再到 6H 支柱小组，最后上报至推进办，推进办统一分析后，全公司再优中选优通过 TOPS 管理平台上报至山东设协，作为公司的精品推广 6H 项目。

（三）全员参与热情高，现场活动显成效，标准优化持续升

为确保员工参与 TOPS 活动的积极性、现场 6S 整改反馈的及时性，推进办特建立“招金金合 TOPS 体系推进”微信群、钉钉群，并邀请招金矿业相关人员和山东设协专家一并加入，员工陆续将现场样板区整改情况反映到微信群中，通过和专家的互动，不断完善提高整改标准，保证在现阶段做对的事情，避免走弯路。初期两个月的时间微信群上传 6S、6H 整改照片 1000 多张，充分调动

员工积极性，全体员工干劲十足。通过6S、6H活动的不断深入开展，招金金合各样板区相应建立6S、6H检查标准，经推进办、6S支柱小组和6H支柱小组共同审核，不断优化标准、细化标准、完善标准，以保障更好的指导员工日常工作，促使员工养成优良作风，不断提高员工个人素养。

三、真金不怕火炼—众志成城坚持TOPS体系建设之路

通过实践的检验，TOPS体系是科学的、不断发展的、正确的现场人机管理体系，虽然招金金合在推进TOPS体系过程中，遇到了各方面的压力与难题，但所有员工上下齐心、众志成城，坚信只要坚持按照TOPS体系要求来推进各项工作，终有一天所有的难题都会迎刃而解。

乌云遮不住太阳，真金不怕火炼。东山坞永远会是太阳当空，招金金合的明天定会灿烂辉煌！

第十七节　鑫源矿业端本正源革故鼎新

2017年鑫源矿业主要负责人要求打破原来条块分割的工作办法，改为领导小组直接带领各个推进小组，共同做好TOPS的推进模式。按照辅导专家的教导，结合TOPS推进标准手册及成果展示，各个小组直接上报计划及成果。从而形成了全公司上下齐心合力抓TOPS建设新局面，较好地促进各项工作开展。

一、TOPS体系推进辅导

2017年7月1日，山东设协TOPS体系推进专家组进现场辅导。首先，专家组深入企业一线工作现场调研，随后根据现场调研情况进行了TOPS体系培训，将发现的问题和优缺点以图文并茂的形式展现给大家，将今年的TOPS工作和去年的相比较，将已经改进的TOPS工作和今年的相比较，将本企业的TOPS工作与其他埠外企业相比较，给大家带来了震撼的一课。大家进一步认识到自己的不足和提升空间，使大家对基础提升年的工作充满了信心。

选矿车间一直是鑫源矿业开展 TOPS 工作的排头兵，按照辅导专家的点评，先开展现场再强化，再进行推进。最终，无论是现场管理，还是基础资料都较去年有了很大的提高。除了 6S 视觉上干净整洁的享受的之外，6H 追求本质安全的理念也让大家得到了实质的收获。从操作过程到操作习惯，从工作区域到工作环境，大家都慢慢地从思想上重视起来；日常仔细排查，一旦发现隐患点或故障点，直接敲定整改方案，立马整改。车间在每天的班前会上对工作情况进行点评，有效地激励了员工改善的积极性，使得全体人员都积极地进行查找和改善，累计查找和改善六源问题 60 多项，入选上报 30 多项，完成的速度和质量较好，对选矿车间的整体安全管理和文明卫生有很大的提升。OPS 和 OPL 方面则各有十几项。由于采取上述一系列措施，设备维修费大幅度降低，累计设备维修费较去年同期下降了 54.8%，图 12-39 为选矿车间激流勇进班组展示板。

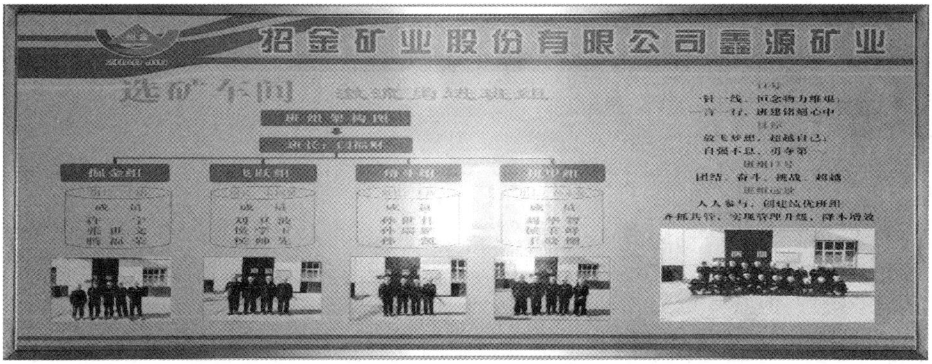

图 12-39　选矿车间激流勇进班组展示板

二、具体成果展示

班组建设。选矿车间率先在公司开展了 TOPS 班组建设，且初见成效。

鑫源矿业各项工作都在有条不紊地开展，企业将继续采用“走出去，学回来，用到位”的办法，不断学习先进单位的经验，不断将 TOPS 体系深耕于企业。

第十八节 三峰山六韬三略勇攀高峰

若羌县昌运三峰山金矿位于新疆若羌县东北部因尼喀拉塔格红十井地区，行政区隶属新疆维吾尔自治区巴音郭楞蒙古自治州若羌县罗布泊镇管辖。三峰山金矿在戈壁滩上，全年干旱少雨，多风沙天气，夏季高温，地表温度达 70 摄氏度；冬季酷寒，气温降至-30 摄氏度以下，厂区方圆数百公里荒无人烟，寸草不生。

三峰山金矿为切实将 TOPS 体系推进工作与企业各项工作深度融合，提高车间参与 TOPS 推进工作的积极性和创新性，车间结合了企业实际，在全车间范围内开展 TOPS 主题活动。包括进行现场辅导、培训，建立以 6S、6H、可视化和定置化的现场四要素管理机制，打造一目了然的生产现场。

建立 6S 管理标准，规范 6S 推行工作，确保办公环境和生产区域整齐、规范、美观。选矿车间还按要求完成对资料柜、办公桌、电器控制开关、工具柜等标签标识粘贴和茶杯、烟缸、纸篓等形迹标识粘贴。坚持“边推进、边总结、边规范”的原则，按要求制订了《办公区 6S 管理评分标准》《作业区 6S 管理评分标准》等有关标准和管理制度，加强对各班组 6S 管理推行工作的规范和指导。

在 TOPS 推进过程中，现场改善活动丰富多样。现场改善是 TOPS 的起点，并且应在整个推进过程中不断加强，持续改善。选矿车间对生产现场实现分区管理，明确责任到岗、到人，使 6H 人均参与率大幅提升；六源治理在现场管理中是极其重要的一环，只有源头治理到位，后续工作才能顺利推进并较少出现反复，同时此项对减轻员工工作量、节约成本等方面都有很大帮助。

在 6S、6H、手册建议及故障管理等项目上，车间员工的申报数量和质量都不断提升，而这些项目在客观上要求员工要有主动发现问题、主动思考解决问题能力的项目的增加，从另一个侧面证明了员工的思想开始越来越活跃，创新能力在不断增强。特别是手册建议的增加，说明员工对理论与实践更紧密地结合，这在将来必然会反映在班组建设水平的进一步提升，为实现自主维护、自主管理创造条件。

生产车间各有风采，选矿车间在 TOPS 推进过程中，领导有力、调度有方，整改数量和质量均稳步提升。让各班组在 TOPS 日常推进中熟练运用各项工具，让全员的持续改善成为新常态；还通过各班组的申报材料分析各单位对 TOPS 体系的理解和掌握程度、推进水平。员工思想更活跃，创新能力增强。

身处埠外，地处高原，在这艰苦环境中大家只有共同配合、相互理解，才能把工作干好，同时又能将 TOPS 更好地推行下去，取得如此的成果，实在是难能可贵。但这仅仅是开始，我们会再接再厉，继续深入 TOPS 体系推行工作，为三峰山金矿更辉煌的明天而不懈努力！

第十九节　天昊东风浩荡九天揽月

岷县天昊是个老矿山，地质条件复杂，井下作业面破碎，支护难度大，现场管理存在很多问题，同时选矿车间经过了几次改造，仍然存在设备陈旧、设备管理不到位、物资管理比较混乱、死角很多、现场管理不到位的现象。“不积跬步，无以至千里；不积小流，无以成江海。”正是凭借这种精神，面对 TOPS 体系建设中存在的诸多困难，岷县天昊人不气馁、不懈怠，有计划、有步骤，厚积薄发，扎实稳步地推进 TOPS 体系建设。

一、明确目标，制定方案

新春伊始，借着公司全面深入开展 TOPS 体系工作的东风，岷县天昊针对自身的实际情况，规划了 TOPS 体系建设的总体目标：确保达到 TOPS 评价二星级，力争三星级目标，以打造一流的精益管理模式，提高员工自主管理意识，形成全员参与的闭环精益改善机制为目标，将公司打造成一流的现场管理、设备管理、基层团队建设、信息化管理企业。为此，出台了岷县天昊全面深化推进 TOPS 体系的实施意见及详细的 TOPS 体系推进方案，成立了推进委员会和各支柱小组：6S 支柱小组、6H 支柱小组、有氧活动支柱小组、定置可视化支柱小组、考核考评小组等，为深入开展全年 TOPS 体系奠定坚实的基础。

二、加大 TOPS 体系培训教育及宣贯力度，夯实基础、统一认识，促进体系推进

岷县天昊现场基础薄弱，再加上工人文化水平参差不齐，职工综合素质整体偏低，怎样有效地将 TOPS 体系这种全新的管理理念和模式推行下去，如何让职工有效地掌握 TOPS 体系的宗旨、意义和所需的知识成为摆在 TOPS 体系推进面前的拦路虎，为解决这一难题，采取了如下措施：

（1）组织动员。组织公司全员召开了 TOPS 推进工作动员大会，会上对岷县天昊全年推进工作做了全面部署，各部室及车间负责人结合自身情况做了表态发言，营造了全员参与 TOPS 体系推进的良好氛围。

（2）强化培训。每周三定为学习日，对 TOPS 体系推进手册进行深入系统的学习，同时对每周工作进行小结，对取得成绩的给予表扬，对存在问题的提出整改措施，对员工在 TOPS 体系推进知识不明白的地方进行讲解，取得了良好的效果，使职工思想意识得到了根本转变，从“要我改变”转变为“我要改变”的良好态势，增加了职工对 TOPS 推进工作的积极性和主动性。

（3）结合公司基础管理提升年活动，积极组织开展“百师百徒”传帮带培训活动，开展各岗位“名师”挖掘、选拔、培养工作，调动工人学习积极性。

（4）加强职工专业技能培训。一是利用网上在线学习平台，加快对管理、技术人员的技能培训；二是利用专业条线、岗位培训等机会组织人员进行培训课件的制作与共享；三是组织内部人员进行内训师的培训，鼓励员工走上讲台，开展如 TOPS 体系一点教案的讲授等，营造大家都来当老师，都是管理者的工作状态；四是通过现场培训，查找工作中的问题及解决方法、注意事项，提高职工操作技能以及应急处置能力等，包括设备日常点检、维护、润滑、保养。在各个领域开展现场培训工作，促进职工技能提升。

（5）在全公司范围内进行 6S、六源、OPL、OPS 等 TOPS 体系知识宣传，其中宣传栏多达 100 幅，管理看板 10 幅（见图 12-40），定期更换看板内容，促进 TOPS 体系工作的推进。

图 12-40　岷县天昊 TOPS 体系看板

三、划分样板区域，以点带面，促进 TOPS 现场管理全面展开

岷县天昊以 20 个样板区域为突破口，通过样板区域的建设带动整个 TOPS 体系工作的开展，取得了良好的效果。矿区主要是卷扬机房、空压机房、水泵房、维修屋、物资存储仓库等，选矿车间主要是球磨工段、浮选工段、维修屋、物资存储仓库、尾矿泵工段、尾矿压滤工段等，办公区设置了仓库和餐厅食堂样板区域。

四、深入现场，督促改善提高

TOPS 体系工作的开展成果关键体现在现场作业环境的改善，为切实抓好现场改善工作，每月由推进办牵头组织，各支柱小组、考评小组在全公司范围内进行 TOPS 推进工作大检查，对 TOPS 体系推进工作中存在的问题及作出的成绩进行汇总考评，将考评结果在 TOPS 管理看板通报。

五、专家指导，助推 TOPS 工作上台阶

岷县天昊推进 TOPS 体系工作属于自主推进，为确保 TOPS 推进工作的顺利进行，工作开展据有实效性，少走弯路，特聘请山东设协专家莅临现场进行指

导，针对岷县天昊 TOPS 体系推进过程中遇到的障碍，给予具体的解决办法，并就一些现场问题和职工们进行互动，召开专题辅导会，对下一步工作的开展提出了宝贵意见。

六、组织回头看，深入开展各类活动，以活动助提升

为了巩固前期取得的成果，总结推进过程中存在的不足，结合企业实际情况，循序渐进，做正确的事。组织回头看活动，先后制定实施了一系列活动。

（1）为进一步巩固及提高 6S 现场管理水平，扩大 6S 管理成果，充分调动广大职工参与 6S 管理当中，不断改善工作环境，提高工作效率，做到“内强素质，外塑形象”。开展了岷县天昊 6S 现场管理专项整治活动，活动共分为四个阶段：

1）第一阶段，宣传动员阶段。主要任务是通过学习关于 6S 管理相关文件，组织相关演讲比赛，教育和引导全体员工认清加强现场管理的目的和意义，增强现场整治的自觉性和积极性。

2）第二阶段，对照自查阶段。主要任务是针对本单位的管辖区域进行查找问题，逐条分析、逐项查找，真正将自身在现场管理中存在的各种问题查清、查细、查深、查实、查全，做到不缺项、不漏项，不留死角，将查出的问题列出清单。同时参照公司《6S 现场管理专项整治考评标准》制订出本单位辖区内 6S 现场管理标准，并制定可视化。

3）第三阶段，集中整治阶段。主要任务是各单位根据第二阶段列出的问题清单，按照 6S 管理标准有计划地进行全面整改。

4）第四阶段，验收评价阶段。主要任务是由公司 6S 现场管理工作小组，按照《岷县天昊黄金有限责任公司 6S 现场管理专项整治考评标准》对各单位现场管理专项整治情况，进行现场验收打分，对验收评价合格率 80%以下的部门，进行通报批评，并推倒重来，直到验收合格为止；对验收评价合格率 80%~95%之间的部门，对不合格项限期整改，限期验收。同时，为形成现场管理的长效机制，工作小组将不定期地对各部门现场管理情况进行持续督导，真正通过长期的督导、检查，巩固现场管理成果，培养员工良好习惯，增强干部员

工的文明素养，全面、彻底改善工作场所作业环境，提高工作效率。

(2) 以“我要改善，我要提高”为主题，开展“6S 演讲比赛”活动，进一步激发全体职工参与 6S 现场管理活动的热情，认清加强现场管理的目的和意义，增强现场整治的自觉性和积极性。

比赛共成立了采一车间、采二车间、选矿车间、机关科室四个赛区，每个赛区先进行预选赛，选拔出优秀的选手参加公司组织的决赛。通过比赛营造比、学、赶、帮、超的良好氛围，选手们以自身感受用朴实的语言展示了 TOPS 体系推进以来身边的工作环境、同事及自己工作态度的转变，上演了一场视觉和听觉盛宴。

为进一步加强广大员工专业技能综合素质培训和提升，岷县天昊开展“以学促进”专业技能比武活动，活动共设维修工、电工、测量、化验等专业技能，20 余名员工参加了“比武”活动。“比武”活动以专业理论与现场操作综合进行，涌现出许多优秀的专业技术人员。本次技术比武大赛达到了“以赛促训、以赛促学、以赛促练”的目的，同时对岷县天昊技术力量进行了一次检验，也是“高手”之间的一次短兵相接。通过技术比武平台，提高了专业技术人员的安全责任意识和专业技能水平，同时也加强了职工之间沟通与交流，激发了员工勤学苦练的热情，切实提高了员工队伍综合素质。

雄关漫道真如铁，而今迈步从头越，日新月异的岷县天昊正以全新的面貌、崭新的姿态、破旧立新的思想，厚积薄发，扎实稳步推进 TOPS 体系建设，定将在 TOPS 体系建设中取得更好的成绩，通过 TOPS 体系的推进，将其打造成为高管理水平的矿山企业。

第二十节 招金白云白虹贯日叱咤风云

“叱咤”形容威力极大，如何将能量完全释放，正是企业追求的目标。作为一个老矿山企业，从接触 TOPS 至今不足两年的时间，作为设备管理者来讲，时间紧、任务重，如何才能跟上公司 TOPS 推进的大步伐，如何让一个老矿山企业面貌焕然一新，公司也是在摸索中前进，稳步中成长，尽自己最大能量为企业创造辉煌。

一、推进企业介绍

招金白云 1983 年 10 月建矿，经过 30 年发展壮大，2012 年实现了安全质量标准化三级企业，2013 年被国家评为全国第三批绿色矿山试点单位。文化建设方面，大力宣扬“先要绿水青山”的公司文化，推进安全活动开展全面提高了员工的整体素质。招金白云也从小到大，从弱到强，从一个乡镇企业逐步发展到地方国有股份制企业（见图 12-41），成为凤城市的支柱性企业，矿山也发展成为具有现代化管理水平的花园式矿山。

图 12-41 招金白云

二、推进背景介绍

招金白云是从 2016 年 9 月份开始推进 TOPS 体系。企业前期缺少在设备维修、点检、润滑方面的系统知识，如何进行推进存在较大难点，后来经公司总部协调、兄弟单位现场配合，才得以从 6S、6H 开始抓起，推进最初，很多员工有抵触情绪，认为这个 TOPS 推进只是一个表面工程，只是对设备刷刷油、清理清理现场卫生就可以了，但实际上随着推进的开展，大部分员工能够清楚地知道 TOPS 是能够为企业降低成本，对设备零故障运行起到关键作用，现场设备管理水平得到进一步提升。

三、推进现场三步走

（一）现场四要素的管理

目前招金白云处在 TOPS 推进的前期阶段，正在进行现场四要素的管理，有的人认为 TOPS 推进就是 6S 管理，他们在认知出现误区，通过引导员工自主查找问题源头，亲自动手加以解决，拾漏补缺，改进工作，也能为 6S 的维持奠定基础。

（二）六项改善与有氧活动

有氧活动包含 OPL 和 OPS 两个方面，OPS 强调的是查找和解决问题的流程，重点是建立问题查找机制和反映沟通渠道，要重视和建立问题解决的流程，并在 OPS 成果中记录下来。OPL 是员工知识技能累积和提升的重要工具，相关支柱小组可以系统地、方向明确地引导具有不同特长的员工开发出系列的单点课。其次，建立推进班组，各矿区、车间先成立一个试点班组，形成组织框架、人员分工、汇编 OPL 和 OPS 成果案例集、OPS 提案机制、培训和提案记录等。

（三）信息化平台，建立微信群

微信是年轻人沟通与交流的平台，如何将现代化的信息技术与企业 TOPS 体系推进相融合，使好的信息相互交流、共享，出现问题设备大家出谋划策、共同整改，使得再出现同样问题时，马上就有好的解决方案，不至于影响生产，为安全生产保驾护航。在微信群中，工作中有哪些方面存在不足，TOPS 评审专家可以及时纠正，防止多走弯路，费时费力，所以说微信平台对于 TOPS 推进有积极作用，大家相互学习，相互交流，发挥自己的长处，为企业贡献微薄之力。

TOPS 体系作为一种全新的管理理念，从陌生到熟知，到完全融入，招金白云通过 TOPS 体系的稳步推进，使企业在生产现场管理、设备管理、队伍建设等方面均取得了长足进步，使企业在竞争激烈的行业发展中焕发无限生机与活力。只有稳扎稳打，不断纵深的推行 TOPS 体系，才会不断地提升企业的综合管理水平。

硕果收获篇

第十三章　成果展示

第一节　让数字说话

招金矿业自TOPS体系推进工作以来，创造了在全国集团层面全面推进TOPS体系的先河，成果喜人，已将招金矿业打造为行业精益设备管理示范单位。

一、创新设备管理模式，荣获多项行业奖项

（1）招金矿业连续多年获得中国设备管理大会暨全国TnPM大会“中国设备管理优秀企业奖”，招金矿业董事长翁占斌荣获“中国TnPM设备管理特别功勋奖”，总裁李秀臣荣获“全国设备管理优秀工作者特别贡献奖”“全国设备管理卓越领导人”，副总裁董鑫、物流设备部经理姜建军分别荣获“全国设备管理优秀工作者”等荣誉称号。

（2）招金矿业连续多年被评为“山东省设备管理优秀单位”，多名设备管理人员获得“山东省设备管理突出贡献奖”“山东省设备管理优秀工作者”“山东省技术创新能手”等荣誉称号。

（3）招金矿业参与起草了中国首部设备管理标准《设备管理体系　要求》。

（4）招金矿业旗下的铜辉矿业作为新疆维吾尔自治区唯一一家矿山企业入选全国首批国家级绿色工厂名单。

二、深化推行 TOPS 体系，多措并举确保推行效果

（1）为了从不同角度、不同层次挖掘招金矿业旗下各企业的 TOPS 推进情况，出版了四期招金特刊，内容涵盖战略视角、TOPS 资讯、TOPS 琅琊榜、百舸争流、TOPS 群星谱、影响力、TOPS 在路上等，将各分子公司 TOPS 推进亮点展示出来，便于将亮点在全公司放大，搭建一个互动平台。图 13-1 为招金特刊（《企业界》杂志）。

图 13-1　招金特刊（《企业界》杂志）

（2）为了将 TOPS 推进过程中的成果进行汇总、巩固，每月定期进行 TOPS 月份汇编，共编印 13 期。对各单位的现场美图、6H 精品案例、OPS 精品案例、OPL 精品案例、管理看板精品案例、TOPS 推进纪实美文、故障管理精品案例、样板机台标准与规程、TOPS 手册修改意见、润滑站建设精品案例、6I 精品案例、TOPS 月度计划等 12 个方面积累成果案例，起到了激励引导作用，贯穿在 TOPS 体系推进的过程中。据统计，各单位累计上报推行各类成果案例 3120 项。图 13-2 为招金矿业月度成果汇编部分剪辑。

（3）招金矿业设备润滑、点检等管理制度从无到有，从少到多，从不规范到逐步规范。同时，组织相关人员、专家，将设备点检管理、润滑管理等编制成管理标准和管理手册，编入招金矿业管理制度体系中，如 2015 年《TOPS 推进标准手册》（第 A 版）、2016 年《TOPS 推进标准手册》（第 B 版）、《TOPS 推进标准手册——指南》《TOPS 点检润滑管理标准手册》《TOPS 润滑标准手册》等，如图 13-3 所示。

图 13-2　招金矿业月度成果汇编部分剪辑

图 13-3　招金设备管理相关的标准、制度

（4）TOPS 体系在招金矿业的推行，完善了设备管理制度、流程、约束机制，设备保养、维护检修得到了进一步强化。随着设备现场管理的不断规范，招金矿业用于设备保养、维护检修费用不断优化和减少，近几年呈现下降趋势。据统计，设备维修费由 2015 年的 6420. 13 万元降至 2016 年的 6174. 35 万元，同比减少 245. 78 万元，下降幅度达 3. 83%；主要设备异常停机时间由 2015 年的 39650 小时减少至 2016 年的 31217 小时，同比减少 8433 小时，下降幅度达 21. 27%；同时，设备运行时间增加，效率提高，如图 13-4 所示。主要设备运转率由 2015 年的 96. 5%提高到 2016 年的 97. 5%。

（5）深化细化物耗管理，增加了管理效能。通过与广研所油品优化的合作，对招金矿业的油品种类（液压油、齿轮油、机油、润滑脂）进行优化，减

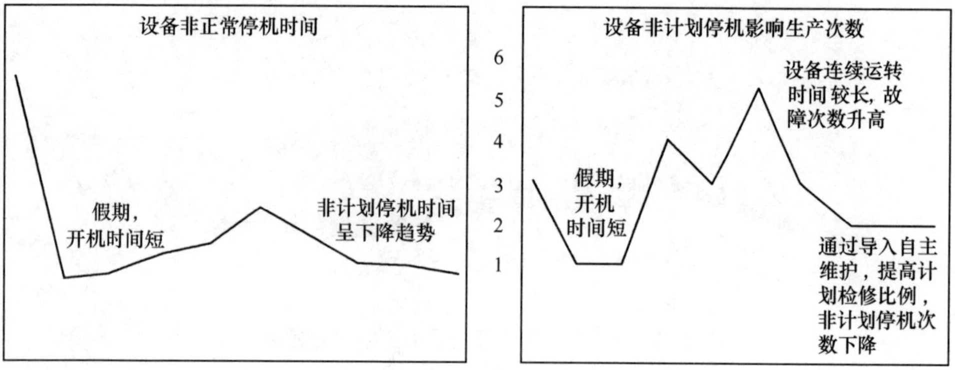

图 13-4　主要设备运行指标改善情况

少了油品种类，降低了油品采购成本。油品种类由最初的 307 种优化到 37 种，优化比例达 88%；润滑油品采购额由 2015 年的 979 万元降到 2016 年的 813 万元，减少了 166 万元，见表 13-1。

表 13-1　润滑油品优化情况

优化结果 / 油品类型	原油品数量				优化后数量	优化比例/%
	总数量	牌号明确	专用油	不明牌号		
液压油	44	42	7	2	5	89
汽轮机油	12	10	0	2	2	83
工业齿轮油	51	48	0	3	6	88
压缩机油	28	25	14	3	4	86
发动机油	79	63	42	16	4	95
车辆齿轮油	38	30	15	8	5	87
防冻液	22	18	7	4	1	95
刹车油	10	10	2	0	1	90
全损耗系统油	7	7	0	0	0	100
变压器油	7	7	0	0	2	71
润滑脂	67	64	0	3	5	93
其他用油	4	4	2	0	2	50
合计	369	329	—	—	37	90
去除重复项后合计	307	246	—	—	37	88

（6）开发引入信息化办公工具，创建招金矿业 TOPS 推行成果申报平台。

经调试运行，各单位每月都可以随时将改善成果及时通过该平台上报，每月共上报各类成果材料近400余项，如图13-5所示。

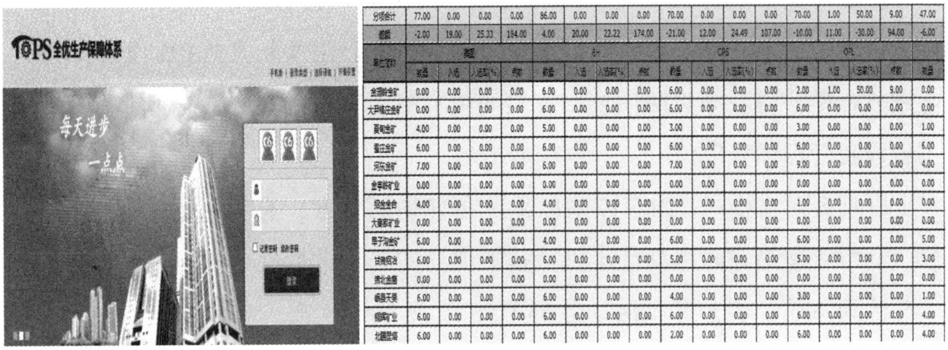

图13-5　TOPS申报平台

随着推行TOPS体系的不断扩展和深入，招金矿业各单位设备管理有了长足发展和进步，管理水平得到了一定的提升，取得了显著效果和骄人成绩，也收获了可喜的成果。

金翅岭金矿在TOPS推行的两年半时间里，收集员工“六源”查找累计2780项，归类整理采纳1080项，已经整改完善的980项。在现场自主维护、点检维修培训中，积极开展维保工具开发大赛，使员工的维护技能大大提升。在车间内部设立了自主维护管理三大目标，制定出设备维护管理办法、完善样板机台使用维护检修“三大规程”、编写重点设备点检基准书、优化设备运行点检记录、补充设备故障统计记录等。并将这些设备基准书、设备维护管理办法等做到图表化、可视化，编辑出版了系列手册、规程、成果集等13种书刊，方便了职工学习及使用操作。

随着TOPS的深入推进，金翅岭金矿不断引入创新元素，成效显著。大力开展“六力”班组建设，鼓励职工小发明，小创造，提金点子创意，利用OPS／OPL、六项改善案例以及赛车式抢维修等，实现了设备管理精益化，有效提高了设备自主维护、检维修体系运行的整体水平。设备故障率同比下降30%，设备运转率同比提高2%。探索润滑管理新模式，通过油品选型优化，将原有的62种润滑油优化为18种，润滑油消耗大幅度降低，尤其是车队的降耗幅度最为明显，润滑油消耗下降 32%，真正达到了节能降耗的目的。各类生产技术指标均有不同程度提高，各种跑、冒、滴、漏问题得到有效治理。

金翅岭金矿推行 TOPS 体系以来，荣获 2015 年度、2016 年度“全国设备管理先进单位”；在 2017 年中国设备管理大会暨第十五届全国 TnPM 设备大会上，金翅岭金矿获得一等奖两项、二等奖两项、三等奖三项，并且连续多年荣获山东省设备管理优秀单位。

夏甸金矿自推行 TOPS 体系以来，在现场四要素、有氧活动、点检、检维修、润滑管理等方面都卓有建树：其中现场四要素方面完成 6S 整改 500 多处，六源治理 400 多项；有氧活动收集 OPS 改善 300 多项，编制 OPL 课件 200 余件；北耩车间通过强化点检管理，将水泵维修频次由一年 21 次降为一年 1 次，维修费用由 22000 多元降低至 2800 多元；选矿车间通过圆锥破碎机故障次数统计分析（液压故障 17 次、电器故障 2 次、机械故障 2 次）发现，液压故障是重点。通过集中对液压故障进行解决和预防，大大减少了设备故障次数。

夏甸金矿在 2016 年中国设备管理大会暨第十四届全国 TnPM 大会上，企业现场六源治理荣获三等奖。在 2017 年中国设备管理大会暨第十五届全国 TnPM 大会上，设备维护工具创意获得一等奖，设备管理金点子获得二等奖，TnPM 成果推进获得三等奖，选矿车间—破碎野狼队获得卓越班组奖。

大尹格庄金矿自 2015 年率先推行 TOPS 体系以来，通过不断地学习与管理创新，在设备管理上取得长足的进步。近年来，TOPS 体系中的 8 个工作模块有序开展，形成了企业内部各项管理规范、管理手册 9 本；现场 6S 改善点 1000 多项，形成 6S 标准 45 个；六源查找案例 1500 多项；单点课 268 项，在广大干部职工中得到了广泛的开展。

在自主维护管理中，形成主要生产设备点检标准 35 份，重点设备三大规程 17 套，点巡检线路图 15 套，形成润滑标准 18 套，开展各项技能竞赛 8 次，先后有 45 名设备维修和操作人员获得了“金牌员工”这项荣誉。

在检维修管理中，制订重点设备维修技术标准文件 23 份，形成主要设备故障字典 1218 条，故障案例课件 110 项，主要设备维保课件 55 项；通过对无轨设备跟踪调查统计：设备生产成本明显下降，进口备件费用下降 6.3%；油品费用下降7.8%；铲运机备件费用下降11.3%；轮胎费用下降14.2%；油管使用数量下降17%，管理效益明显。

大尹格庄金矿先后荣获了全国设备管理大会“企业可视化管理创意奖”一等奖、“TnPM推进成果奖”、“设备管理创新奖”等多个奖项；孙杰矿长荣获2015年全国设备管理先进个人、2017年全国设备管理杰出领袖两项殊荣。

铜辉矿业全力推行TOPS体系建设，深入开展“6S、6H、可视化、定置化”管理，推行设备自主检维修及润滑管理，进一步加强基层班组建设，提高了员工素养、降低了生产成本，使2016年设备维修费用同比下降了8%。

2017年，铜辉矿业在中国设备管理大会上，荣获OPL组织奖、现场六源治理、现场管理看板组织奖等11个奖项，杨锡祥总经理荣获中国TnPM设备管理杰出领袖，铜辉矿业获得中国设备管理优秀企业荣誉称号。

早子沟金矿将TOPS体系管理思想融入到各岗位管理实践中，形成了“一体化”“一盘棋”的管理模式，取得了卓越的成绩。润滑油品从2015年的110多种油品缩减到15种，润滑费用从120万元降低到90万元，并且设备经过优化用油后未出现因润滑油品导致故障发生，降低生产成本，确保设备使用寿命，减少油品型号，避免了混加失误和油品采购成本。

早子沟金矿先后荣获2016年中国设备管理大会OPL组织二等奖、管理文宣创意优秀奖4项，2017年中国设备管理优秀企业、TnPM优秀后勤支援奖、中国TnPM设备管理卓越推进者奖、企业现场管理看板组织三等奖、设备管理文宣创意一等奖、TnPM卓越班组奖、OPL组织三等奖、TnPM推进成果三等奖等奖项。

甘肃招冶自推行TOPS体系以来，各车间现场发生了翻天覆地的变化，职工素质进一步提升，TOPS融入到生产管理的每一个细节。从设备机台、生产现场、库房料场、办公管理等方面选出15个示范点，定期组织交流研讨，实施动态管理。先后制作安装推进看板和小组活动看板36块，各类可视化图板和标牌86块，现场定置牌91块；对现场厂房、生产设备、办公室和更衣室等进行了重新粉刷，班组环境得到了极大改善，“甘肃招冶是我家，人人都要爱护它”的理念进一步升华，公司20个班组达标率达100%。发现和处理大小缺陷、安全隐患 689 项，小改小革 251 项，TOPS 微信群分享改善照片 28975 张。共编写 OPL 单点课 509 项；编制了《甘肃招冶 TOPS 成果汇编》《可视化定置化管理手册》《OPL 汇编》《OPS 汇编》《TOPS 润滑管理手册》《六源管理手册》《六项改善手册》《精品故障案例》，修订了 108 种主体设备的《六定标准》和现行有效文件 36 个。

甘肃招冶获得 2017 年中国设备管理大会可视化管理创意奖、TnPM 推进成果奖、现场六源组织奖、设备管理文宣创意奖等多项奖项。

蚕庄金矿 TOPS 体系推行过程中，严格制定推进整体规划和月推进计划，矿区、车间制定推进分解计划并认真贯彻执行。实行周实施、月评价，并与经济责任制挂钩。建立微信分享平台，将每天的改善内容在微信上展示，微信人数也从最初的几十人发展到现在的几百人，每天分享在 200 多张，也成为相互交流学习的园地。通过宣传看板、知识培训、管理座谈等多种形式，开展自主维护管理，实现从“要我做”到“我要做”的观念转变。设备管理指标的完好率和利用率分别提高 0.5%，磨机作业率提高 2.6%；能源管理指标中，选矿、采矿单耗降低 7%，综合电耗下降 1.2%；维修费用大幅度下降，下降了 15%。同时，建立和编制了主要设备的点巡检路线图 10 份、点检标准总基准书 12 份、清扫点检记录表 12 份，编制有氧活动的 OPL 优秀案例 96 份、OPS 案例 60 份，并将成果汇编成册，先后颁布了《蚕庄金矿可视化手册》《蚕庄金矿一点课汇编》《蚕庄金矿三大规程》等 8 种汇编等重要成果。

蚕庄金矿在 2016 年、2017 年全国设备管理大会上获得了“现场管理看板”“设备管理金点子”等 6 个奖项。

河东金矿在 TOPS 体系推进以来，不断完善体系推进机制，创新管理方法，先后完成了全矿 18 个班组建设，建立了 TOPS 体系月例会制度，建立单位互查及检查考核评分机制，取得了显著的成效。通过检查发现通报不合格项 532 项，已整改 517 项。加强管理人员 TOPS 知识培训及深入培训，组织学习、培训共计 18 次，参与人数达 800 多人次。在宣传方面，通过微信平台共享推进成果，使推进范围基本达到了全覆盖；组织开展看板评比及自主维保工具发明大赛等 TOPS 体系活动，不仅促进了全员参与，也使 TOPS 推进成果得到了保持和延续。共提报精品成果238项，724项改善内容，其中包括：现场美图48项，六源整改51项，OPL共39项，OPS共35项，推进美文24篇，推进看板14项，计划申报9项，理念修订8项，故障案例6项，六项改善4项。

河东金矿推进成果先后获得2017年中国设备管理大会“企业现场管理看板组织”三等奖、“OPL组织”三等奖、“TnPM推进成果”三等奖。

金亭岭矿业注重学习培训，组织参加招金矿业的TOPS学习培训。其中，有6人参加TOPS体系评价师班、7人参加TOPS管控专业管理师班、2人参加招金弟子班的学习培训。制定实施了《关于开展“六型之星”班组建设竞赛活动》，开展“六型”班组创建，选树“六型明星”班组，增强员工队伍凝聚力、战斗力和执行力。同时，融合班组“五个体系”管理，全面提升班组建设的层次和水平，最大限度地组织员工立足本职、学习知识、提高技能、凝心聚力、共克时艰，逐步建立班组建设的长效机制，达到安全、生产、清洁、降本、创新、技能相统一的“六型”班组。

金亭岭矿业在2017年中国设备管理大会上荣获“设备管理金点子”三等奖。

招金金合从制订TOPS推进计划着手，总体安排，重点展开，规范现场管理标准，提升现场管理水平。目前，现场6S推行取得了可喜效果。形成现场6S改善标准30多项，严格执行“五定”（定清扫对象、定清扫周期、定清扫工具、定清扫人员、定清扫时间），按照PDCA“闭环”管理，及时检查考核反馈整改。随着6S活动的不断开展，现场标准不断优化提升。同时，开展6H管理，员工参与率逐步上升，并取得了实效。共查找六源516项，整改510项，整改率98.8%。

招金金合在2017年中国设备管理大会上荣获“现场六源治理组织”三等奖。

招金北疆（星塔矿业）自导入TOPS体系以来，从员工素质到现场管理都有了明显的进步与提升。目前，全员参与率达75%以上；发现现场问题521项，改善501项，改善率达到了96.16%；恢复设备技术状况352处，消除故障发生源、污染发生源336处，改善点检、清扫、作业困难部位251处，实施设备可视化 374 处，实施现场定置 356 处，消除安全隐患 721 处。编制设备故障统计分析表 6 份、设备操作规范 26 份、设备故障报告 48 份、自检自修总基准书 18 份、点检路线图 14 份，完善了维修工单和自主维护的相关表单。由于规范设备管理制度、流程、约束机制，创造的直接或间接效益高达 240 余万元，设备完好率提高到 98.65%。

招金北疆（星塔矿业）在 2016 年、2017 年中国设备管理大会上荣获“可视化管理创意”三等奖、“卓越班组奖”、“设备管理金点子”二等奖等四项奖项。

鑫慧铜业在公司全体干部职工中开展了“头脑风暴”活动，号召广大员工解放思想，发散思维，创新灵感，找问题，找方向，多思考，聚集体智慧，多方面多角度去激发创造力，定期（月）组织征集一次课题，由专业口进行课题初评价，将合理且具有可操作性的课题经综合评定后，评选出不少于 3 项优秀课题，纳入月份重点工作予以实施；建立了动态管理机制，根据课题实施情况，适时完善、调整、甚至否定。通过“头脑风暴”活动的开展，员工创新意识极大提高，有效促进了 TOPS 体系的推进，成效明显。两年来，共实施重大课题 9 项，一般课题 37 项，治理了多项长期存在难以治理的六源隐患，规范了现场，极大地改善了现场作业环境和员工劳动强度。

鑫慧铜业在 2017 年中国设备管理大会上荣获“六项改善入围奖”。

圆通矿业在 TOPS 推进过程中，注重新技术的应用，淘汰落后生产工艺；注重员工有氧活动，提升全员的创新力。通过小改小革、新技术应用等手段，有效改善了设备工艺，消除了现场六源隐患，节支降耗效果明显。上报管理看板图片 53 幅、上报美图 151 幅、OPS 单点提案 63 项、OPL 单点课 67 项、六源改善 235 项、美文 56 篇等。通过辅导老师的现场精心辅导、精准定位、重点打造，TOPS 推进工作有了质的飞跃。其中在工具柜的规范打造、仓储打造、车队汽修车间打造、润滑库打造等方面取得了诸多亮点。

圆通矿业获得 2017 年中国设备管理大会“企业现场管理看板组织”三等奖。

梨园金矿根据实际情况，建立 7 个支柱小组、17 个班组，同时完善了相关考核制度坚持每月一次的全矿 TOPS 检查评比，累计检查整改项 386 项，整改

381项。组织举办TOPS演讲比赛、OPS提案征集、看板比赛等活动，参与人数达457人次，达到了全员参与的良好效果。TOPS推进成果得到了保持和延续，提报355项，其中现场美图34项、六源整改56项、OPL 163项、OPS 52项、纪实美文38篇、看板12项。

梨园金矿在2017年中国设备管理大会上荣获“设备维护工具创意”三等奖。

丰宁金龙根据TOPS体系推进计划，先后打造了通道及物品定置、润滑库、仓库、维修间、工具柜、标识规范管理、看板优化、化验室、办公区九大亮点。优化制作各类看板50块，可视化统一标识指示牌共20类260块，检查发现设备设施缺陷及安全隐患710条，整改率100%。及时总结成果，编制了《6H成果汇编》《TOPS月份成果汇编》《OPL/OPS》《可视化手册》等手册。

丰宁金龙在2017年中国设备管理大会上荣获“六源改善”三等奖。

招金白云随着TOPS体系推进不仅生产现场得到改善，同时也降低了各项成本，为公司带来了效益。设备故障率就同比下降了约46%，利用率增长了3%；生产成本也明显降低，综合电耗同比下降约1.1%，综合能耗同比下降约8.9%，维修费用同比下降5.9%。上报精品成果198项，其中美图29项、六源整改28项、OPS一点建议32项、OPL一点课31项。

岷县天昊上报精品成果200项，其中美图49项、六源整改58项、OPS一点建议32项、OPL一点课33项、推进看板1项、推进美文9项、故障管理6项、润滑站1项、六项改善2项、进度计划9项。

肃北金鹰按照TOPS体系推进整体安排部署，对内部职工和施工队进行了体系培训和考试，制定TOPS推进计划。各车间正在开展6S、6H，共制订现场管理6S标准29项，六源治理201项，全员参与率达65%。

鑫源矿业稳步推进TOPS体系，现场管理改善有条不紊地进行。员工创造主动参与、自主改善、自我提升的氛围，提升员工发现和解决问题的能力，挖掘员工自我潜能参与改善，从操作过程到操作习惯，累计查找和改善六源260多项。

三峰山金矿成立专门的TOPS推进机构，在矿办公区域和矿区推行6S。不断完善TOPS推进基础工作，积极开TOPS学习培训活动会议，现场6S推行取得了可喜效果。形成现场6S改善标准20多项，六源治理308项，全面提升三峰山金矿现场管理水平。

第二节　有人才有未来

TOPS宗旨是为员工创造“安全健康、整洁有序、文明高效”的工作环境和文化氛围，为企业培养“素质过硬、充满活力、勇于创新”的优秀员工和管理团队，因此培养人才，提高全员素质也是推行TOPS体系的目的之一。

（1）人才培养战略。招金矿业推行“引、借、育、用”的人才战略，即对于关键岗位的高级管理、技术人员以引进为主；对于科研型技术专家以借助组织外部优秀的人才资源为主；对于各类技能型人才和企业管理机构中的职能型人才以内部培育为主，如图13-6所示。通过轮岗、挂职锻炼等形式，使人尽其才、人适其岗。

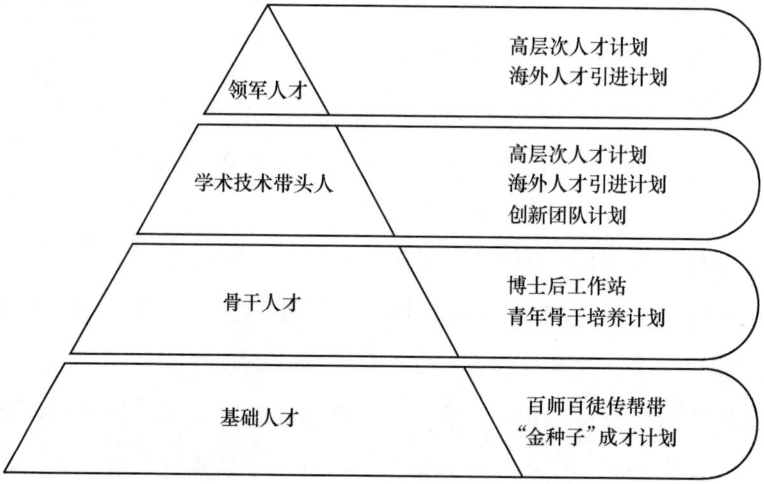

图13-6　人才培养

“引、借、育、用”：领军人才，高层次人才引进计划、海外人才引进计划；学术技术带头人，高层次人才引进计划、海外人才引进计划、创新团队计划；骨干人才，博士后工作者、青年骨干培养计划；基础人才，百师百徒传帮带、“金种子”成才计划。

（2）人才选拔机制。建立科学、高效、流程化的人才选拔机制，通过搭建台阶式的成长通道，设置吸引各类人才的“金板凳”，通过“使用一批、储备一批、培养一批”的培养模式，建立一支综合素质优秀、工作高效、富有创新能力的团队。目前公司采用“金手铐”式的激励约束机制，即帮助员工获取与所承担的岗位职责相匹配的技能，建立一套科学、有效、适合企业实际并具有可操作性的绩效考核体系，为每一位员工设立工作目标并使之清楚业绩与回报的关系，对于员工的业绩和贡献给予充分的肯定和认可，建立“金手铐”式的激励约束机制。通过参与、鼓励、鞭策、支持的管理风格，努力营造一种能够使员工充分发挥个人才能和得以锻炼和提高的工作环境，倡导自动自发的工作、服务理念，打造人才安全保障的“金降落伞”，使每一位员工在组织中产生归属感，融入组织。

（3）通过组织专业培训，不断提高企业管理水平。为了继续深化 TOPS 体系推行，招金矿业把培养骨干人才的综合素质作为首要任务来抓，组织优秀班组骨干到潍柴动力、上海宝钢等先进企业进行跨行业对标学习，通过从六力班组建设（文化力、组织力、学习力、执行力、创新力和绩效力六个方面）和点检定修制学习全面提升综合素质。组织了几次具有代表性的培训：1）机电一体化专业培训。组织各分子公司 150 人才到提升机电控、铲运机制造厂家进行为脱产学习及各种供配电、液压系统专项培训。2）TOPS 体系相关培训。培训人次达 600 多人，就 TOPS 体系标准解读、TOPS 体系推进要点进行讲解。3）全优润滑管理培训。特邀广研所专家针对公司润滑管理标准对生产运维的作用、润滑油脂企业标准如何应用、油液检测三方面进行详细讲解。

在公司近三年的 TOPS 体系推进工作中，涌现出了一大批的优秀员工和先进集体，他们为公司的发展作出了突出的贡献，充分发挥了榜样的带头作用。

一、榜样风采之一：依靠 TOPS 体系推行精细管理增效益——记铜辉矿业总经理杨锡祥

2012 年，杨锡祥同志（见图 13-7）积极响应国家“西部大开发”战略号

召，主动参与新疆喀什地区的经济建设，担任伽师县铜辉矿业有限责任公司总经理。多年来，杨锡祥同志秉承“发展自我、缔造价值、回报股东、造福社会”的企业宗旨，深入开展科技兴企、基建技改、循环经济建设、TOPS 体系推进，五年来累计实现利税 127527 万元，完成财政贡献 45842 万元（连续三年位居喀什地区工矿企业前列），为当地经济建设做出了重要贡献。

图 13-7　杨锡祥同志参加长沙国际膏体充填大会

因工作业绩突出，杨锡祥同志多次荣获伽师县委政府、喀什地委行署表彰的“特殊贡献奖”“优秀企业家”等荣誉称号，2014 年荣获新疆维吾尔自治区“开发建设新疆奖章”，2016 年荣获新疆维吾尔自治区“劳动模范”、全国“安康杯”竞赛安全文化宣传“先进个人”荣誉称号。他的主要工作业绩如下：

（1）组织实施“科技兴企”战略，为“一带一路”经济建设增强了科学发展的核心动力。杨锡祥同志牢固树立“科技是第一生产力”的指导思想，将“科技创新”贯穿于企业发展的全过程，并且取得了重要科技成果。

1）组织实施了“科技创新”。2012 年，杨锡祥同志组织带领科技攻关小组与北京科技大学联合，投资 13000 万元进行“膏体胶结充填在有色金属矿山的应用”项目研究，已经于 2014 年投入运行，在降低矿石贫化率、损失率的基础上，年可增加经济效益 3000 余万元。该项目被新疆维吾尔自治区列为重点

“产、学、研”研究课题，被新疆维吾尔自治区科技厅科技成果院士专家组鉴定为“国际领先水平”项目。

2）组织实施了“科技兴安”。2012 年，杨锡祥同志组织带领工程技术人员，先后投资 1000 余万元，完成了井下人员定位系统、监测监控系统等“六大系统”建设；完成了尾矿库在线监测预警系统建设，形成了联网监控、智能分析和预警处置等信息化管理网络。作为新疆维吾尔自治区首批“六大系统”建设示范企业之一，企业在项目建设及运行管理方面，得到了新疆维吾尔自治区安全生产监督管理局的高度评价，被国家安全生产监督管理总局授予“安全文化建设示范企业”，矿山、尾矿库和选矿厂被中国安全生产协会评定为“金属非金属矿山安全生产标准化一级企业”。

3）组织实施了“两化融合”。2013 年，杨锡祥同志积极响应国家关于“信息化与工业化深度融合”的号召，努力打造作业机械化、过程自动化、管理信息化的现代化矿山企业。在该同志的组织带领下，企业先后投资 300 余万元，进行了选矿厂和充填车间自动化控制系统改造，使选矿工艺实现了恒定给矿、液位自动化控制、旋流分级流量自动控制、电机联锁自动控制，实现了信息数据通过电子屏同步显示。通过实施两化深度融合战略，企业选矿回收率稳定在 95.47%以上，降低了人工成本，提高了矿产资源综合利用率。

4）组织开展了“科技攻关”。杨锡祥同志作为一名矿山企业的管理者，十分注重技术创新的作用，成立了“科技创新委员会”，带领技术人员认真研究矿体地质特征，合理确定矿体边界品位，加强现场技术管理，使矿石贫化率由 6.44%降低到 4.21%以下，回采率由 93.8%提高到 96.3%以上。同时，该同志组织带领技术人员，通过优化选矿工艺流程，提高化验质检水平，强化选矿药剂配比实验，使选矿回收率由 92.50%提高到 95.47%以上。矿山三率指标均优于《矿产资源开发利用方案》设计的贫化率 10.08%、回采率 87.31%、选矿回收率 90%，年可新增加经济效益 3500 余万元。

（2）组织实施“创新驱动”战略，为“一带一路”经济建设奠定了持续稳定的发展基础。杨锡祥同志积极响应国家关于建设资源节约型、环境友好型矿山的号召，通过统筹规划、制定方案、科学实施，努力实现矿产资源节约开采与综合利用的矿山管理目标。

2015年，面对矿产品价格的断崖式下跌，杨锡祥同志全力推行TOPS体系建设，深入开展“6S、6H、可视化、定置化”管理，推行设备自主检维修及润滑管理，进一步加强基层班组建设，提高了员工素养、降低了生产成本，使2016年设备维修费用同比下降了8%。经全体干部员工的共同努力，企业在2015年达到了TOPS三星级标准，2016年达到了TOPS四星级标准，2017年在中设协举办的全国TnPM大会上斩获11项大奖。

（3）组织实施“循环经济”战略，为“一带一路”经济建设实现了节能减排的环保目标。杨锡祥同志积极响应国家关于节能减排、清洁生产的号召，通过制定实施方案、工作规划，大力推进循环经济建设，实施清洁生产。

1）组织实施了“废渣”再利用。为充分利用采矿过程中产生的“固体废渣”，杨锡祥同志经过认真的考察论证，通过招商引资1100余万元建设了一座新型环保建筑材料制造厂，每年使井下排除的固体废渣基本得到了全部利用，年收入2000余万元，每年减少废渣堆积占用土地50亩（3.3万平方米）左右，在整个矿山服务期内将节约土地1000亩（66.67万平方米）以上，避免了因废渣堆积造成的多种地质灾害的发生。杨锡祥同志充分利用膏体胶结充填新技术，将尾矿废渣的70%作为井下膏体胶结充填的主要原料，可减少尾矿库占地700亩（46.67万平方米），延长尾矿库使用年限达到20年以上。

2）组织实施了“废水”再利用。为充分利用井下采矿过程中产生的废水，杨锡祥同志组织修建地表蓄水池，一方面为井下采矿过程提供生产供水，另一方面作为选矿生产用水的补充。为充分利用选矿生产过程产生的废水，杨锡祥同志组织带领技术人员，一次性投资1000余万元对尾矿库进行防渗处理、建设回水泵站，将废水全部用于选矿生产再利用，使废水重复利用率达到100%，年可节约新水220余万吨，为实现“节能减排”做出了重要贡献。

杨锡祥同志作为一名援疆企业的总经理，矿山企业的高级工程师，在促进地方经济发展、解决居民就业、建设绿色矿山方面做出了突出贡献，推动了伽师县“瓜乡铜城”“生态立县”及大喀什卫星城建设快速、稳定、健康发展的步伐，为新疆维吾尔自治区的社会稳定和长治久安做出了重要贡献。

二、榜样风采之二：TOPS 体系杰出领袖风采展示——记大尹格庄金矿矿长孙杰

孙杰同志（见图 13-8），大尹格庄金矿矿长，1986 年毕业于江西冶金学院采矿工程专业。三年来，孙杰同志结合 TOPS 体系在大尹格庄金矿深入开展工作，在设备管理领域取得了诸多创新型成果，先后荣获全国设备管理先进个人和全国设备管理杰出领袖荣誉称号。

图 13-8　孙杰同志参加 2017 年设备管理大会（左起第五位）

（1）做 TOPS 体系推进的领头人。大尹格庄金矿目前已经全部实现了整个生产工艺流程的机械化、自动化控制。孙杰同志充分认识到 TOPS 体系对设备的精细化管理具有重要的意义，所以自体系推行以来，孙杰同志将 TOPS 体系的推进工作作为企业的一项重中之重工作来抓。孙杰同志在推行初期就明确要求自己作为全矿整个体系推进的第一责任人，从项目启动会到推进过程中的每次专家老师的辅导会、总结会，他都会亲自参加，并且每次都会做出明确的工作布置。他对自己工作的做法这样来解释——那就是“打铁还需自身硬”，我不做好领头羊，大家怎么能扑下身子认真干呢，全矿的领导干部都在看着我呢！孙杰同志是这样说的，也是这样做的。

（2）掌握理念，科学有序推进。推行初期，孙杰同志就告诫推进办的每一位成员：TOPS 体系是一项系统工程，需要长时间的不断积累才能取得明显的效

果。三年来，大尹格庄金矿一直按照既定的推进计划有序开展，每一年的推进计划和进度孙杰同志都要结合全矿生产的实际组织推进办相关人员进行论证，确保最佳的推进进度。三年来，在孙杰同志的带领下，大尹格庄金矿的科学推进工作得到了招金矿业、山东设协的一致认可，这与孙杰同志的正确领导是密不可分的。

（3）创新性开展“金牌员工”评选活动。2016 年，TOPS 体系工作进入到实质性设备管理阶段，重点是在设备的自主维护、检维修体系建立和润滑管理工作。孙杰同志为进一步调动生产一线员工参与设备管理的积极性，建设知识型、创新型、技能型设备管理队伍，凝聚起一线员工设备管理的智慧力量，出台了“金牌员工”评选方案。获得“金牌员工”荣誉称号的人员不仅能够得到经济上的鼓励，还会被授予刻有个人名字的奖牌作为终生纪念，广大员工热情高涨，在工作上你追我赶，相互提高。该项工作已经成功举办了三届，45 人获得了不同等级的“金牌员工”荣誉称号。

（4）从设备入手，解决一线员工最大的“心病”。孙杰同志作为一座大型矿山的负责人，在关心企业产量、利润的同时，也不忘职工的职业安全健康工作。孙杰同志意识到，井下采掘设备配备的柴油发动机尾气中的很多排放物影响着广大职工的身体健康，特别是碳烟颗粒排放，更是提高了职工患矽肺病的几率。所以，孙杰同志在 2016 年就确定将柴油机尾气净化工作列为 2017 年的工作重点。通过技术引进，使得全矿地下开采设备碳烟排放基本为零，操作人员获得了最佳的工作环境，为孙杰同志从设备管理角度出发改善员工工作环境的做法叫好。

（5）不断提升企业设备装备及管理升级。大尹格庄金矿一直是招金矿业生产设备装备水平最高的企业，孙杰同志认为如果仅仅满足于现状那就是落后，所以孙杰同志积极引进先进的设备及向国内、国际同行业学习，也积极吸取同行业的先进设备管理经验，不断提升自身的管理水平。

通过持续稳定的推进，企业在自主维护、检维修体系的建立、设备管理人员的培养等方面取得了突出的成绩。在孙杰同志的带领下，大尹格庄金矿在 TOPS 体系推进工作中将不断取得更加辉煌的成绩，引领全国矿山行业设备管理的最高水平。

三、榜样风采之三：老骥伏枥志在千里——记蚕庄金矿 TOPS 体系推进带头人王玉龙

蚕庄金矿的老黄牛，多年来一直在选矿厂设备管理岗位上默默耕耘。他是蚕庄金矿 TOPS 体系工作的积极参与者和引领者，用扎实的态度和个人的魅力感染着选矿厂每一个人。他就是蚕庄金矿西山选厂主任王玉龙（见图 13-9）。从事选矿厂设备管理工作多年，曾负责选矿厂改造、选矿厂大修等重要工作，是名副其实的选矿厂设备管理行家。在 TOPS 体系开展以后，他更是为蚕庄金矿 TOPS 体系工作做出了突出贡献。

图 13-9　蚕庄金矿 TOPS 体系推进带头人王玉龙

（1）他是 TOPS 体系推进的有心人。从蚕庄金矿开启 TOPS 工作以后，西山选厂 TOPS 工作一直相对缓慢，成效不大，逐渐成了蚕庄金矿“老、大、难”问题，每次考核总是排在后面。“绝对不能给蚕庄金矿拖后腿。”“我们不跟别人比，我们就跟自己比。”“总在最后我们脸上都挂不住。”王玉龙在新组成的西山选厂 TOPS 工作小组上如是说，面对严峻的现实，王玉龙勇敢地挑起了担子。在他的苦心经营下，西山选厂一方面重组 TOPS 推进小组和成员，纳入了包括班组长、全体成员在内的新的推进组织。同时重新明确分工、重新划分脉络。另一方面，倾听员工心声，广泛征求员工意见，正是这一举措，激发了西

山选厂全员 TOPS 干劲儿，点燃了西山选厂员工 TOPS 工作的热情，西山选厂 TOPS 工作由此步入了正轨。

(2) 他是敏锐洞察、摸准脉搏的“好医生”。有了良好的基础做铺垫，还得有正确的工作方法。西山选厂 TOPS 步入正轨之后，摆在面前的新问题逐渐显现。“大锅饭式”“铺天盖地”的一窝蜂，工作没有重点，东一枪西一枪的乱打丝毫不起作用。为此，王玉龙经过深思熟虑，立即组织西山选厂小组成员召开会议，布置新一轮工作安排。“先确定几个亮点，得有拿得出手的地方”，这次会议之后，西山选厂 TOPS 工作确定了把高压配电室、仓库、油库、员工宿舍作为近期工作重点和对外展示的亮点进行整改。工作亮点的圈定，达到了意想不到的效果，不仅结束了西山选厂无亮点的局面，自此有了对外展示的窗口。同时带动了员工参与的积极性，真正达到以点带面、以一带全的效果。

蚕庄金矿组织的优秀工具箱活动开展以后，王玉龙主任对此高度重视。面对西山选厂维修电工这帮打了多年交道的“老人儿”，王主任熟知他们的心理。西山选厂维修电工对本次活动热情高涨，积极参与，王玉龙一切都看在眼里。并鼓励全员进行参与，并最终获得了好成绩。

对于班组建设，王玉龙有他自己的心得。通过内部学习和外出学习，王玉龙早就认识到班组建设在企业发展中的重要作用。那么如何做好班组建设，应该怎么做呢？这是他一直思索的问题。首先，确定班组名称和班组口号。在确定班组名称过程中，他也是寄托了很多的感情和希望在里面。对于 TOPS 工作，他希望大家像变形金刚一样，通过共同的努力，使西山选厂整体面貌发生翻天覆地的变化。

“老骥伏枥、志在千里；烈士暮年、壮心不已。”王玉龙是一名普通的矿山人，普通中散发着金子一般的光芒。他用“俯首甘为孺子牛”的精神，将自己的人生最美好的时光留给了黄金事业。他只是万千招金人中的沧海一粟，在招金大家庭中，有无数王玉龙式的人物，为招金的事业、为招金的美好明天默默奉献、发光发热，他们才是最可爱的人。

四、榜样风采之四：勇于创新，不甘人后——记最美藏族班长旦吉才旦

旦吉才旦（见图 13-10）是早子沟金矿一名藏族员工，由于进入企业后表现突出、业务精湛、责任心强，几年下来，经过积累和沉淀后被选拔为基层生产岗位的一名班组长。作为早子沟金矿的一名少数民族班组管理人员，他非常清楚自己的责任是什么。工作中他善于观察、善于思考，肯干、会干、能干是选矿车间干部职工对他的一致评价。他不是最聪明的，但他是最能提问题的一个，也是最会解决问题的一个。

图 13-10　旦吉才旦在召开班前会

作为班长，不但要能够发现问题，更得会身先士卒地处理问题，这样才能让班组成员不敢落后更不甘落后，旦吉才旦就是这么做的。每次他在日常的生产过程中发现哪个环节出现新的问题，他总会先将岗位员工叫过来说明问题所在，然后跟操作工一起解决问题。这样既让员工知道了问题所在之处，同时让他知道以后应该注意哪些问题、哪些环节，还加快了问题的解决速度，不耽误正常的生产。有一次车间安排设备补漆的任务，有些员工提出，补漆次数这么频繁，补得新一块旧一块的，不如等漆掉的多了，一次补还好看。他听到这话，陷入了沉思，为什么新补的漆掉得这么快呢？思考了好几天，他终于发现，补

的漆容易掉多是因为该区域的边缘进灰或者油漆下生锈，新补的漆多是从原有区域的边缘处开始鼓包，然后慢慢脱落。为此他专门找两块地方做试验，一块不清理边缘未脱落的油漆，另一块清理，然后补漆。员工看了不理解，为什么要把好好的油漆给清理了，补得面积不更大了，他说别着急，咱们来看结果。等过些日子，再来看两块区域，清理过后补的漆完好如初，未清理的地方又开始鼓包了，事实证明他的想法是对的。这样一个看似不经意间解决地问题，离不开他不懈思考，将工作与自身的钻研结合起来便是他能够从车间众多员工中脱颖而出的关键。

车间要求所有员工要在平时定期上交有关车间生产的合理化建议，他们班总是提出的最多，最后的通过率也是最高。“车间是每一个员工的车间，一个班组就是一个小家庭，比学赶帮超不能只挂在嘴上，相互帮助，相互支持，工作自然会好干”，每次问他带领一个能出成绩的班组有什么诀窍时，他总这样回答。班长有能力，做事公正，班组成员自然愿意相信他。每次碰到生产中的困惑或建议，班上的员工总会先跟他交流，让他讲讲自己的看法，在这个过程中，他的威信逐渐建立了起来。他把班组当做自己的家，把班组成员当做自己的兄弟姐妹。有班组成员过生日，他都会以各种方式送上生日祝福。有一个班组成员因工作原因调到别的工作岗位，几个月后，他又想尽办法要回到旦吉才旦所在的班。别人问他为什么，他说：“因为这里有这样的好班长。”他的关爱，换来了班组成员们的拼命工作，凝聚力的加强。

旦吉才旦总跟我们开玩笑说：“班上的成员越来越能干了，以后我可咋办啊。”是啊，如果不是有这样一位敢管理、会管理的班长带领，班组成员怎么会一门心思将精力放在提高个人工作能力上。现在旦吉才旦是车间生产管理工作的标兵，各班组长既把他当作学习的榜样，又把他当作赶超的目标。不管做得怎么样，首先态度端正，有了积极的工作态度，那么工作就会越来越好。

五、榜样风采之五：年轻就要拼在前——记河东金矿孙鸣阳

在招金矿业股份有限公司河东金矿有这样一名“90后”，年纪轻轻的他却

是 TOPS 体系建设战线的一名“老兵”。作为推进办的青年骨干，他在全矿体系推进工作中冲锋在前、拼搏在前、建功在前，在他的参与和指导下，各单位的体系建设工作由以前的目的不明、各自为战转变为思想统一、集体作战，全矿体系建设风貌焕然一新。他，就是机电供应科的管理人员——孙鸣阳（见图 13-11）。

图 13-11　河东金矿孙鸣阳

（一）年轻就要不断钻研

为进一步充实 TOPS 体系推进的管理力量，矿部将孙鸣阳从车间调到机电供应科，负责 TOPS 推行工作。这对此前对体系知识了解甚少的孙鸣阳是无疑是一个挑战。刚开始投入工作，他没少碰壁。对现场管理、自主维护等一些专业层面知识不甚了解的他，面对着一些年龄、资历比他老的管理人员，也曾说过一些外行话，受到大家善意的调侃。

孙鸣阳不气馁、不退缩。他始终认为，事在人为。他从零开始学起，先是到一线的车间，与联络员沟通交流，了解目前实际情况的同时虚心请教前期推进的工作内容，还及时向山东设协专家请教、向自己科室人员学习，晚上回到家，依然查看 TOPS 相关书籍学习充电。短短几个月的时间里，孙鸣阳有突飞猛进的变化。在 TOPS 例会上，他合理科学地调度工作，让大家欣然领命；车间现场，他准确深入地分析问题，让大家频频点头；培训课堂，他迅速正确地解答问题，让老师拍手称赞。

（二）年轻就要不断创新

跨度时间长、体系庞大复杂，这是TOPS推进的特点更是难点。在企业推进过程中，由于体系的系统性和持久性，各车间最初的推进工作热情随着时间的延续而慢慢淡化，催一催动一动，主动性不强，这些成为了体系推进迟缓的拦路虎。

孙鸣阳深入一线，与管理人员、一线职工进行交流，对大家反映的问题认真加以剖析，并规划出应对措施。他认为，体系推进当中的工作不能千篇一律、没有特色。要通过创新TOPS推进新思路，从而激发起各单位持续关注工作、参与工作的热情和积极性。为此他参与策划、制订各项制度和考核标准，包括TOPS月例会制度、各支柱小组考核车间制度标准、车间内部推进考核制度等，将推进责任落实到部门及个人，极大地增强了员工参与的积极性，通过考核评优选劣，各车间互查互督，互相学习交流，有效促进TOPS体系推进的效果保持和持续开展。再是组织策划开展更多的TOPS活动，为了鼓励全员参与，他组织并策划了河东金矿—蚕庄金矿联合自主维护工具发明大赛，让员工多了一个相互交流学习和展示自我的平台。

年轻就要拼在前，这是孙鸣阳最喜欢的一句话。在TOPS推进中，他将这句话真正转化为了行动。对于问题，他第一个去研究解决的办法；对于经验，他毫无保留地传授给大家。工作上有技巧、学习上有方法、思维上有创新，凭着年轻人不服输的拼劲，孙鸣阳完成了门外汉到内行人的转变，同时，全矿推进工作在他的努力下迈上了新的阶段。

在前进的道路上不休不止，孙鸣阳，好样儿的年轻人！

第三节　令自己和他人感动的现场

设备现场是一面旗帜，它展示了企业形象；设备现场是一面镜子，它可以折射出企业管理程度和力度；招金矿业通过引入TOPS体系，外塑形象，内提素质，实践创新驱动，强机固体实施，实施人机精细化管理，使公司走在了国内黄金矿山行业的前列，打造了令自己和他人感动的现场，如图13-12~图13-17所示。

图 13-12　球磨机现场和浮选机现场

图 13-13　提升机现场和过滤机现场

图 13-14　空压机现场和配电室现场

图 13-15　氰化车间现场

图 13-16　润滑管理现场

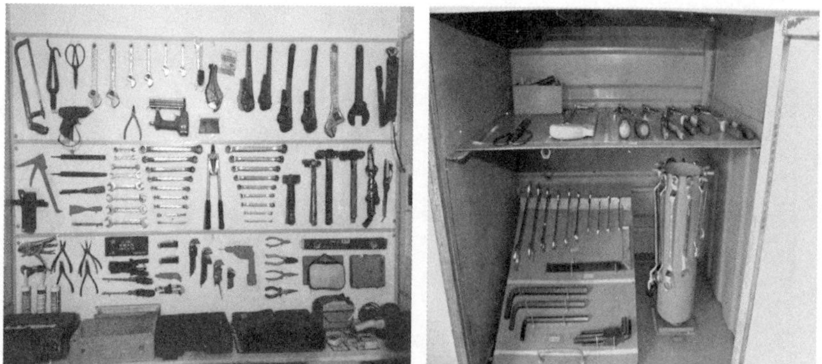

图 13-17　维修工具现场

第四节　制度、标准、手册择优固化

招金矿业在推行 TOPS 体系过程中，不断完善固化和优化 TOPS 管理制度、标准，编制管理手册形成管理规范。2016 年末，招金矿业不仅重新修订了《TOPS 推进标准手册》（以下简称《手册》），还配套颁布了手册《指南》，并将所辖基层单位推行 TOPS 的优秀成果精选成册，形成《2016 年度 TOPS 成果精编》（以下简称《精编》）。《手册》《指南》《精编》为各基层单位 TOPS 推进提供指导和参考。

一、《手册》《指南》《精编》的功能定位

TOPS 体系是涉及全员、全规范、全方位、全过程的系统工程。那么，《手册》《指南》《精编》就体现了建设系统工程的功能。如果打比方，把 TOPS 体系比作一台复杂的"管理机器"，《手册》就是指导如何"设计"和"组装"这台机器的；《指南》则是说明组成这台机器"零部件"都有哪些、如何制造，其功能和结构主要是什么样的；《精编》就是结合自身实际制造出的"零部件"的样品，可作参考。因此，《手册》《指南》《精编》应明确其定位，正确使用其功能。

（1）《手册》的功能定位。首先，《手册》是管理者用书，其主要作用是指导 TOPS 推进的技术路线问题，是推进办、支柱小组和各级推进机构管理者必读。《手册》中不作过多技术细节的解释，只是根据推进的技术路线分出阶段、步骤并指出各阶段应达到的效果或取得的成果、标准等，需要推进办等各级管理人员在推进过程中随时阅读、按《手册》要求推进。

（2）《指南》的功能定位。《指南》是管理和研究参考书，完全是配合《手册》使用的。对《手册》中提及的各种科学原理、管理方法、手段和工具进行详细的解释说明，便于融会贯通，掌握要领，是 TOPS 推进办及支柱小组、攻关小组等管理人员及课题组成员、培训讲师必不可少的参考资料。

（3）《精编》的功能定位。《精编》是参考案例，从管理者到一线员工都可作为参考和借鉴。为了便于各单位检索、参考，《精编》是以现场和设备类别为主线进行分类整理，特别是对于重点设备，相关的规程、标准和各类改善案例都收录在一起，便于一线操作人员检索学习。

以上定位可能看出，即使《指南》和《手册》的章节也不是一一对应，这取决于两者不同的结构思想和要求：对于同一部机器，按照其结构原理展开的讲解（《指南》）和机器零部件的样品展示（《精编》），如何操作这台机器、如何制造和组装这台机器（《手册》）是完全不同的逻辑和概念，表达结构也肯定是大不相同。

二、《手册》《指南》《精编》的应用

《手册》《指南》《精编》的编写，主要面对的还是 TOPS 推进的管理人员，是要协助管理人员建立明确的“管理者思维”，凡事不要只是从做事出发，而要从管好人、带好团队入手，发动全员进行全面、全方位的改善。要配合好、使用好《手册》《指南》《精编》，就一定要多研究和学习，力争做到如下要点：

（1）有通过培训认证的 TOPS 管理师、评价师。一个单位应不少于 5 名经认证的 TOPS 管理，或者评价师，特别是推进办，必须要有相应的专业人员。

（2）严格按《手册》标准要求的步骤进行有序推进。《手册》所列的推进路线是相对成熟和经过检验的，推进过程要随时查阅手册，确认推进的特定阶段应有的成果，规避不必要的误区，按些标准步骤推进才能扎实有效。

（3）认真学习《指南》所列的各项工具。《指南》的编写并非是按照《手册》的步骤逐一解释，而更多的是按照相对独立的各管理模块和工具展开，便于管理者理解相应管理工具的整体情况，应用《手册》时也更能得心应手。

第五节　基层班组完全激活

班组是组织的最小细胞，也是 TOPS 体系推进的基本单元。招金矿业在

TOPS体系推进过程中，基层班组成为TOPS推进的前沿，实施落地的重要团队。近年来，招金矿业着力打造基层班组建设，努力建设基层班组的“六力”（组织力、学习力、文化力、执行力、创造力、知识力），培育和涌现出了一些优秀的基层班组。

一、基层班组之一：金翅岭金矿实验中心鹰雁班组，用创新思维推动班组建设提档升级

金翅岭金矿实验中心试验班组（见图13-18）由28名员工组成，其中本科生1名，大专生19名、中专生8名、平均年龄34岁。就是这样一支年轻、富有朝气、敢打敢拼的活力班组，在金翅岭金矿近5年的发展过程中完成了10项选氰冶科技成果、12项小改小革，其中有2项获得了国家及省级科技成果表彰。

图13-18 金翅岭金矿实验中心试验班组

（一）凝心聚力，打造鹰雁团队

试验班的工作主要是从事冶金方面的磨矿预处理、氰化浸出、流程检测、细菌氧化预处理、重金属浮选等试验研究工作。为了不断适应企业发展需要，提高班组战斗力，在近几年的发展过程中，在全优生产保障体系建设的深入推

进过程中，实验中心试验班组不断强化班组特色建设，以建设“鹰一样的个人，雁一样的团队”为目标，倾力打造“六力型”班组，最终成就了一支任劳任怨、敢想敢拼的鹰雁班组团队。

（二）突出特色，助力班组文化建设

在班组建设以来，鹰雁班组突出班组的文化建设，形成了“没有规矩，不成方圆的制度文化；响应迅速，落实认真的执行文化；核心资源和力量资源的人本文化；干什么、管什么、算什么的成本文化；发展、进步、提升的创新文化；班组是我家，工作靠大家的责任文化”。图 13-19 为金翅岭金矿提案改善。在组员的共同努力下，鹰雁班组先后完成了多项科研成果，其中研发的“多循环空气提升微压浸出技术”获得山东省科技进步三等奖和中国黄金协会科学技术一等奖；研发的“复杂金银精矿深度提取新工艺体系与产业化开发”项目，实现了对矿产资源的“吃干榨尽”，实现了资源的综合回收利用；完成的“一种铅锌银混合精矿综合回收方法”“一种原生硫化铜在金精矿氰化过程中溶解的工艺”和“一种提高金银精矿磨矿细度的控制方法”均获得了国家发明专利授权。在班组文化的带动下，通过组员们聚智聚力，攻克了一个又一个技术难点，为企业培育了新的经济增长点。2016 年在江苏无锡召开的中国设备管理大会上，实验中心鹰雁班组以优异的建设成果荣获了 2016 中国设备管理大会 TnPM 卓越班组奖，如图 13-20 所示。

图 13-19　提案改善

图 13-20　实验中心鹰雁班组获得荣誉

（三）创新求效，提升班组建设质量

2017 年，在持续推进 TOPS 活动中，鹰雁班组进一步创新班组建设形式，突出班组建设活力，确立了“以六型班组为目标，以六力模式为手段，以六项机制为方法”的“3 个六”模式的班组整体建设框架，面对黄金行业发展形势要求，通过管理创新、技术创新，强化降本增效，在班组中开展了系列精益型改造完善工作。其中“降低银化验分析成本的改善”，使低含量银化验分析成本由原来的 13.37 元/个降低到 4.56 元/个，每年能降低分析成本 240192 元；“提高金化验分析合格率”，环境监测分析增加了分析 COD 和氨氮项目，每年能减少外检费用 350400 元，达到了预期的目标。六项改善活动的开展，为生产试验工作提供了多样化的数据收集和分析方法，有效解决了工作中的“疑难杂症”，进一步提高了班组战斗力。

二、基层班组之二：蚕庄金矿如火如荼，把 TOPS 当做洗礼

为了提高设备的精细化管理，提高管理效率，将企业打造成管理高端企业。自蚕庄金矿推进 TOPS 体系以来，上庄选厂积极响应，密切配合，主动出击，采取了方法独特、内容新颖的推进方式来使 TOPS 体系融入选厂日常的各个工作流程。

（一）用培训提高认知度

推进 TOPS 伊始，选厂员工普遍认为这是一项累赘，从心理上抵触 TOPS 的

推进工作，“劳民伤财”，这是他们常常挂在嘴边的一句话。为改变这种现状，从心理上消除这种消极情绪，提高广大员工对 TOPS 的认知度，选厂利用班前班后会讲解 TOPS 对企业的作用。

通过培训，员工的意识正在渐渐改变，推进意识正在渐渐提高。但是一篇通知简简单单地读一遍远远没有一段视频的教育意义深刻，在此基础上，上庄选厂磨浮雷霆战队提议能不能使用更为直接、更为有效的视频教育方式？选厂管理人员通过研究，积极做出改变，推出培训多样化，利用安全例会的契机增加视频学习内容，使广大员工实实在在地看见 TOPS 让企业改头换面的作用。

磨浮雷霆战队在培训的形式上敢于创新，对员工进行培训的之后，磨浮雷霆战队队长亲自出题，对班组内成员进行 TOPS 知识闭卷考试，用考试来进一步巩固学习培训效果，使 TOPS 观念进一步深入人心。在考试过程中，队长亲自监考，发现班组成员在经过培训之后对 TOPS 知识已经能够基本全面掌握，对考试题目已经是对答如流，原本一个小时的考试时间，员工只用半个小时就已经答完交卷，而且每人的分数都不低于 90 分。

培训的作用是巨大的，班组成员的推进意识从刚开始的抵触情绪逐渐转变为自我要求学习。

上庄选厂磨浮雷霆战队成员主动要求到办公室学习 TOPS 知识，“TOPS 原来对企业有这么大的作用”“TOPS 真的让咱们选厂的面貌焕然一新了”，这是员工通过学习之后经常挂在嘴边的一句话。他们说：“我们不仅要学好生产知识，TOPS 的建设我们也不能落下。”

（二）用检查提高配合度

TOPS 推进之初，选厂每月两次检查推进情况。为了能够在顺利完成生产任务的基础上，加强选厂 TOPS 建设，更好地按时间节点推进 TOPS 进程，我们改变思想，加大检查力度，提高检查频率。将原来每月两次的检查频率提高到每周检查两次。检查中，不仅仅是流于形式，检查“面上工作”，而且将检查深入到各个部位、各个角落，比如，选厂主车间设备有上、中、下三层，浮选槽槽体底部空间在地面以下，以往的检查只是检查地上两层，改变检查策略之后，检查人员在检查之前就更换水鞋，深入到“不为人知的阴暗角落”进行检查，改变原有死角不整改的现象。经过检查整改，选厂的死角有了明显的改善，地面变得干净，工具摆放得井井有条。

为了能够使检查的结果得到真正的整改，在每次检查完之后，由检查人员直接对班组下达隐患整改通知单，限期进行整改，将整改、验收落实到个人，确保能够从根源上解决问题。

（三）用考核提高积极度

培训和检查虽然在一定程度上能够提高员工的工作积极性，但是没有考核就没有力度。考核是最简单、最直接激励员工的手段。为了进一步提高员工TOPS推进工作的积极性，选厂管理人员与各个班组组长召开专题会议，研究考核细则，进一步提高TOPS奖励机制。在奖励方面，选厂不仅提高奖励幅度，还进一步细化奖励细则，例如：每个班组每查找出一个6S或者6H，班组奖励2分，能及时整改并保持，继续增加奖励2分；如果不能自主解决，需要其他班组进行协助，则两个班组每个班组各奖励2分，实现你追我赶，全员互帮互助的良好氛围。

在各个班组中选拔班组联络员，结合矿现阶段主要处在6S、6H的阶段，全员参与寻找6S、6H，各个班组联络员负责收集、整理及上报。月底由管理人员及班组长组成评比小组，对每月各班组上报数量、质量进行评比，评选出月最佳OPS、OPL，进行奖励。每月从全员中评选出TOPS之星，利用TOPS之星的模范带头左右来感染身边的同事，提高其工作热情。

（四）用行动诠释TOPS

（1）注重班组建设。上庄选厂将全员分为三个TOPS推进班组，分别为“破碎先锋班”“磨浮雷霆战队”及“电钳火花战队”。每个班组利用班前班后会进行TOPS知识学习，交流分享心得体会，相互借鉴在TOPS推进工作中的先进经验和先进方法，让TOPS的推进少走弯路。因为班组内成员做相同的工作，在TOPS的推进过程中更有共同语言，探讨工作效率问题更能联系本班组具体事项，例如磨浮段球磨进料有三条皮带，由于矿石水分大，皮带粘料，带下掉料严重，为增加工作效率，磨浮雷霆战队经过仔细观察、精心研究，自制清扫工具。

(2) 加强看板建设。员工自主意识提高之后，各班组内部也形成了你追我赶、相互竞赛的良好气氛。磨浮雷霆战队利用现有的材料自己制作指标竞赛看板，将每天的指标公布于看板之上。

随着 TOPS 的逐渐推进，选厂的面貌也发生了翻天覆地的变化，从以前的“脏、乱、差”到现在的干净整洁、整齐划一，全员都付出了巨大的劳动，所有的一切都是员工一点一滴的积累，是用辛勤的汗水换来的成果。

旧貌换新颜，从上至下，每位员工都看到了选厂实实在在的变化，看到了崭新的面貌之后露出了欣慰的笑容，脸上呈现出来的是欣喜和自豪。

第六节 POMS 全面提升

招金矿业为了确保企业管理的高效运行及持续健康发展，对原有的管理体系进行优化创新，结合管理的实际情况和法律法规要求，按照质量、环境、职业健康安全管理、能源管理体系的要求，以生产运营管理、安全管理和环境能源管理三个系统为基本模块，对招金矿业总部的管理系统进行梳理、优化和整合，建立起具有招金矿业特色的、系统有序且不留空白的，以期能够实现企业政策落地有声、令行禁止、持续改进、简洁和有效的卓越运营管理系统（Premier Operation Management Systems，简称“POMS”）。

一、POMS 建设优化的基础思路和成果设想

（一）基础思想

以安全及职业卫生、环保（含节能）风险可控、可接受为前提的良好生产经营为管理主线，统领包括人力资源、设施设备、工作环境、技术研发、采购（或外包）、知识信息、文件制度、检查改善在内的多条辅助保障线路。

（二）基础方法

(1) 以企业最高领导层的意志（战略规划）为方向。

(2) 以周密调研情况为基础信息。

（3）以企业原有各项良好管理为基础平台。

（4）以国际惯例、国家法规为基础要求。

（5）以流程分析为基础手段，明确各专业、各层级的职责、角色、接口关系，制定或优化其履责要求及确保其履责的方案。

（6）领导重视、全员参与、周密思考研发，稳步推开，逐步提升。

（三）POMS建设优化成果设想

（1）管理系统符合《质量管理体系　要求》（GB/T 19001—2016）、《环境管理体系　要求及使用指南》（GB/T 24001—2016）、《职业健康安全管理体系　要求》（GB/T 28001—2011）、《能源管理体系　要求》（GB/T 23331—2012）、安全生产标准化体系、风险分级管控和隐患排查治理两个体系建设要求。

（2）各专业口、各层级职责边界、角色权限、相互接口明确，对基层单位的接口和所需开展活动要求明确。

（3）管理制度系统整体简洁、指令唯一（文件管理制度，包括对外来要求的冲击应对、简洁、唯一、融入）。

（4）建立起确保守法的管理机制，充分辨识和使用适用的法律法规，有效防范法律风险。

（5）减弱外界干扰。管理系统文件既保证公司管理目的的实现，又能柔性应对包括政府主管部门在内的各种检查、审核、评审要求。

（6）达到三个统一。管理制度文件系统要求、各类表格数据、公司各种信息平台，达到协调统一（文件管理制度，包括对外来要求的冲击应对、简洁、唯一、融入）。

（7）对组织机构、职责权限、文件系统、人员能力标准等进行全面审视并予以可行的改善，基本形成各项工作有效的组织、人员、指令网络框架要求，并对有关欠缺内容予以必要的完善。

（8）建立起一套确保管理系统不断自我成长的机制，力争保证公司的各类运作经验不断固化沉淀，防止因人事变动导致的公司运作水平波动。

（9）进一步保证人员基础能力与岗位职责的适应性。建立或完善起对应各层级、各类别人员的应知应会标准知识要求，人员能力评定、控制机制。

(10) 进一步强化监督检查机制的实效性。从参与人员能力、公正性保证、压力传导、绩效奖发放等方面着手，识别需改善之处，进一步优化监督检查机制。

(11) 企业总部现有各个层级人员基本形成国际管理标准思维模型，强化形成风险意识、法规意识。

(12) 最终形成“招金矿业特色”的“卓越运营管理系统”。

二、对公司设备管理的作用和效果

(一) 效率提高

通过对设备、备品备件及相关润滑油品的全生命周期的梳理，对企业的设备选型、物资及备品备件采购、到货验收、安装、调试、使用、维护保养、修理、检定测试、改造、报废或淘汰等流程进行分析与优化，同时对采购流程和仓储、物流流程进行梳理、分析与优化。通过简化审批流程，清除过量产出、活动间的等待、不必要的运输、多余的库存、缺陷、失误、重复的活动、活动的重组、反复的检验、审计、跨部门的协调等活动，以及简化表格、程序，整合团队、活动等方式优化流程，提高效率。通过从“端到端”的全流程梳理、分析与优化，解决了设备管理与其他流程，如安全、生产、基建、科研、财务等的职能交叉、重叠、模糊的问题。

(二) 风险管控加强

通过在流程中以“基于风险的思维”全面审视、补充质量、环境、节能及职业健康安全管理的要求，做到设备风险、质量风险、安全风险、环保风险以及能耗风险可控。

(三) 工作规范

以“过程方法”为工具，在优化流程的基础上，对各环节的管理文件进行5W2H分析与优化，做到文件与流程对应、职责清晰、方法明确、输入输出明确、表单规范统一、考核科学统一。同时结合TOPS管理系统补充编制多项技术标准，如采购验收标准、物资编码规则、变配电设计与配置验收标准、用电安全操作与节能标准、设备维修标准等，确保在对基层单位的专业管控上实现

"放、管、服"的工作要求。

（四）人员能力提升

POMS 卓越运营系统通过大量的培训、实操和讲师反馈等手段，培养公司领导和骨干人员"以顾客为导向"和以流程为工具和视角的工作思维。使管理人员掌握了科学的管理方法、法规标准，基本能建立起自我改进的流程运作机制，为公司的可持续发展提供坚实的基础。

招金矿业以 TOPS 体系推行为载体，全面提升企业管理水平，同时对 POMS 也是一个很好的促进。紧紧围绕"聚焦、深耕、攻坚"工作主基调，推行精细化管理，提高工作质量和效率，提高管理水平和效益，提高员工工资和福利，更加突出创新创效，实施产业经营和资本运营双轮驱动，推动招金矿业实现更高效率、更高效益、更加公平、更加可持续发展。

未来发展篇

第十四章　发展提升

第一节　智慧矿山蓝图

一、智慧矿山定义

国家“十三五”规划建议指出必须牢固树立创新、协调、绿色、开放、共享的发展理念，实施“中国制造 2025”，促进信息技术向市场、设计、生产等环节渗透，推动生产方式向柔性、智能、精细转变。推进技术改造，全面提高产品技术、工艺装备、能效环保等水平。“中国制造 2025”的核心是创新驱动发展，主线是工业化和信息化两化融合。加快推动新一代信息技术与制造技术融合发展，把智能制造作为两化深度融合的主攻方向；着力发展智能装备和智能产品，推进生产过程智能化，培育新型生产方式，全面提升企业研发、生产、管理和服务的智能化水平。

采矿业是以矿产资源为生产对象的古老产业，至 2014 年我国存有矿山 10 万多座，其中大型矿山 4700 余座、金属矿山有 19600 多座，构成了国民经济的重要组成部分。目前国内矿山开采相对比较落后，主要表现在工作环境恶劣，安全可靠性低、技术装备落后、生产效率低下等问题。21 世纪是信息主导的世纪，“数字化生存”已成为知识经济的标志信息技术的飞速发展，给中外采矿业带来了巨大冲击。目前，绝大多数矿山企业还处在劳动密集型阶段，信息化改造势在必行。

安全生产是矿山行业的重中之重。伴随着采矿工业的持续发展，受生产环境、技术装备、管理水平等诸多因素的限制，各种安全问题及事故不断涌现。我国矿山事故多、伤亡重、经济损失大，重大、特大伤亡事故时有发生，给国家和人民带来生命及重大财产损失。近年来，随着技术投入和强化管理，金属、非金属矿山等重点行业领域安全生产形势在向好的方向转变，但部分企业关键环节、重点部位用人多，机械化、自动化程度低，群死群伤事故风险较大，防范重大、特大事故的任务依然十分艰巨。2015 年 6 月，国家安全监管总局开展“机械化换人、自动化减人”科技强安专项行动，重点是以机械化生产替换人工作业、以自动化控制减少人为操作，大力提高企业安全生产科技保障能力，实现高危作业场所作业人员减少 30%以上。对于金属非金属矿山领域，要求在大中型矿山实现数字化采矿系统，采掘机械化，运输系统无人化、机械化，井下大型固定设施无人值守系统。

数字化、信息化、无人化、智能化及绿色开采是目前普遍矿山发展的主要方向。“智慧矿山”是信息产业和工业领域的一种先导性技术理念，是两化融合在矿山行业内的具体体现。智慧矿山集合了采矿技术、信息技术、通信技术、自动控制技术、物联网技术、软件技术、云计算、大数据等多技术领域，建立在矿山数字化基础上的能够完成矿山企业所有信息的精准适时采集、网络化传输、规范化集成、可视化展现、自动化运行和智能化服务的数字化智慧体。

建立智慧矿山既可以实现安全管理的数字化，为打造本质安全型矿井提供信息保障，也可以实现生产管理的精细化，为打造高产高效矿井提供决策手段。智慧矿山已经成为现代采矿企业安全、高效、低耗和绿色开采的必由之路。

“智慧矿山”是招金响应“中国制造 2025”号召，未来走向现代化的必由之路。所谓的“智慧矿山”是采矿技术、冶炼技术、信息技术、通信技术、自动控制技术、3S 技术（GIS 地理信息系统、GPS 全球定位系统、RS 遥感系统）、物联网技术、云计算技术和软件技术的总集成。

智慧矿山为打造高产、高效和系统本质安全型矿山提供智慧信息保障，实现采矿、冶炼生产的精细化、自动化、智能化和无人化，是现代化采矿冶炼发展的必由之路。

智慧矿山是在自动化、信息化、数字化基础上的信息采集、网络传输、规范集成、可视展现、智能运行、智能维护、智能物流、智能决策、智能安全之统一体。

招金矿业将遵循经济发展规律，不断变革创新，逐步朝着智慧矿山的方向迈进。

二、招金矿业智慧矿山蓝图

招金矿业智慧矿山主要结构如图 14-1 所示。

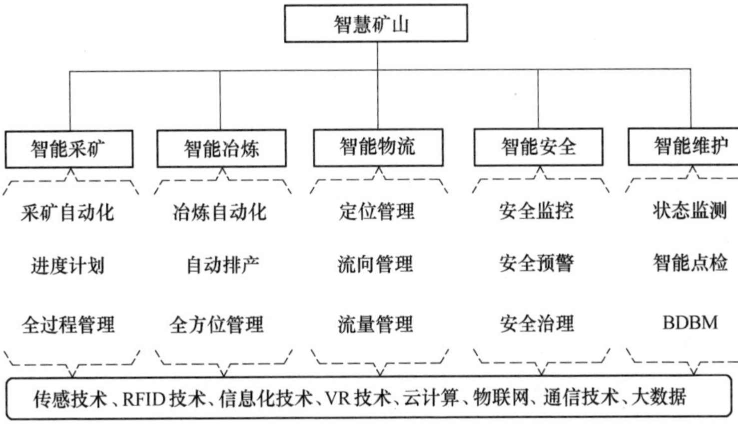

图 14-1 智慧矿山基本框架

为了搭建一个安全管理体系，建议充分利用移动工具，形成四方安全管理系统，如图 14-2 所示。

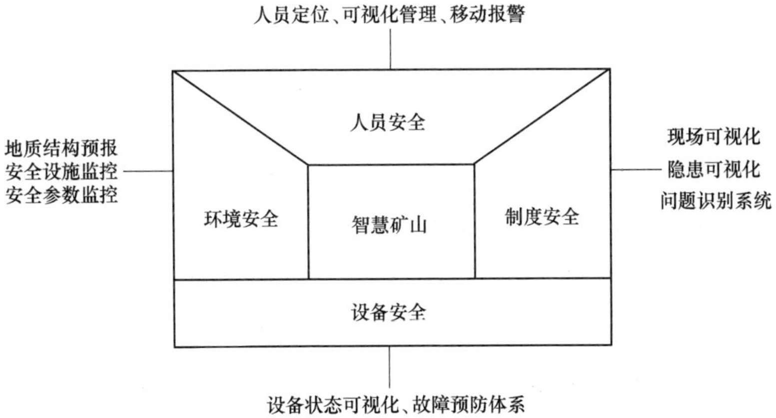

图 14-2 智慧矿山的安全保障体系

系统本质安全是建立在制度安全、人本安全、环境安全和设备安全基础上的。其中，设备安全是基础。

未来，招金矿业的“智慧矿山”发展模型如图 14-3 所示。

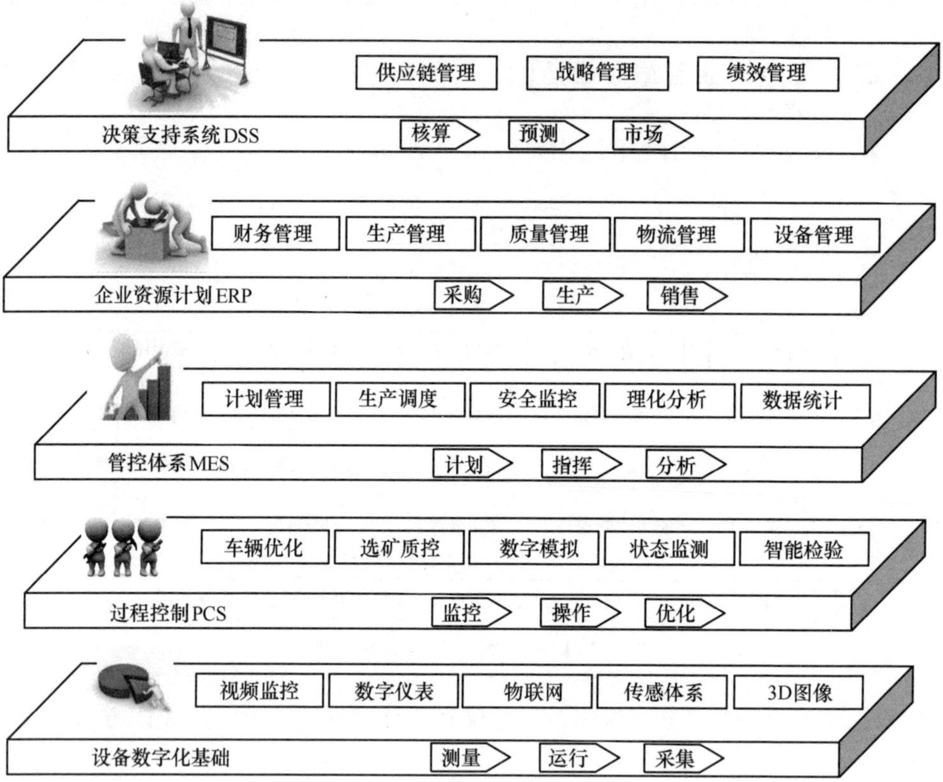

图 14-3　智慧矿山发展蓝图

招金矿业在智慧矿山领域的基础理论、技术开发、工程设计等研究与实践，具体的包括深井安全开采与生态治理关键技术、矿井无人化智能装备（重点）、无人值守智能选矿及尾矿回填、基于物联网的井下环境感知与安全健康生产、面向智慧矿山的安全生产集成与监管。

（一）深井安全开采与生态治理关键技术研究与示范

（1）基于诱导落矿思想，开展深井矿山安全高效连续化采矿方法的创新设计，针对深井矿岩力学参数以及矿体赋存条件，选择合适的采场进行诱导落矿方案。

（2）综合利用理论分析和现场实测手段，对深井开采地压显现规律进行研究，揭示深部开采地压显现规律，确定异常应力场和高应力区。

（3）采用岩芯力学实验、钻孔数字摄像、空区三维激光扫描等技术，探明崩落法隐伏采空区并提出治理方案。

（4）基于深部矿床多源信息化矿体三维仿真技术建立可视化开采模型，结合矿山生产能力、储量分布特点、现有工程位置、采场分布及开采现状等因素，在此基础上进行开拓、采切、探矿和回采的资源规划设计等。

（二）矿井无人化智能装备研制与工程示范

（1）矿井通信网络关键技术研究与实现。拟采用基于 TCP/IP 协议与 Wifi 技术相结合的有线/无线混合工业以太网络。在井下无人装备作业区域实现通信网络的全面延伸覆盖，进行网络冗余与可靠性研究，开展矿井特殊环境下的网络通信可靠性研究，对巷道实地通信试验研究，以获得信号无线传送的阻碍因素、干扰因素、解决方法及巷道无线信号分布设计。

（2）井下移动装备精确定位、导航及智能避障技术研究。无轨智能装备定位、导航与智能避障技术研究，基于视觉导航、惯性导航与超声测量的组合导航技术研究。在定位信息的基础上，通过视觉、超声、激光等多类型传感器，实时感知工作环境，进而研究实现行进导引与自主避障。有轨智能装备组合定位技术研究、拟采用信标定位、惯性测量、位移测量相结合的组合定位方法，并采用多源信息融合算法，实现定位功能冗余与定位精度提升。

（3）装载机器人超视距控制与移动控制站关键技术研究与实现。建立装载机器人运动学与动力学模型，进行装载机器人运动特性分析，在此基础上进行控制逻辑与控制律设计，实现不确定性条件下的行为规划与决策，进行控制系统计算机仿真、半实物仿真试验与技术验证。控制器软件开发与硬件设计，传感器布设、信号处理，执行机构改进，控制系统集成与工程实现。

设计实现装载机器人的井下移动控制站，操作人员在控制站内实现对装载机器人的超视距远程遥控遥测。移动控制站可以根据采场位置的变化，动态转移位置。控制站与装载机器人之间通过无线网络进行通信，操作人员也可以在地面控制室实现装载机器人的远程控制。

（4）无人电机车控制系统设计与实现。依托通信网络与定位系统，研究实现无人电机车的联锁控制系统，实现整个机车运输系统的调度联锁、进度开闭、道岔控制、自动放矿与卸矿等功能；以及以车载控制器为核心，由传感器、执行机构等机构构成的车载控制系统研制。研制地面控制室的无人电机车远程控制台，实现电机车的遥控遥测，以及运行数据的实时显示、存储，现场视频监控等。

（5）提升机远程监控与故障诊断技术研究与实现。利用物联网、信息技术、自动控制方法开展矿井提升机系统实时状态监控与感知、提升机远程故障诊断等研究与实现。对矿井提升机系统中电流、电压、信号控制、提升机运行速度、位置等信息，液压站和润滑油站压力、闸盘、环境温度等运行环境与状态信息的全面监测和数据传输。采用物联网技术和信息融合技术实现对提升机系统进行故障诊断与故障定位功能。

（三）无人值守智能选矿及尾矿回填关键技术研究与开发示范

课题着重研究与解决矿山产业中选矿与充填生产过程中的瓶颈难点问题，并由此开发对选矿与充填生产的监测与识别技术，对选矿与充填工艺过程的优化及智能控制技术。主要研究内容如下：

（1）选矿生产过程关键技术研究。

1）矿性变化的在线识别与智能处理，同一矿山的矿石性质都可能存在不同的变化（包括矿石品位及软硬度变化等），而矿性变化会引发磨矿处理量与浮选指标的变化波动，其实质上是对选矿工艺稳定性的扰动。矿性变化随机发生，没有规律且难以检测，属于技术难点。为保持选矿工艺的稳定，开展对矿性的辨识方法与对选矿流程的控制对策研究。

2）球磨机矿石装载量软测量技术研究，球磨机矿石装载量由多个矿量参数构成，并存在严重的耦合关系。对其不确定性的判定问题一直影响着对磨矿给矿的精确控制，进而影响磨矿的效率与选矿产能及指标，而现实中球磨机的矿石装载量难以在线实时监测。由此，对多参数耦合作用下的球磨机矿石装载量进行软测量研究，开发对球磨机矿石装载量的检测技术，实现对球磨机给矿的进行精确控制。

3）动态环境下选矿磨浮智能控制研究，浮选过程是强耦合性与大滞后的工艺过程。浮选槽液位欠缺将会影响刮板对挂矿泡沫的带出，影响浮选效率及影响回收率。受浮选槽液面泡沫、液面波动、波动联动，现有技术已难以对液位进行准确控制。由此，研究与工艺结合的智能控制技术，实现对浮选槽液位的稳定控制。

4）选矿生产全流程运行指标优化决策，以选矿生产过程智能控制及优化为研究对象，通过多源数据融合实现对选矿生产过程工艺的智能监测及优化控制，实现选矿的节能降耗与经济效益的提升。

5）重要设备参数检测与故障诊断研究，研究对重点装备的多参数监测分析，建立重点装备多参数监测的限值标准及知识库。并依据重点装备在运行中监测的频谱、振动、功率等诸多参数分析，诊断识别重点装备的渐发性与突发性故障，实现对重点装备的智能故障诊断与预警保护。

（2）尾矿充填过程关键技术研究。

1）对充填的智能控制技术进行研究，针对充填过程造浆浓度的不平稳问题，进行砂仓造浆平稳性控制的研究与实现。研究智能配比决策与智能控制配料，实现经济指标下的胶结料最佳配比，达到稳定充填体质量、降低充填成本的目的。

2）对管路流态分析与智能安全控制，充填料浆对井下输送是不可忽视的过程，稍有不慎即可能造成管路堵塞酿成大事故。由此，研究充填多参数数据分析与智能安全控制技术，保证充填输送的安全。

（四）基于物联网的井下环境感知与安全健康生产研究及示范

（1）矿山井下环境动态感知与状态监测技术研究。目前多数矿井装备有安全监控系统和人员定位系统，但监测、定位范围小，精度差，无法全面实时感知井下环境信息，为此研究设计基于物联网的井下环境参数采集系统，对井下通风、氧气、一氧化碳、温度、湿度、涌水等环境参数进行实时感知。

（2）矿山井下物联网多源异构信息融合技术研究。井下环境物联网中实时采集的信息往往被封闭在各自孤立的系统中，这不仅阻碍了有价值数据的共享，也阻碍了物联网真正实现大范围的应用服务；同时采用的感知设备的类型也可能是不同的；对同一个事物的同一个属性也可能采用不同类型的感知设备进行感应，这就造成了数据信息的多源性和异构性，为此研究能够解决物联网多源异构数据信息在物联网中的协同与融合的方法。主要包括基于物联网的异构信息集成处理模型、基于 XML 的多源异构数据集成技术、高效的不完备信息系统融合规则提取方法研究。

（3）井下作业环境安全预警与智能控制关键技术研究。在上述环境感知与异构信息处理的基础上，进行作业环境的安全预警，建立识别、预警、评价和控制环境安全的指标体系，实现基于智能控制的井下环境自适应调节。在灾害情况下，充分利用已知的通风网络系统、安全设备设施布置、巷道特征、相关应急预案等资料，应用模拟仿真理论和方法，结合在线监测系统所监测的各种数据，解算出灾害发生时受影响人员可能存在的逃生路线，实现应急救援辅助决策。

（五）面向智慧矿山的安全生产集成与监管平台

（1）面向生产计划执行过程的生产作业执行系统。研发建立统一的生产管控一体化系统，实现生产、设备、质量、能源等业务流程一体化，实现生产过程的可视化追踪、生产成本的量化分析与有效控制，最终实现生产信息透明化、生产过程智能化、生产管理精细化。

（2）安全生产动态监控与预警大数据融合分析模型。对不同时间和不同空间产生的各种数据信息，比如地压监测、无人化智能设备运行状态、矿井环境参数等进行汇集、分析、过滤、融合、相关及合成，构建预警指标系统，实现安全生产分级多方式评估预警。具体包括在线动态安全预警指标体系的构建、预警指标权重计算研究、在线动态综合安全指数研究与评判。

（3）安全生产风险管控平台构建。利用三维可视化技术有效集成矿山安全生产各应用系统，进行统一指挥调度。建立安全生产风险管控体系，进行安全监测预警预报，最终达到安全管理数字化、标准化与智能化。具体包括研发建立三维可视化集成平台、基于虚拟现实的安全生产应急管理与决策支持、建立安全生产风险管控体系、建立安全生产监管指挥调度中心。

1）运用大数据分析、云计算、虚拟现实等技术，构建矿山安全管理动态监控与预警模型，建立预警指标系统，对典型安全事故进行应急模拟与处理。

2）通过集成矿山监测监控、智能控制与生产经营管理等系统，实现各应用系统有效集成与数据融合，发挥各系统协同与整体功效，形成矿山安全生产综合管控平台，实现全流程智慧工场。

第二节 智能维护探索

“中国制造 2025”计划发布以来，中国企业在紧锣密鼓地朝着智能制造方向努力。智能维护逐渐浮出水面，成为必须思考的问题。未来的智能生产主要关注三个方向——智能制造、智能物流和智能维护。TOPS 体系的智能维护，从以下 12 个方向做了探索。

一、维修策略的智能生成

通过大数据分析，原来需要人脑进行的策略决策，系统将自动生成，如图 14-4 所示。值得指出的是，图 14-4 并未穷举所有的维修策略，国际、国内近年涌现出的维修策略很多，可以不断地通过智能方式生成。

二、智能点检监测

设备的点检和状态监测是未来智能维护的基础和主导方向，包括振动监测、油液监测、红外监测以及各种移动终端和智能点检工具的使用。这一些将起到明察秋毫和防微杜渐的作用，如图 14-5 所示。

移动终端的使用逐渐使点检无纸化，这是一大进步。未来，VR 眼镜的使用还将取代移动终端，将员工的双手解放出来。

三、智能润滑

智能润滑也是智能维护的发展趋势。智能润滑通过自动按时、按量加油，通过堵塞报警、泄漏报警，避免人工润滑的不确定性，也同时避免了加油过多

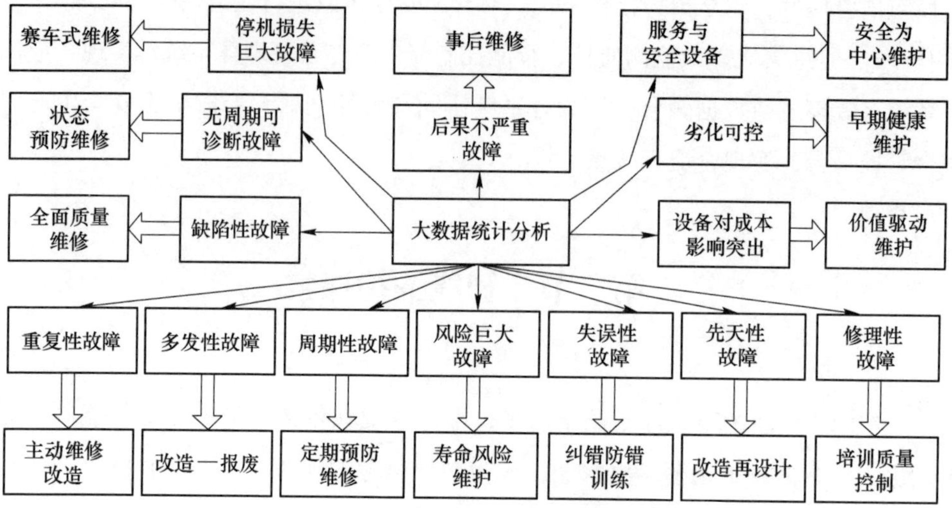

图 14-4　通过大数据自动生成维修策略

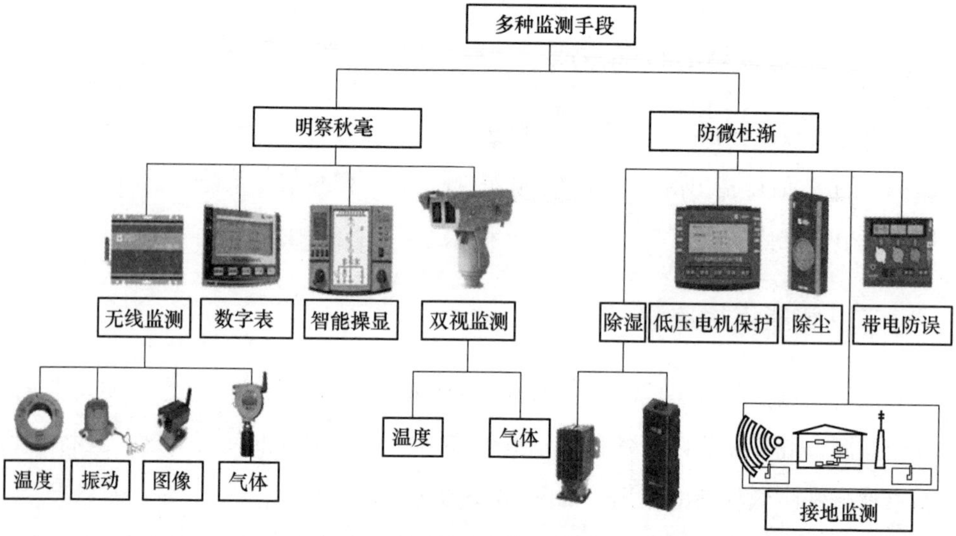

图 14-5　智能监测和移动智能点检工具的使用

或者加油不足。自动润滑将六定、二洁、一密封、三过滤内容全部涵盖。智能润滑包括集中供油式和离散式加油两种。对于润滑内容相对集中，油品种类较少的系统，宜于采取集中智能润滑；对于加油部位分散，或者润滑油品种类较多的设备，宜于采取分散智能润滑。智能润滑的加油量适中，既避免过多，又避免过少，具有明显的优点，如图 14-6 所示。

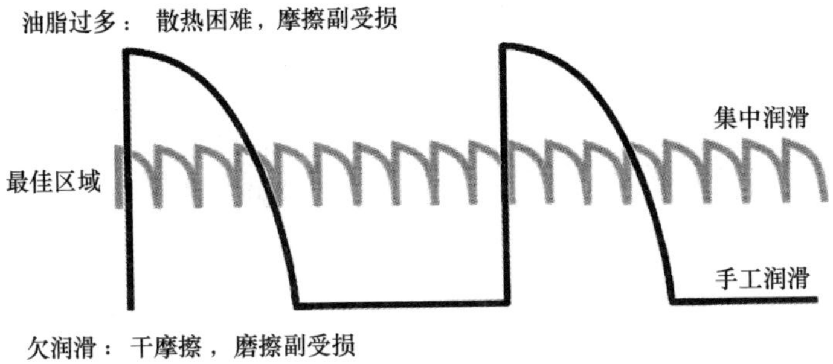

图 14-6 智能润滑与手工润滑效果图

四、智能信息流管理

在企业里，和设备相关的流包括工作流、备件资材物流、资金流以及价值流，这些信息流的管理要不断通过计算机和网络加以实现，并不断优化。如图 14-7 所示就是一个工作流，深色球代表 SOP 的形成和优化过程，浅色球代表 SOP 不断被基层员工执行的过程。

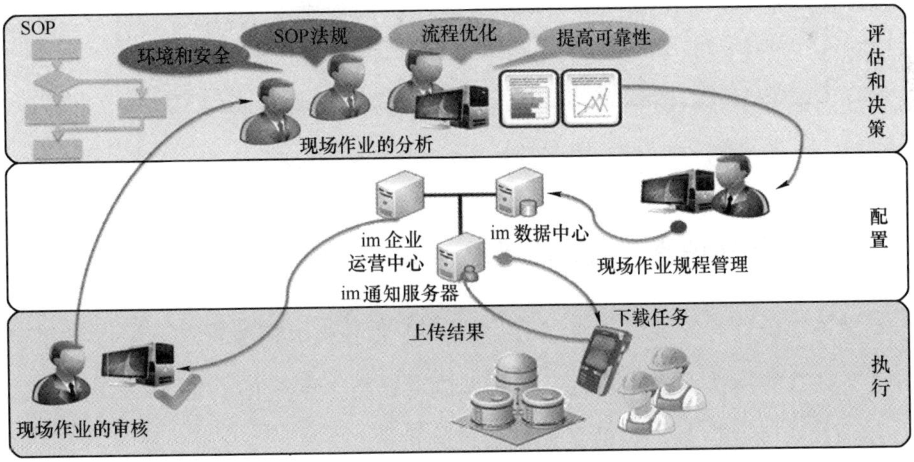

图 14-7 工作流的运行示意图

五、智能诊断分析

过去的诊断靠人的逻辑思维，自从阿尔法狗与人下棋，击败人类高手之后，人工智能变得越来越受到青睐。其实，机器不会比人聪明，也没有太多的逻辑思维，有的只是大大超越人类的计算速度和惊人的记忆力。是大数据告诉机器棋手如何下子，而非逻辑规则告诉机器怎么行动。其实，回到故障诊断，如果以往出现的大数据告诉我们如何判断故障，就自然形成了智能诊断。例如，无数次的因果关系联结，计算机采集下来。下次再出现同样的因，必然指向同样的果。这就是智能诊断的基本原理。图 14–8 给出计算机显示的故障因果链，或者故障树，所以依此因果关系来判断故障。

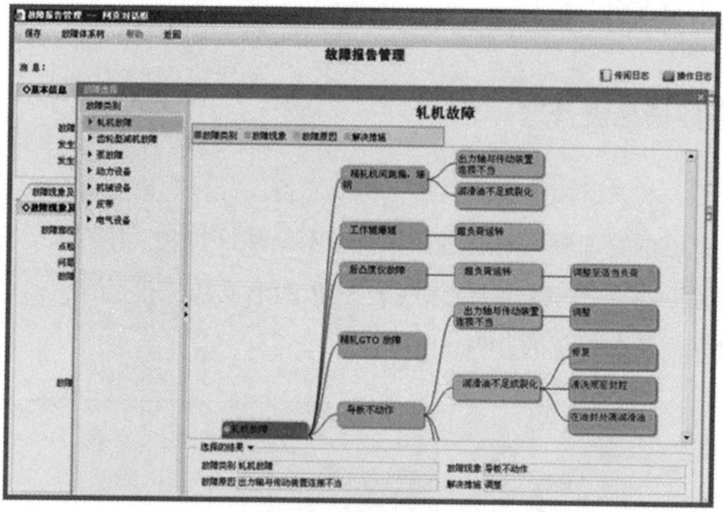

图 14–8　故障树的智能生成

六、设备知识资产的智能管理

设备知识资产的地位越来越有价值，甚至不亚于物理资产。记得早年宝钢引进新日铁的钢铁设备，同时引进其点检定修制，竟然花了 8900 万美元，这在 30 年前简直就是巨款。这就是知识资产的价值。

企业的知识资产来源于基层员工、管理阶层和技术员、工程师，还有一部分来自外部网络和云端，如图 14–9 所示。

智能化的知识资产管理可以支持对知识的收集、分类和检索，支持员工的碎片化学习。

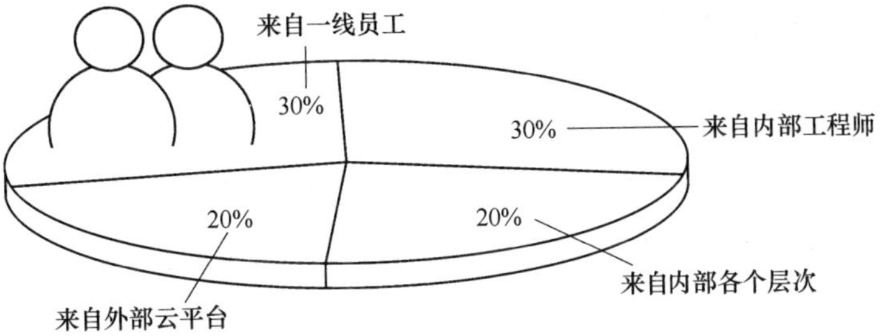

图 14-9　知识资产的构成

七、智能维修指引——IETM

IETM 是交互式电子技术手册的意思，最早来源于美国军方，是将设备按照部件、零件树状结构展开，然后通过交互方式建立起来的电子维修指南。即将设备结构做动态化的分解、展示，供检修人员参考学习。还可以将检修经验动态添加、修改，形成动态知识库。如图 14-10 所示结构，可以缩小、放大，移动角度，还可以以录像形式展示拆装过程，便于学习。智能维修指引的出现，解决了检修人员培养的难题。对于越来越复杂的未来设备系统，这无疑变得更加重要。否则，设备的检修变成越来越费时费力的棘手问题。

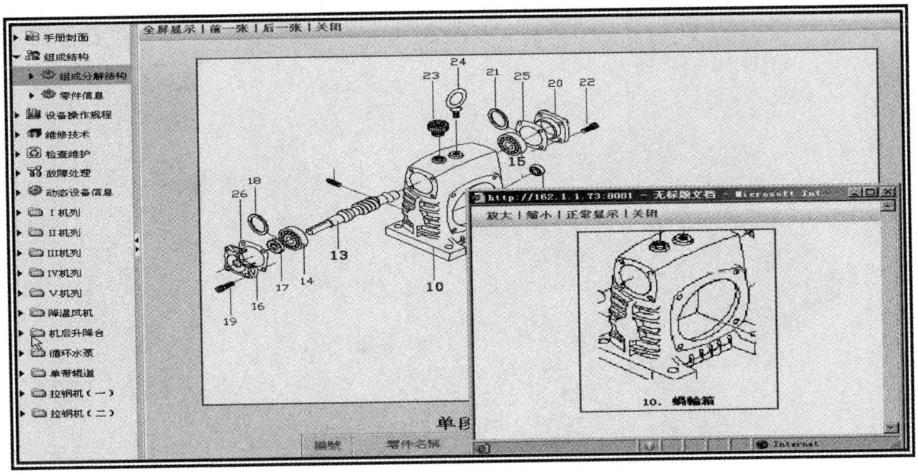

图 14-10　IETM 的展示

八、智能培训体系

智能维护设备学习培训是通过互联网实现的网络课程学习或者技能培训，资料来源于内部、外部和丰富的互联网渠道，省时、省钱、灵活。

其特点是6A式的学习与培训：任何学员，任何时间，任何地点，任何方式，任何课程，任何老师，充分支持移动化和碎片化学习，如图14-11所示。

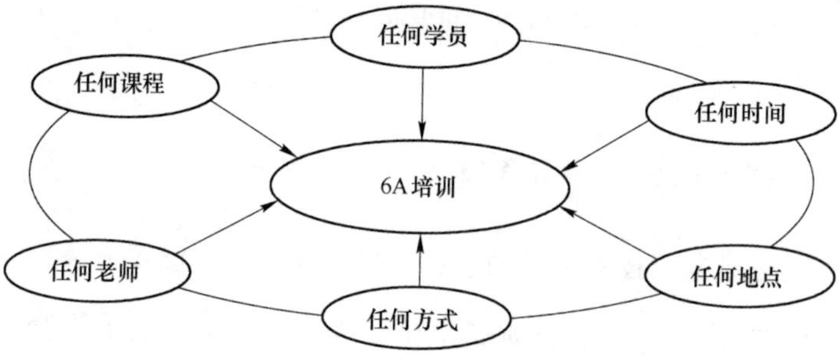

图14-11 6A培训结构

九、智能备件资材管理

仅就备件资材管理，内容就十分丰富，包括备件自动编码、备件储备模型、备件的3D打印再造和修复、备件修旧利废、虚拟备件资材库的建立以及供方的寄售储备方式，还包括3A备件优化管理模式，以及MRO支持下的备件上门供应体系等，如图14-12所示。

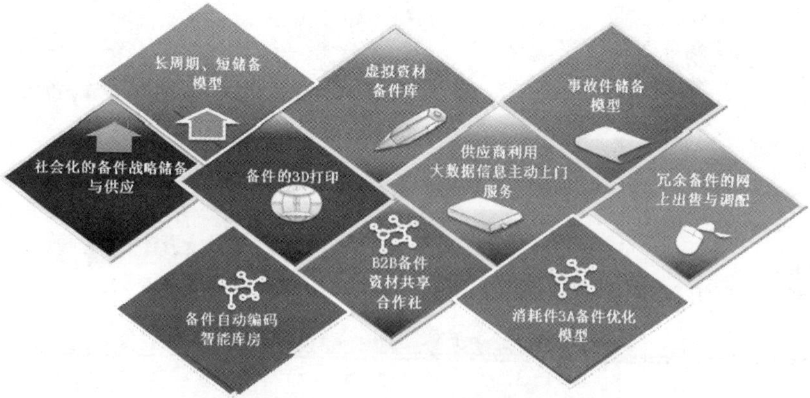

图14-12 备件管理主要模块

十、网络安全智能管理

当企业进入物联网时代，越来越依赖网络进行运行管理，网络安全将变得日益重要，成为设备智能维护不可或缺的环节。

网络安全保护工业防火墙、工控主机卫士、监测审计平台、工控漏洞挖掘平台、工控漏洞扫描平台、统一安全管理平台、工控网络态势感知系统、工控网络攻防演练平台等。随着黑客或者竞争对手网络攻击的花样翻新，网络安全防护的内容也在不断升级。目前，网络安全的主要环节如图 14-13 所示。

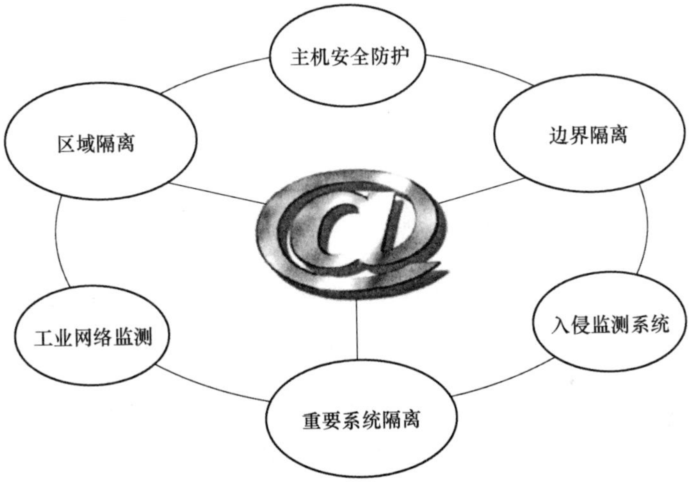

图 14-13　网络安全智能管理主要环节

十一、智能工业集成服务——MRO

传统的工业集成服务 MRO 已经发展了几十年，有很多模式，最近若干年才在国内逐渐形成。所有非生产原材料的供应和服务都属于这一范畴。其形式包括 MRO 制造商、MRO 工业分销商、MRO 商业服务中心、MRO 分销商集成体、制造商指导下的 MRO 集成、纯 MRO 集成商、技术供应商集成体、工程、采购与建设集成体（EPC）、运行与维护集成商（O&M）以及上述方式的多样性组合，加上互联网时代，O2O、M2M、B2M 等多种形式的涌现，让工业集成服务 MRO 的内容更加丰富多彩。互联网云平台的大数据信息，将主动引导 MRO 各路英豪奔向企业，未来企业将会在自己的家门口获得方便快捷的上门服务，内容包括备件资材、工具附件、管理、技术和软件，不一而足，如图 14-14 所示。

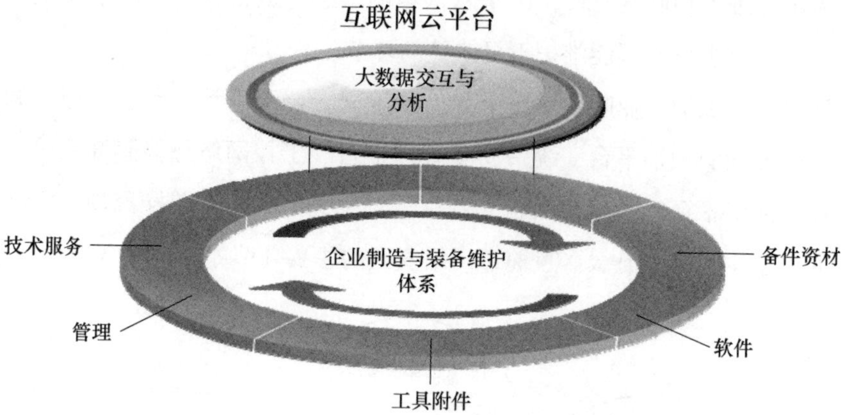

图 14-14 未来的工业集成服务 MRO 内容

十二、机器人点检保养检修

未来的工业机器人，除了用于生产工艺的执行，也会在设备的点检、维护、检修环节发挥作用。有人会问，以后机器人是否会完全取代人？从成本和可行性的角度，相当一段时间不会。首先，因为设备检修是更加复杂和不确定性的作业，如果为此研发出可以用于检修的机器人，其价格会很高。而且，机器人也是机器，他们出了故障怎么办？临门一脚还要靠人来实现。目前，机器人实施的检修活动，主要适用于航空、航天、核电和战场等危险场合，如图 14-15 所示。

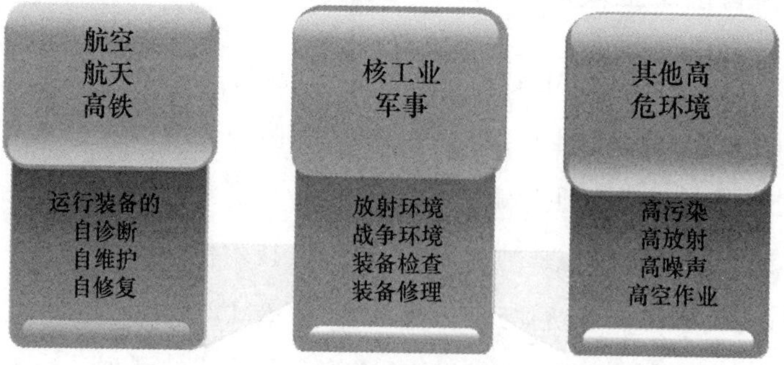

图 14-15 机器人的点检保养检修活动

第三节　智慧 TOPS

随着智能制造的发展，TOPS 体系也要做与时俱进的变革，智能维护的相关内容，与互联网+共存寄生的相关现象一定会影响 TOPS 体系。设想智慧 TOPS 体系颗粒会不断涌现，不断丰富原有 TOPS 体系内容，包括全员 O2O 的全员创客有氧活动和六项改善等。其设想如图 14-16 所示。

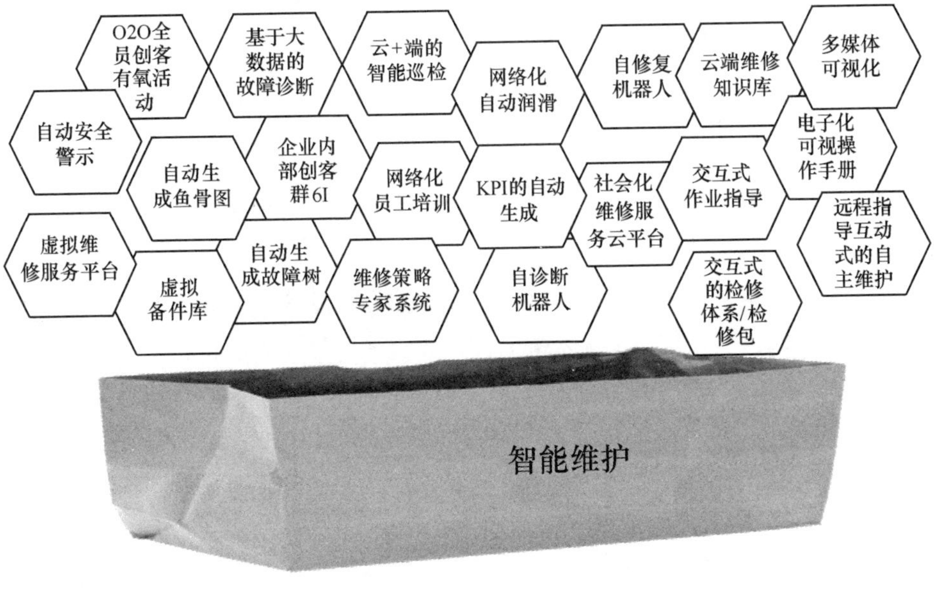

图 14-16　智慧 TOPS 体系

任何管理体系都要随时代进步而做与时俱进的调整，这个世界没有永恒的真理，只有相对的真理，人机系统管理当然也如此。管理体系的生命力在于适应或者创造未来的需求。在互联网+和智能制造时代，世界的“代弱递偿”状态更加明显。就是作为企业人的劳动能力逐渐减弱，取而代之的是使用现代手段的能力、网络思维和网络创新能力、云思考的能力等，其中蕴含着无限的创新空间。

第四节　精益 TOPS

20 世纪 70～80 年代，为减少无订单生产的各种浪费，日本丰田公司的大野耐一经过不少曲折，为公司研究落地了 TPS，通过后拉看板管理、流程优化、快速换线等方法，朝着“零”库存方向迈进，称为丰田生产方式。美国人总结提炼出“准时化生产”模式，即 JIT，为 Just In Time 的简写，又称及时生产、适时生产模式，即“在适当的时候生产适当的中间或最终产品”。反过来说，也就是“零库存”生产系统。从广义上说，是一种生产管理哲理，其基本目标是寻求消除企业生产活动各方面的浪费原因，包括员工关系、供货商关系、技术及原料、库存等方面。它还是一种现代经营观念和先进的组织原则，它所追求的是生产经营全过程彻底的合理化。从狭义上看，JIT 即是在各个环节消除库存的活动，是杜绝任何浪费的活动。

JIT 主张消除“除了生产不可缺少的最小数量的设备、原料、零部件和人工以外的任何浪费”，包括以下 7 个方面：

（1）库存的浪费。

（2）过量生产的浪费。

（3）等待时间的浪费。

（4）过程（工序）的浪费。

（5）动作的浪费。

（6）运输的浪费。

（7）产品缺陷的浪费。

准时化生产的主要特点是以需求拉动生产系统，消除超前、超量生产，最大限度地减少库存，消除浪费，提高效益，迅速及时、适时、适量地生产出客户和市场所需要的产品。准时化生产实施的主要技术手段是按照需求拉动的逆流生产安排以及生产负荷的均衡与准确。

TQM 是 JIT 的副产物，也是 JIT 的支撑物。因为没有在制品保险储备，自然就形成了一种“确保生产出件件合格制品”的强制性约束机制。反过来，只有真正达到可控的工序质量水准，才可能实现 JIT 的目标。

将 JIT 扩展到更广泛的领域，就诞生了精益生产。所谓的 Lean Production，以 TPS 为模板，是由美国 MIT 的教授总结出来的。即从最终客户的角度，精确定义价值，确定产品和产品流、价值流，消灭浪费，并让有价值的部分流动起来。按客户需要的时间设计及提供给客户所需的产品，追求产品完美和效益最佳。

精益生产的主要特点是以客户需求为导向，实施价值流管理和持续改进，在全系统实现流动，减少浪费。对于生产流程而言，Lean 与 JIT 的实质是相同的。作为整个生产系统，Lean 具有更广泛、更深刻的意义，包括了非生产组织结构、全公司的节约和改善活动。

精益 TOPS 管理体系，是对精益工具和 TOPS 体系工具的融合，其结构如图 14-17 所示。左边是精益工具箱，右边是 TOPS 工具箱。精益工具的使用，旨在提升价值、降低费用；而 TOPS 工具箱在于创造人机和谐，在于从设备角度提升效率，释放和挖掘生产潜能。

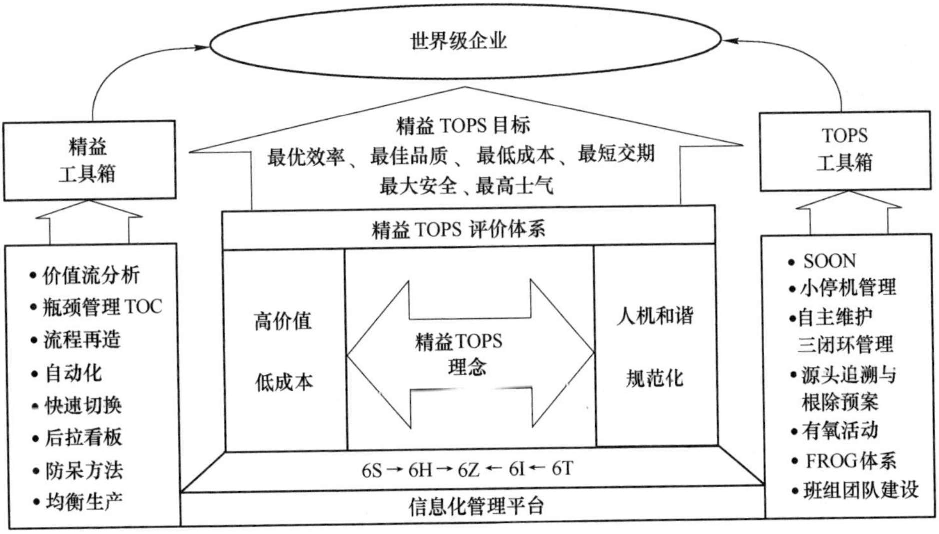

图 14-17 精益 TOPS 管理体系

第五节　快乐 TOPS

不少员工感觉，推行管理体系就好像给自己套上枷锁，增加工作量不少，还经常受到考核。当前企业的新生代员工越来越多，逐渐成为企业的主角。传统死板体系的推进，越来越引起新生代员工的反感，如何让体系最大限度调动这些员工的兴趣和参与热情呢？首先要更多了解新生代员工的特点。

80 后和 90 后，甚至未来 00 后员工的成长环境与以往大不相同了。他们生活在一个网络信息化、多元化和速变的社会，部分人成长在相对富裕和娇惯的家庭环境，具有较高的学历和受教育水平。

他们的不足是个性张扬，自我中心，不善妥协，易于情绪化，抗压性弱。他们的优势也很明显。他们头脑活跃、易于接受新鲜事物、寻求公平、敢于自我表现，他们一般具有较高学历、知识面广、反应速度快、敢于直言不讳、追求创新。

对于这些新生代，组织上宜于公正平等对待每位员工、善于听取大家意见、给予表现机会、工作负荷强度要循序渐进、要即时认同和及时激励，对他们的不足可以批评但要留有自尊，要组织多样化活动，要更多容忍员工出错，要朋友式的频繁沟通，同时要关心他们的生活，要耐心培训教育。

另外，营造一个良好的工作环境十分重要。这包含良好的工作环境、适宜的文化环境和有前景的职业发展环境。

良好工作环境包括舒适、无毒害和安全等内容。

文化环境就是要营造一个信任文化、平等文化、独立文化、快乐文化和开发文化，组织对员工要有更多的关怀、理解、包容、耐心和培养。

有的提出了新时代的“五子登科”，对新生代员工要区别对待，给他们压担子、给面子、架梯子、入轿子、打板子，如图 14-18 所示。

新生代要注重五个商的培养，除了情商、智商之外，还要加上逆境商、团队荣誉商和责任商，后者是他们最缺乏也是最应该认真补课的方面。

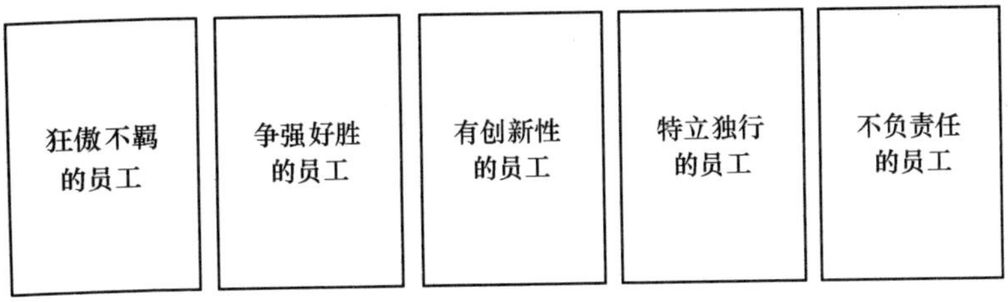

图 14-18 新时代的“五子登科”

以上的举措才可以营造快乐的 TOPS 体系氛围。

第六节 深度融合招金文化

孔夫子说：“所谓天下之至仁者，能合天下之至亲者也。”招金的企业文化核心是“大道合行”。

道可道，非常道！招金走的是振兴中国黄金产业之道，是自我加压、不断进取之道，也是“一带一路”通往国际之道。

招金人说：“细沙聚合，而成宝塔；小流汇合，而成大川；万众凝合，而铸伟业！”也许这恰恰映射了千年淘金的过程。招金之“合”，意义深远，蕴含合规、合心、合智、合力之意。这恰恰也是 TOPS 体系的精髓。

纵观招金发展历史，招金走过的曲折之路，就是一条“大道合行”的轨迹。而 TOPS 体系的导入、落地和结果，同样也是“大道合行”的轨迹。这体现了：

（1）领导班子的高度重视。自从导入 TOPS 体系，公司领导班子到各分子公司经营层始终如一地全力支持和重点关注，并加以激励，有效驱动了这项工作的开展。

（2）中层领导的积极参与。公司下属几十个基层组织的中层领导，积极响应，身体力行，表现出极大热情和执行力，涌现出一个个先进典范。

（3）基层员工的全力以赴。基层员工在体系推进中表现出极大的参与热情，并涌现出许许多多的先进人物，有 OPS 金点子能手、6H 清除标兵、OPL

讲师、6S 模范机台等。基层的全员参与是 TOPS 体系落地的基础，是各项成绩取得的前提。

“大道合行”与 TOPS 体系推进真正做到了深度融合，而这一融合又极大程度促进了 TOPS 体系的深入推进。

第七节 大道合行，众智炼金

回到本源，也就是本书的标题——大道合行，众智炼金。如果我们一开始推进 TOPS 体系时还带着怀疑，带着迷惑，带着试试看的心情。三年多的实践，三年多的执着，三年多的辛勤和汗水，我们终于改变了环境，改变了我们的业绩，更改变了招金人的精神面貌和素养。而且，这一改变是前所未有和令人感动的，超出了我们的预期。

按照炼金人的说法，功夫不负苦心人，这就是众智炼金！其前提当然是精诚所至，是上下同心，执着前行；更是不离不弃，百折不挠！管理的创新也需要这种工匠精神——探索、坚韧、无畏和信心。

开弓没有回头箭，招金人既然选择了这条道路，将坚定不移地走下去。TOPS 体系需要不断创新，不断在实践中丰满起来，招金人负有双重历史责任：探索管理创新之路，建设琼楼金阙之邦。